普通高等院校"十三五"规划教材

商务礼仪

SHANGWULIYI

主　编：余少杰　李元杰　倪丽琛
副主编：袁　媛　李　洁　蒋小龙
　　　　宋　徽　褚远远　池　锋

清华大学出版社
北　京

内 容 简 介

本书以现代教育理念和方法为支撑，借鉴国内外先进的经验，突出以就业为导向、以能力为根本的教育教学观念。本书在教学内容安排上采用了"项目驱动法"，利用教师提供的相关情境，在完成项目的过程中学习理论知识，掌握技能。全书共包含9个项目，分别为商务礼仪概论、商务形象礼仪、商务交际礼仪、商务接待拜访礼仪、商务宴请礼仪、办公室礼仪、商务仪式礼仪、商务会议礼仪和国际商务礼仪。

本书适合普通高等院校商务管理、工商管理、国际商务等专业的学生使用，也适合在职商务人员自学使用。

本书封面贴有清华大学出版社防伪标签，无标签者不得销售。
版权所有，侵权必究。举报：010-62782989，beiqinquan@tup.tsinghua.edu.cn。

图书在版编目(CIP)数据

商务礼仪 / 余少杰，李元杰，倪丽琛主编 . —北京：清华大学出版社，2017（2024.1重印）
（普通高等院校"十三五"规划教材）
ISBN 978-7-302-48015-0

Ⅰ.①商… Ⅱ.①余… ②李… ③倪… ①商务-礼仪-高等学校-教材 Ⅳ.①F718

中国版本图书馆 CIP 数据核字(2017)第 207698 号

责任编辑：刘志彬
封面设计：汉风唐韵
责任校对：宋玉莲
责任印制：宋　林

出版发行：清华大学出版社
　　　　网　　址：https://www.tup.com.cn, https://www.wqxuetang.com
　　　　地　　址：北京清华大学学研大厦A座　　邮　编：100084
　　　　社 总 机：010-83470000　　邮　购：010-62786544
　　　　投稿与读者服务：010-62776969, c-service@tup.tsinghua.edu.cn
　　　　质量反馈：010-62772015, zhiliang@tup.tsinghua.edu.cn
印 装 者：三河市君旺印务有限公司
经　　销：全国新华书店
开　　本：185mm×260mm　　印　张：14.5　　字　数：334千字
版　　次：2017年8月第1版　　印　次：2024年1月第8次印刷
定　　价：42.50元

产品编号：076267-02

前　言

商务礼仪是一门实用性非常强的学科，它包含诸多的技巧和经验。商务人员的商务礼仪修养直接决定了商务人员本人及其所在企业的形象，甚至可能影响所在企业的命运。在商务活动中，商务礼仪也是一种无声的"名片"，有时可以决定商务活动的成功与否，也是衡量一个人与企业形象的重要标准。

面对不同专业、不同学习基础和不同学习习惯的学生，如何以现代教育理念和方法为支撑，突出以就业为导向、以能力为根本的教育教学观念，进行课程模式的改革，是每一位教育工作者的重要工作。一直以来，编者都希望借助行业协会的平台，整合学校、企业、行业协会的人才资源，从培养学生职业素质、社会能力、方法能力、学习能力出发，有理论、有案例、有分析、有应用，充分吸收教学改革的最新成果，有效培养高职学生的专业能力和素质。本书从教学实践出发，综合了"商务礼仪"课程体系和职业技能的要求，遵循职业素质与能力养成的规律，体现校企合作的基本路径，在教学方式上采用了"项目驱动法"，学生在教师提供的相关情境中学习理论知识，掌握技能，有利于突出内容行动化、逻辑图表化、版式生动化的编写特色，有利于打造教学做一体化、资源配套的"商务礼仪"课程精品教材。

本书有以下四个特点：

1. 内容遵循职业技能为基础，基于社会调研和职业资格标准所需要的基本素养，提炼、归纳、整合所需要的知识、素质与能力，构建课程教学内容体系。

2. 理论与实际相结合。教、学、练结合，教材内容融知识学习与技能训练为一体。

3. 内容多样化。在精练的理论内容中穿插任务导入、知识拓展、课堂讨论、项目实训等模块，为学生学习和实践提供指导。

4. 教材开发立体化。系统开发匹配主教材的数字化助教助学资源。

为了方便教学活动的开展，在本书编写过程中，引用了书刊、网络上的资料和案例，参考了近年来一些专家、学者的著作，由于追溯的不便，并未全部载明出处，在此对各位专家和作者表示衷心的感谢。

本书在编写过程中得到许多企业，如广州荆成汇企业管理咨询有限公司、广州培训师联合会等的帮助和指导，在此表示感谢。

由于编者水平和精力有限，书中难免存在缺陷和不足，恳请各位读者和老师在使用本书的过程中批评指正。

编　者

目　录

项目一　商务礼仪概论　　1
- 学习目标　　1
- 任务一　商务礼仪概述　　1
- 任务二　商务礼仪修养的培养过程与方法　　11
- 项目实训　　15
- 项目小结　　16

项目二　商务形象礼仪　　18
- 学习目标　　18
- 任务一　仪容礼仪　　18
- 任务二　仪表礼仪　　26
- 任务三　仪态礼仪　　42
- 项目实训　　51
- 项目小结　　52

项目三　商务交际礼仪　　53
- 学习目标　　53
- 任务一　问候礼仪　　54
- 任务二　介绍礼仪　　59
- 任务三　握手礼仪　　62
- 任务四　名片礼仪　　64
- 任务五　商务会谈礼仪　　67
- 任务六　馈赠礼仪　　73
- 项目实训　　77
- 项目小结　　78

项目四　商务接待拜访礼仪　　79

学习目标 …………………………………………………………… 79
任务一　拜访礼仪 ………………………………………………… 79
任务二　接待礼仪 ………………………………………………… 84
项目实训 …………………………………………………………… 91
项目小结 …………………………………………………………… 91

项目五　商务宴请礼仪　　93

学习目标 …………………………………………………………… 93
任务一　中餐宴请礼仪 …………………………………………… 93
任务二　西餐宴请礼仪 …………………………………………… 101
任务三　自助餐礼仪 ……………………………………………… 106
任务四　饮酒礼仪 ………………………………………………… 109
任务五　舞会礼仪 ………………………………………………… 113
项目实训 …………………………………………………………… 115
项目小结 …………………………………………………………… 115

项目六　办公室礼仪　　117

学习目标 …………………………………………………………… 117
任务一　办公室礼仪 ……………………………………………… 118
任务二　通信礼仪 ………………………………………………… 123
任务三　面试礼仪 ………………………………………………… 134
项目实训 …………………………………………………………… 148
项目小结 …………………………………………………………… 148

项目七　商务仪式礼仪　　151

学习目标 …………………………………………………………… 151
任务一　庆典礼仪 ………………………………………………… 151
任务二　开业礼仪 ………………………………………………… 155
任务三　剪彩仪式 ………………………………………………… 161
任务四　交接仪式礼仪 …………………………………………… 165
任务五　签约礼仪 ………………………………………………… 167

项目实训 ··· 169
项目小结 ··· 169

项目八　商务会议礼仪　　171

学习目标 ··· 171
任务一　商务谈判礼仪 ··· 171
任务二　商务会议礼仪 ··· 187
任务三　会展礼仪 ··· 190
项目实训 ··· 193
项目小结 ··· 193

项目九　国际商务礼仪　　194

学习目标 ··· 194
任务一　国际商务礼仪 ··· 194
任务二　世界部分国家的商务礼仪 ······································ 200
任务三　世界三大宗教礼仪 ··· 212
项目实训 ··· 221
项目小结 ··· 222

参考文献 ··· 223

项目一 商务礼仪概论

人无礼则不立,事无礼则不成,国无礼则不宁。

——荀子

学习目标

- 理解商务礼仪的基本概念。
- 了解商务礼仪的起源。
- 熟悉商务礼仪的特征和原则。
- 掌握必要的日常生活礼仪。
- 正确使用商务礼仪。

中国是文明古国,素有"礼仪之邦"之称。进入21世纪,国与国之间、人与人之间联系更加紧密,礼仪成为我们日常生活、工作中必不可少的元素,可展示个人内在涵养、气质以及品位。随着改革开放的深入,市场经济日益发展,礼仪在社会交往中扮演越来越重要的角色。要想在市场中获得生存和发展,就必须保持良好的组织形象和员工的个人形象,同时,提升、规范企业和个人礼仪已成为展现企业形象和个人实力的最好武器。从个人的角度来看,商务礼仪有助于提高人们的自身修养,有助于美化身心、美化生活,有助于促进人们的社会交往,改善人们的人际关系,还有助于净化社会风气。从企业的角度来看,商务礼仪可以塑造企业形象,提高顾客满意度和美誉度,最终达到提升企业的经济效益和社会效益的目的。

任务一 商务礼仪概述

任务导入

一口痰吐掉的合作

20世纪90年代初,一位外商到我国北方某省与一位县长讨论投资建设一家制药厂的可行性。在签订协议之前，外商提出参观一下制药车间，就在进入厂房的瞬间，县长将一口浓痰吐在了厂房门口，引起了外商的恶心与反感，于是收回了投资的承诺。在归途中，外商给县长写了一封语重心长的信，信中说："你作为一县之长都这么没修养，很难想象你的'臣民'会是什么样子？建制药厂是为了治病救人，而不讲卫生，则可能会造成'谋财害命'的结果。很细微的表象，会造成你意想不到的结果。"

思考：

1. 案例中，县长的做法有什么不合适的地方？
2. 礼仪是什么？在商务交往中的作用是什么？

一、商务礼仪的概念

（一）礼仪的概念

礼仪是人们在社会交往中受历史传统、风俗习惯、宗教信仰、时代潮流等因素的影响而形成，既为人们所认同，又为人们所遵守，以建立和谐关系为目的的各种符合礼的精神及要求的行为准则或规范的总和。

礼仪，包括礼节和仪式，是指人们在一定的社会交往场合中，为表示相互尊重、敬意、友好而约定俗成的、共同遵循的行为规范和交往程序。从广义的角度来看，礼仪是一系列特定礼节的集合。它既包括在较大、较正规的场合隆重举行的各种仪式，也包括人们在社交活动中的礼貌礼节，如正式交往场合对服饰、仪表、举止等方面的规范与要求。

在中国古代社会，礼仪既包含一般行为规范，又涵盖政治、法律制度。近代以后，礼仪的范畴逐渐缩小，礼仪与政治体制、法律典章、行政区划、伦理道德等逐步分离。在现代社会，礼仪一般只包括礼节和仪式，只是指现代社会中反映一定规则、习俗和程序，表示礼貌、敬重的礼节和仪式。礼仪是"礼"和"仪"两个词组合起来的合成词。"礼"是伦理道德的基本要求，体现"尊重"二字，所谓礼者，敬人也。"仪"是人际交往的具体技巧、具体做法。从个人修养的角度来看，礼仪可以说是一个人内在修养和素质的外在表现。从交际的角度来看，礼仪可以说是人际交往中适用的一种艺术、一种交际方式或交际方法，是人际交往中约定俗成的示人以尊重、友好的习惯做法。从传播的角度来看，礼仪可以说是在人际交往中进行相互沟通的技巧。它体现的宗旨是尊重，既包括对人也包括对己的尊重。这种尊重总是同人们的生活方式有机、自然、和谐地融合在一起，成为人们日常生活、工作中的行为规范。这种行为规范包含着个人的文明素养，也体现出人们的品行修养，在人际交往中，礼仪可以大致分为政务礼仪、商务礼仪、服务礼仪、社交礼仪和涉外礼仪五大分支。

（二）礼、礼貌、礼节、礼仪的异同

▶ 1. 礼

礼可以指为表示隆重和敬意而举行的仪式，也可以泛指社会交往中的礼貌和礼节，特指奴隶社会和封建社会等级森严的社会规范和道德规范。

▶ 2. 礼貌

礼貌是文明行为的基本要求，是人与人之间接触交往中相互表示尊重和友好的行为准则。礼貌在不同国家和地区、民族，处于不同时代和不同的行为环境中，礼貌表达的形式和要求可能存在差异，但其基本要求是一致的，需要我们相互尊重、友好、诚恳、和善和有分

寸。讲究礼貌对人尊重是必须发自内心的,以诚相待,表面的客套不是礼貌,它往往是不真诚的,是故作姿态。讲究礼貌但也不需要放弃原则、过分殷勤、低声下气,甚至卑躬屈膝。

▶ 3. 礼节

礼节是人们日常生活中,特别是交际场合中,相互问候、致意、祝福、慰问以及给予必要的辅助与照料的惯用形式。礼节是礼貌的具体表现形式,具有一定的强制性,如中国的作揖、跪拜,当今世界流行的握手、点头、南亚等国的双手合十,欧美国家的拥抱、亲吻,少数国家和地区的吻手、吻脚、拍肚皮、碰鼻子等,都是不同国家礼节的表现形式。

▶ 4. 礼仪

礼仪是一个复合词语,包括礼和仪两个部分:礼表示敬神;仪表示法度标准,包括三个要素:语言、行为表情和服饰器物,一般在重大的典礼活动都需要这三个要素来体现。礼仪是指人们在一定的社交场合中,为表示尊重、敬意、友好而约定俗成、共同遵循的行为规范和交往程序,如社交场合中对服饰、仪容仪表、举止等方面的规范,或者大型庆典活动、展览会的开幕式、社交宴请,以及迎接国宾的鸣放礼炮等。

从本质上说,礼貌、礼节、礼仪三者是一致的,都是人们相互表示友好、尊重的行为。不同之处在于,礼貌、礼节多指交往过程中的个别行为,礼仪则是指社交活动中自始至终以一定程序、方式表现出来的完整行为,更具有文化内涵。礼节产生于礼仪之前,最初的礼仪也较为简单,礼仪是礼节的基础,礼仪是具体化、系列化的礼节。

(三)商务礼仪的概念

商务礼仪是指礼仪在商务行业内的具体运用,主要泛指商务人员在自己的工作岗位上应当严格遵守的行为规范,是商务活动中体现相互尊重的行为准则。

二、礼仪的起源

礼仪作为人际交往的重要行为规范,它不是凭空臆造的,也不是可有可无的。了解礼仪的起源,有利于认识礼仪的本质,自觉地按照礼仪规范的要求进行社交活动。

对于礼仪的起源,学者们有各种观点。

有一种观点认为,礼仪起源于祭祀。东汉许慎的《说文解字》"礼"字的解释是这样的:"覆也,所以示神致福也。"意思是实践约定的事情,用来给神灵看,以求得赐福。"礼"字是会意字,从中可以分析出,"礼"字与古代祭祀神灵的仪式有关。古时祭祀活动不是随意地进行的,它是严格地按照一定的程序、一定的方式进行的。郭沫若在《十批判书》中指出:"礼之起,起于祀神,其后扩展而为人,更其后而为吉、凶、军、宾、嘉等多种仪制。"这里讲到了礼仪的起源和礼仪的发展过程。

还有一种观点认为,礼仪起源于风俗习惯。人是不能离开社会和群体的,人与人在长期的交往活动中,渐渐地产生了一些约定俗成的习惯,久而久之这些习惯就成为人与人交际的规范。当这些交往习惯以文字的形式被记录并同时被人们自觉地遵守后,就逐渐成为人们交际交往固定的礼仪。遵守礼仪,不仅使人们的社会交往活动变得有序,有章可循,同时也能使人与人在交往中更具有亲和力。1922年,《西方礼仪集萃》一书问世,开篇中这样写道:"表面上礼仪有无数的清规戒律,但其根本目的在于使世界成为一个充满生活乐趣的地方,使人变得平易近人。"

从礼仪的起源可以看出,礼仪是人们的社会生活中,为了维护一种稳定的秩序,为了保持一种交际的和谐而产生的。一直到今天，礼仪依然体现着这种本质特点与独特的功能。

知识拓展

中国礼仪的发展过程

我国历史悠久，几千年来创造了灿烂的文化，形成了高尚的道德准则、完整的礼仪规范，被世人称为"文明古国，礼仪之邦"。中国古代的礼仪由两部分组成：一是礼制；二是礼俗。礼制是国家的礼仪制度；礼俗是民间习惯形成的礼仪习俗。礼仪在其传承沿袭的过程中不断发生着变革，从历史发展的角度看，其演变可以分为四个阶段。

（一）礼仪的起源时期

夏朝（公元前21世纪）以前，原始的政治礼仪、祭祀礼仪、婚姻礼仪等已有了雏形，其中敬神礼仪较其他礼仪重要，是礼仪发展的萌芽阶段。

礼仪起源于原始社会时期，在长达100多万年的历史中，人类逐渐开化。综合民族学材料、文献材料、考古材料可以发现，这一时期的华夏先民在社会生活中已形成了一些对后世具有影响的礼仪规范。例如，生活在距今27 000年前的北京山顶洞人，就有了"礼"。他们用穿孔的兽齿、石珠作为装饰品，挂在脖子上。在去世的族人身旁撒赤铁矿粉，举行原始宗教仪式，这是迄今在中国发现的最早的葬礼仪式。中古时代黄河流域分布着不少部落，在陕西一带有姬姓黄帝部落和姜姓炎帝部落，他们之间世代通婚。在晋、冀、豫交界的地方有九黎部落，炎、黄部落曾和九黎部落发生过激烈的军事冲突，结果炎、黄部落战胜了九黎部落，可见当时已出现简单的婚事礼仪和部落联盟礼仪。当时，黄河下游一带还出现了以蛇为图腾的部落。图腾的出现，是原始礼仪发展的证明。

1.8万年前，人类进入新石器时代，交往礼仪已初具规模。人类不仅能制作精细的磨光石器，并且开始从事农耕和畜牧。在其后数千年岁月里，原始礼仪渐具雏形。例如，在今西安附近的半坡遗址中，发现了生活在距今约5 000年的半坡村人的公共墓地。墓地坑位排列有序，死者的身份有所区别，有带殉葬品的仰身葬，有无殉葬品的俯身葬等。此外，仰韶文化时期的其他遗址及有关资料表明，当时人们已经注意尊卑有序、男女有别。长辈坐上席，晚辈坐下席；男子坐左边，女子坐右边等礼仪日趋明确。尧、舜时代的礼俗很丰富。《史记》说尧、舜祭祀天地、山川、百神，可见其规模之大、仪式之隆重。与此同时，会议礼仪也开始出现了。尧、舜时代，最高权力机关是本岳十二牧，也就是部落酋长会议。延续了几千年的礼节如拜、揖、拱手等，在此时也广泛应用。又如，"五典"指五常之教，即父义、母慈、兄友、弟恭、子孝，实质是讲家礼，也是我们今天讲的家庭礼仪之一。

（二）礼仪的形成时期：夏、商、周三代（公元前21世纪—前771年）

中国由金石并用时代进入铜器时代。金属的使用，使农业、畜牧业、手工业生产跃上一个新台阶。随着生活水平的提高，社会财富在消费后有了剩余并逐渐集中在少数人手里，因此出现了阶级对立。原始社会开始解体，中国社会进入了奴隶社会。由于大规模利用奴隶来劳动，奴隶社会的生产力比原始社会前进了一大步，社会文化也有了极大的发展。在这一阶段，奴隶主阶级为了维护本阶级利益，巩固统治地位，修订了比较完整的国家礼仪和制度，提出了许多极为重要的礼仪概念，如五礼（吉礼、凶礼、军礼、宾礼、嘉礼)反映的就是周朝礼仪制度的重要方面。吉礼,指祭祀的典礼;凶礼,主要指丧葬礼仪;宾礼,指诸侯对天子的朝觐及诸侯之间的会盟等礼节;军礼,主要包括阅兵、出师等仪式;嘉礼,包括冠礼、婚礼、乡饮酒礼等。由此可见,许多基本礼仪在商末周初已基本形成,确定了崇古重礼的文化传统。古代的礼制典籍亦多撰修于这一时期,如《周礼》就是我国历史上第一部记载礼的书籍,并与《仪礼》《礼记》,统称周朝的"礼学三著作",为后世儒家的经书。这三部礼书对后代施政教化、治国安邦、培育人格、规范行为起到了不可估量的示范作用。夏、商、周三代所处的奴隶社会,整个礼仪的思想基础都是建立在对上帝、鬼神、天命的迷信上。

(三)礼仪的变革时期:春秋战国时期(公元前771年—前221年)

周代开始,礼正式分流。礼仪制度成为国礼,礼仪习俗就逐渐成为家礼。特别是春秋战国时期,这种分化尤为明显。

春秋时期,三代之礼在许多场合废而不行,一些新兴集团开始创造符合自己利益和社会地位的新礼。学术界以孔子、孟子、荀子为代表的学者系统地阐述了礼的起源、本质与功能,第一次在理论上全面而深刻地阐述了社会等级秩序的划分及其意义。

孔子(公元前551—前479年)是中国古代大思想家、大教育家,中国历史上第一位礼仪学专家,他首开私人讲学之风,打破贵族垄断教育的局面。他编订的《仪礼》,详细记录了战国以前贵族生活的各种礼节仪式。孔子认为:"不学礼,无以立。"(《论语·季氏》)"质胜文则野,文胜质则史。文质彬彬,然后君子。"(《论语·雍也》)他要求人们用道德规范约束自己的行为,认为做人应具备五种美德,即温、良、恭、俭、让(温和、善良、恭敬、俭朴、谦让)。孔子明确告诫弟子:"非礼勿视,非礼勿听,非礼勿言,非礼勿动。"(《论语·颜渊》)他倡导仁者爱人,强调人与人之间要有同情心,要互相关心,彼此尊重。孔子较系统地阐述了礼及礼仪的本质与功能,把礼仪提到一个新的理论高度。

孟子(公元前372—前289年)是战国时期儒家主要代表人物。在政治思想上,孟子把孔子"仁"的思想加以发展,提出了"王道""仁政"学说和"民贵君轻"说,主张"以德服人",把仁、义、礼、智、信作为基本道德规范,主张"舍生而取义"(《孟子·告子上》),讲究"修身"和培养"浩然之气"等。

荀子(公元前298—前238年)是战国末期儒家的另一位大思想家。他主张"隆礼""重法",提倡礼法并重。他说:"礼者,贵贱有等,长幼有差,贫富轻重皆有称者也。"(《荀子·富国》)荀子指出:"人无礼则不生,事无礼则不成,国无礼则不宁。"孔子、孟子等思想家的礼仪思想,构成了中国传统礼仪文化的基本精神,对中国古代礼仪的发展产生了重要而深远的影响,奠定了古代礼仪文化的基础。

(四)礼仪的强化时期:秦汉到清末(公元前221—公元1911年)

这一时期的重要特点是:尊君抑臣、尊夫抑妇、尊父抑子、尊神抑人。汉武帝时期,董仲舒"罢黜百家,独尊儒术"神化了儒家思想,奴隶社会的"尊君"观念在这一时期被演绎为"君权神授说"的完整体系,即"唯天子受命于天,天下受命于天子,天不变,道亦不变",并将这种"道"具体化为"三纲五常"。"三纲"即君为臣纲、父为子纲、夫为妻纲,"五常"即仁、义、礼、智、信,是五种封建伦理道德准则。

"家礼"的兴盛是宋代礼仪的一个特点。道德和行为规范是这一时期封建礼教强调的中心,"三从四德"成为这一时期妇女的道德礼仪标准。"三从"即在家从父,出嫁从夫,夫死从子；"四德"是指妇德、妇言、妇容、妇功。这些礼教也成了牢牢套在中国妇女身上的精神枷锁，成为封建社会吃人礼教的重要组成部分。

在漫长的历史演变过程中，封建礼仪一方面作为一种无形的力量制约着人们的行为，起着调节、整合、润滑人际关系的作用，使人们有秩序地参与社会生活，达到国泰民安的目的；另一方面逐渐成为妨碍人们个性自由发展，阻挠人们平等交往、窒息思想自由的精神枷锁。

（五）现代礼仪（1911年至今）

这一时期大约从民国初期到现在，是中国现代礼仪的形成时期。这一时期大约经历了两个阶段。

1. 半殖民地半封建社会阶段

1840年鸦片战争后，资本主义列强打开了中国封建王朝闭关锁国的大门，中国沦为半殖民地半封建社会。封建礼仪加上西方资本主义的道德观，形成了独特的"大杂烩"式的半殖民地半封建社会礼仪。

辛亥革命胜利后，推翻封建礼教、进行礼节礼仪教育的革命也随之掀起。一是革除维护尊卑等级的没落陈旧的形式，代之以人与人之间一律平等的礼节礼仪，如跪拜礼被革除，鞠躬礼流传下来；二是兼收并蓄，吸收世界各民族礼仪之长，选取适合我国国情的礼节礼仪形式，如举手礼被军队所采用，握手礼被广泛使用。这次礼仪的变革，既继承了我国古代重礼的优良传统，又使这一传统美德在新时期有了新内涵。

2. 新中国成立后

新中国成立后，社会主义制度的确立和新型人际关系的形成标志着中国的礼学和礼仪发展到了一个崭新的历史时期。1978年党的十一届三中全会以来，改革开放的春风吹遍了祖国大地，中国的礼仪建设进入新的全面复兴时期。从推行文明礼貌用语到积极树立行业新风，从开展"18岁成人仪式教育活动"到制定市民文明公约，各行各业的礼仪规范纷纷出台，岗位培训、礼仪教育日趋红火，讲文明、懂礼貌蔚然成风，许多礼仪从内容到形式都在不断革新。随着"五讲四美"活动的不断深入，对外交流愈来愈多，礼仪作为联系沟通交往的纽带和桥梁，显得更加重要。

2006年，时任中共中央总书记、国家主席胡锦涛同志从我国社会主义的发展实际出发，提出了"以热爱祖国为荣，以危害祖国为耻；以服务人民为荣，以背离人民为耻；以崇尚科学为荣，以愚昧无知为耻；以辛勤劳动为荣，以好逸恶劳为耻；以诚实守信为荣，以见利忘义为耻；以遵守纪律为荣，以违法乱纪为耻；以艰苦奋斗为荣，以骄奢淫逸为耻"的"八荣八耻"社会主义荣辱观，从而进一步确立了当代我国社会主义历史时期的社会道德规范。

党的十八大提出，倡导富强、民主、文明、和谐，倡导自由、平等、公正、法治，倡导爱国、敬业、诚信、友善，积极培育和践行社会主义核心价值观。"富强、民主、文明、和谐"是国家层面的价值目标，"自由、平等、公正、法治"是社会层面的价值取向，"爱国、敬业、诚信、友善"是公民个人层面的价值准则，这24个字是社会主义核心价值观的基本内容。

随着社会的进步、科技的发展和国际交往的增多，礼仪的内涵必将更加丰富，必将得到不断地完善和发展。

宁、邻里的团结与和睦、同事的信任与合作，都依赖于人们共同遵守礼仪的规范与要求。讲究礼仪是对每位公民的基本要求，也是每位公民应自觉遵守的规范。社会越发展，物质生活越丰富，对社交活动的要求水平就越高，人们就越需要认真学习社交活动中有关仪表、仪态、礼仪等方面的知识，以沟通、协调、和谐人际关系，调节紧张的生活，建立友谊、交流情感、广结良缘、增长见识、扩展信息、融洽往来。礼仪作为一种人们共同遵守的行为规范，一方面是各种人际交往的有效途径，同时对人际关系还有整合及疏导功能，如守时守约、讲究仪容仪表、尊老爱幼、讲究公德等礼仪。礼仪潜移默化地熏陶着人们的心灵，使人们在社会生活中时时处处注意自己的言行，养成良好的文明习惯，努力成为一个受欢迎的人。礼仪同时还制约着人们按照社会公认的行为模式去交往、去生活，为人们创造安定团结的生活工作环境。这些规范约束着人们的行为，实现着人与人之间的有效交往。

（五）国际交往和弘扬我国传统礼仪的需要

尊重国际礼仪和交往礼节，尊重各国人民的风俗习惯是我国对外活动的一贯做法。它反映了我国维护世界和平，加强与各国友好合作的真诚愿望。

改革开放以来，随着经济的快速发展，我国与世界各国的交流无论从广度上还是深度上都是前所未有的。礼仪也存在着与世界接轨的问题。在这种情况下，越来越需要借鉴和使用涉外礼仪，以便让礼仪更好为我国对外社会、经济和文化事业服务，在我国经济与国际市场接轨、增强国际竞争力中发挥作用。

在国际交往中，民间的交往也日益增多。这对我国来说，既是机遇，又是挑战。这就要求我们既要继承和发扬我国优良的礼仪传统，保持礼节礼仪的民族特色，又要吸收外国礼仪中一些好的东西和一系列国际通行惯例，为我所用；既要不断有所创新，又要尊重各国因不同的文化传统和道德规范形成的习俗礼仪，逐步形成一套与世界礼仪接轨的现代礼仪。在对外交往中讲究礼仪，可以展示中国人民的精神风貌，增强民族自立、自强的精神，加深与世界各国人民的友谊和交流，提高我国的国际地位和声望，使中华民族的优秀文化得到弘扬。

五、礼仪的特征

（一）普遍认同性

一般来说，礼仪代表一个国家、一个民族、一个地区的文化习俗特征。生活中，也有不少礼仪是全世界通用的，如问候、打招呼、礼貌用语、各种庆典仪式等。礼仪的普遍认同性表明，社会中的规范和准则必须得到全社会的认同，才能在全社会中通用。

（二）规范综合性

礼仪对具体的交际行为具有规范性和约束性，这种规范性的实质是一种被广泛认同的社会价值取向和对他人的态度。它不仅约束着人们在一切交际场合的言谈举止，使之合乎礼仪，而且也是人们在交往场合必须采用的一种"通用语言"，是衡量他人，判断自己是否自律敬人的标尺。现代礼仪的交际内容已渗透到社会的方方面面，从政治、经济、文化领域再到人们的日常生活普遍存在。

（三）传承变动性

礼仪形成本身是个动态发展过程，是在风俗和传统文化中形成的行为规范。在这种发展变化中，礼仪表现为一种继承和发展。礼仪一旦形成，就有一种相对独立性。世界上任何事物都是发展变化的，礼仪虽然有较强的相对独立性和稳定性，但它毫不例外地随着时代的发展而不断变化。社会交往的扩大，各国民族礼仪文化的互相渗透，使得交际礼仪的沿袭和继承是个不断扬弃的社会进步的过程。

（四）多样差异性

不同性别、不同年龄、不同民族、不同身份、不同时空条件、不同场合的礼仪规范有所不同。人们常说"百里不同风，千里不同俗"，不同的文化背景产生不同的礼仪文化，不同的地域文化决定着礼仪的内容和形式。

六、商务礼仪的原则

在商务社交场合中，如何运用商务礼仪，怎样才能发挥礼仪应有的效应，怎样创造最佳人际关系状态，都同遵守礼仪原则密切相关。

（一）真诚敬人的原则

孔子说"礼者，敬人也"，敬人原则是礼仪中尊敬他人这一核心思想的体现。"爱人者，人恒爱之；敬人者，人恒敬之"，在与人交往时，真诚、尊重是礼仪的首要原则。只有真诚待人才是尊重他人，只有真诚尊重，方能创造和谐愉快的人际关系。真诚和尊重是相辅相成的。

（二）平等适度原则

平等是人与人交往时建立情感的基础，是保持良好的人际关系的诀窍。交往中，不能因交往对象在年龄、性别、种族、文化、职业、身份、地位、财富等方面的差异而给予对方不同的礼遇，而应该时时处处平等，谦虚待人。适度原则即交往应把握礼仪分寸，根据具体情况，具体情境而行使相应的礼仪。要想使商务礼仪做到恰如其分，只有勤学好练，积极实践才能掌握。

（三）自信自律原则

自信的原则是商务社交场合中的一个心理健康的原则，唯有对自己充满信心，才能如鱼得水，得心应手。自信是商务场合中一种很可贵的心理素质。自律乃自我约束的原则，它强调了交往个体要自我要求、自我约束、自我控制、自我反省。

（四）信用遵守原则

信用即讲究信誉的原则。在商务场合，尤其注意两点：一是要守时，与人约好的约会、会见、会谈、会议等，决不能拖延迟到；二是要守约，即与人签订的协议、约定或口头答应他人的事一定要说到做到，所谓言必信，行必果。所谓遵守，即任何人，不论年龄长幼、身份高低、职位大小，都有自觉遵守和应用礼仪的义务。

（五）宽容从俗的原则

宽容即与人为善。在商务场合，宽容是一种较高的境界。在人际交往中，宽容的思想是创造和谐人际关系的法宝。宽容他人、理解他人、体谅他人，千万不要求全责备，斤斤计较，甚至咄咄逼人。《礼记·曲礼》中指出："入境而问津，入国而问俗，入门而问讳。"古人交往的这一准则，同样适用于现代社会，要求我们入乡随俗，主动了解并适应当地的礼俗。

知识拓展

礼仪是组织形象的根本保证

礼仪是影响社会组织得失成败的重要因素。一个人的言行举止、衣帽修饰，不仅反映他个人，更重要的是代表他所在的集体，是组织形象的重要窗口。

日本一家公司，由于扩大经营，需要购买一块居民区的地皮。通过做工作，其他居民全搬走了，只有一位老太太表示不愿意离开自己居住多年的老屋，她要在这里度完余生，公司毫无办法。当老太太决定到公司表明态度时，公司一位小姐的接待使她改变了初衷。小姐见到她，即向她鞠躬表示欢迎，老太太表明来意后，小姐领老太太去总经理办公室。在日本，进房间通常是要脱鞋子的。因为当时天气太冷，当老太太把鞋子脱下时，小姐连忙把自己的鞋子让给她穿，然后搀扶老太太上楼。正是这位小姐良好的礼仪修养改变了固执的老人。

小到一个商店、一个家庭、一个公司，大到一个国家，轻视礼仪就会损害组织形象，为组织、国家带来不良影响，使组织无法立足于社会，使国家无法立足于世界。现在社会上不少企业不惜费重金聘请或评选"形象大使""品牌代言人"，以为自己的企业树立公众形象。这些"形象大使""品牌代言人"品貌端庄、言谈有节、积极向上，颇得公众的认可和赏识，因而使得企业的知名度也大大提高。可见，礼仪对组织形象的重要性。

任务二 商务礼仪修养的培养过程与方法

任务导入

美国前总统克林顿造访韩国的时候，按妇女出嫁从夫姓的美国习惯，称呼韩国总统金泳三的夫人为"金夫人"。而后，在宴会上，克林顿发表演说，突然叫翻译走近他身旁，站在他本人和韩国总统之间，再一次让韩国总统无所适从。

思考： 克林顿的做法为什么错误？通过礼仪个人该如何提升自我修养？

分析： 美国前总统克林顿对韩国的礼仪了解不深，他是按美国习惯，称呼韩国总统金泳三的夫人为"金夫人"，这是国际玩笑，因为在韩国，女性婚后是保留本姓的。在宴会上，克林顿发表演说，突然叫翻译走近他身旁，站在他本人和韩国总统之间，这又是一次失礼。因为在韩国任何人站在两国元首之间被认为是一种侮辱，克林顿的失礼是由于其公关顾问未能及时提供韩国的风俗习惯以提醒总统。

一、商务人员礼仪修养的培养过程

礼仪修养是一个自我认识、自我磨炼、自我提高的过程，是通过有意识的学习、仿效、积累而逐步形成的，需要有高度的自觉性。每一名商务人员在具体的组织中工作，如果只是迫于组织规定的压力才对客户致意问候，似乎是彬彬有礼，而步出组织，换了环境就举止轻浮，谈吐不雅，这实际上是缺乏礼仪修养的表现。作为商务人员，只有把礼仪修养看作是自身修养不可缺少的一部分，是完美人格的组成，是事业发展的基础，才会真正有塑造礼仪修养的自觉意识和主动性。

(一)提高现代商务礼仪认识

从事现代商务活动,就应了解与现代商务活动密切联系的商务礼仪。一位商务人员只有在商务礼仪知识的指导下才能在各种商务活动中如鱼得水。提高对现代商务礼仪的认识是进行礼仪修养的起点,也是实现现代商务礼仪修养其他环节的前提和基础。提高现代商务礼仪认识是将礼仪规范逐渐内化的过程。通过学习评价、认同模仿和实践,逐渐学习、构造、完善自己商务礼仪规范体系,并以此来评价他人的行为,调整自己的交际行为。人们总是通过学习伦理学、心理学、公共关系学等方面的知识,通过日常的观察、学习、了解社会风俗和风土人情,积累相关的社会知识,从而开阔视野,积累和丰富礼仪知识的。

(二)明确角色定位

具有商务礼仪修养的人,在商务交往活动中其言行与身份地位、社会角色相适应,能被人理解和接受。商务活动中的角色指在商务活动中处于某一商务关系状态的人,或者指某一个个体在商务关系中所占的地位。社会对于不同的商务活动角色提出了不同的行为规范和行为模式。商务活动中的角色既包括社会、他人对具有一定社会地位的人在社交中的行为的期待,也包括其对自己应有行为的认识。商务活动中的角色根据自己对社会期待的认识而实现外显的、可见的外部行为。具有不同社会经验的人,对于角色的评价可能有完全不同的意义。

在商务活动过程中,随着主客关系和社交对象的变化,商务人员可能是庆典嘉宾、谈判者、拜访者。每一个人在不同的商务活动中扮演不同的角色,重视商务活动角色定位,加强礼仪修养,具有十分重要的意义。

在商务活动中,每个人按自己的身份和地位为实现其价值实施一系列行为。商务活动角色不仅给每个人确定自己的行为提供了规范,而且为人们相互识别、相互交往、相互评价、相互理解提供了标准。商务人员在商务活动中往往需要以不同的身份出现,这种身份的变化就是角色的变化,其行为必须符合社会对这一角色所认同的规范。

商务活动中的角色不同,所应遵守的礼仪要求也不同。在人与人之间的交往活动中,社交成功的主要标志是个人使自己的行为与他人和社会的期待相符合,商务活动中角色的实现是建立在个人对自己的角色的认识基础之上的。例如,一位经理在公司里是管理者,管理着几个部门,其礼仪要求主要体现在听取汇报、检查工作、指导员工、决策规划等方面,要求他能说话和气、平等待人、科学决策;当他面对客户时,则是一名"推销员",要求他热情真诚、彬彬有礼、大方得体。这两种角色的礼仪要求是不同的。

(三)锻炼礼仪意志

要想使遵循礼仪规范变成自觉的行为,没有持之以恒的意志是办不到的。商务人员只有自觉地坚持一些基本行为规范,才能使之成为自觉的行为。在现实世界中,礼仪规范实际遵循起来并不是畅通无阻的。比如,你积极主动地帮助别人,却有可能被别人说成假惺惺;一个人对经理说话礼貌、客气,却被视为拍马屁。凡此种种,不仅需要你克服舆论的非难、朋友的责备和埋怨,而且更需要你有足够的勇气和毅力克服来自本身情绪的干扰,不为眼前的局面所困扰,继续保持良好的礼仪。而且这种礼仪行为坚持下来,就能取得良好的效果,因此,商务人员除了需提高礼仪认识之外,还要锻炼自己的礼仪意志。

（四）养成商务礼仪的习惯

培养商务礼仪修养的最终目的就是要人们养成按礼仪要求去做的礼仪习惯。例如，见面的礼仪、电话的礼仪等日积月累就会成为一种习惯。又如，养成控制自己声调表情的习惯，时间长了，也能收到意想不到的效果。总之，在商务礼仪修养过程中，通过一些看得见的礼仪训练，使商务人员通过模仿学习提高自己的实际操作能力，进而养成良好的礼仪习惯，对以后的商务礼仪实践将有所裨益。

课堂讨论：

不合时宜的"插话"

投资公司的王经理在会议上分派给他手下职员小刘一份投资分析任务。小刘认为这次任务对他来说完成的可能性不大，还没等经理说完就当众提出反对和抗议。

思考： 小刘的行为对吗？如果是你，你会怎么做？

二、商务人员礼仪修养的培养方法

培养礼仪修养必须与实践相联系，如果脱离了实践，就必然是空洞的礼仪说教。因此，要培养并不断提高商务人员的礼仪修养，首先要明确以下三点。

第一，商务礼仪修养存在于人们相互交往所形成的礼仪关系中。一个人只有在人与人的交往实践中，才能认识到自己的哪些行为是符合礼仪规范要求的，哪些行为是不符合礼仪规范要求的。同样，要克服自己的不礼貌行为，培养自己的礼仪品质，也必须依赖于交往实践。

第二，商务礼仪修养要主观和客观相统一，理论和实践相联系。在商务礼仪修养中，商务人员要懂得哪些行为是符合礼仪的，哪些行为是不符合礼仪的，思想上要有一个基本原则和规范，将这些原则和规范运用到交往实践中去，运用到自己的生活和工作中去，并时刻以这些准则为标准，对照、检查、改正，乃至清洗自己思想中一切与商务礼仪不符合的东西，从而不断提高自己的礼仪修养。

第三，商务礼仪修养的培养是一个从认识到实践的循环往复、不断提高的过程。商务礼仪修养的形成，是一个长期的过程，不能一蹴而就、一次完成。因此，要使自己成为一个知礼、守礼、用礼的人，就必须把对礼仪的认识运用到实践中去，并不断对自己的行动进行反省、检讨，再把从反省中得到的新认识贯彻到行动中去，如此不断循环，才能达到不断提高礼仪修养的目的。

知识拓展

中西方礼仪的差异

礼仪，是人与人之间交流的规则，是一种语言，也是一种工具。由于文化差异造成人们的思想、观念、行为习惯的不同，使得世界上不同地域的人们遵守着不同的礼仪规范。中国是四大文明古国之一，礼仪始于夏、商、周，盛于唐、宋，经过不断地发展变化，逐渐形成体系。国际礼仪的主要内容源自于西方，西方社会是古代文明的继承者，孕育了资本主义文明。随着人们社会交往的日趋频繁，了解和掌握中西方礼仪的差异非常必要。

（一）家族为本与个人为本

东方文化崇尚家族为本，集体为重。而西方文化崇尚独立和个性自由。例如，中国人一向有很强的家族观念，尤其信奉"血浓于水"，所以人际交往中最稳定的因素是血缘关系。很多中国传统大家庭四世同堂，共居一室，家长维系着家庭成员之间的关系。每个人作为家族的一员，视家族利益为根本。"父母在，不远游"等传统思想，时至今日仍然深深地影响着中国人。可以说，中国传统文化中除了家族的利益之外并无独立的个人利益，"国"只不过是"家"的放大与延伸。中国人讲究修身、齐家、治国、平天下，人品是至关重要的。而这种人品是建立在关心国家、热爱集体、家庭和睦、人际关系和谐的基础之上的，如果只考虑个人利益，个人人品就会大打折扣。

西方人法制观念较强。在此前提下，他们崇尚个人自由，不愿受到来自政府、教会或其他组织的干涉，喜欢我行我素。在家庭中，孩子们从小就被灌输自立自强的观念，青年人总是希望自己能尽早独立，摆脱父母的管束，他们不希望过分地依赖家庭、依赖父母。在西方国家，人们特别重视自己的隐私，一般不去干涉别人的私生活和隐私，也不愿意被别人干涉。随便打听个人隐私，会被看成失礼的行为。与西方人交往，凡是涉及隐私的问题都不要直接问，如个人状况（年龄、工作、收入、婚姻状况、子女等）、政治观念（支持或反对何种党派）、宗教信仰、个人行为动向（去何地、与谁交往、联系方式等）。在西方国家，由于崇尚自立，儿女成年后和父母的来往越来越少，致使许多老人时常感到孤单，晚年生活有一种凄凉感。

中国人以家族为本的观念并不是现代意义上的集体主义，西方人崇尚个性自由也不等于自私自利。如果说中国人较重视整体关系，西方人则较重视个体的独立性。

（二）重视身份与追求平等

中国人等级观念强烈，在礼仪中历来强调一个"分"字。"贵贱有等、长幼有序、贫富轻重皆有称。"（《荀子·礼论》）到了现代，中国人的"官本位"意识仍然十分严重。无论是在单位里还是在家庭里，忽略等级、地位就是非礼。尽管传统意义上的等级制度已被废除，但等级观念至今仍对东方文化有深远影响。中国在实行计划经济时，曾经给企业划分等级，尽管这种做法不具有普遍性，但说明等级观念仍普遍存在于我国社会之中。

在西方国家，除了英国等少数国家有着世袭贵族和森严的等级制度外，大多数西方国家都提倡平等观念。例如，美国人崇尚人人平等，在家庭中也不讲等级，只要彼此尊重，父母子女可直呼其名。另外，西方国家崇尚平等的一个突出表现是，妇女在社会生活中受到了人们的普遍尊重。女士优先是西方交往礼仪中的原则之一，在任何公共场合，男士都要照顾女士。在现代社会，东方文化虽然也主张男女平等，但在许多时候，男士的地位依然较女士有优越性，女士还有被歧视的现象。

（三）谦恭含蓄与情感外露

中国人素来视谦虚为美德，"满招损，谦受益"被古人视作千古不变的箴言。因此，在人际交往中，中国人很少夸夸其谈、自吹自擂，同时，还很善于控制自己的情感，不轻易外露，"动于心，发于情，止于礼"被视作是有良好道德修养的表现。此外，东方人的谦虚含蓄还表现在面对别人夸奖所采取的态度上。

中国学者在进行演讲前，通常会说："我学问不深，准备也不充分，请各位多指教。"在宴会上，好客的主人面对满桌子的菜却说："没有什么菜，请随便吃点吧！"与中国人的谦虚、含蓄相比，多数西方人则更喜欢"锋芒外露"，没有谦虚的习惯。他们认为，一个人要得到别人的承认，首先必须自我肯定。所以，他们对于自己的能力和成绩总是实事求是地加以评价。因此，中国人在别人赞扬时往往"自贬"一番的"东方式谦虚"，西方人往往无法理解。

(四)重义轻利与重利轻义

东方人重义轻利、重情轻法。所谓义,指道义、仁义、道德;所谓利,指物质利益、功利。"君子喻于义,小人喻于利"是中国人代代相传的道德信条。讲求道德,不谋私利,不见利忘义,不舍义逐利,是做人的最高准则。在西方社会,强调个人权利为基础,个人的私利成为世人追求的唯一目标,人与人之间的情义道德得不到重视,并且受到冷落。

在礼仪的表现上,西方更多集中在行为、语言层面上;而中国礼仪在长期历史发展过程中,不仅语言、行动本身具有意义,同时还需从语言、行动中去"悟"出一些东西,即在"言传"的同时,还需"意会"。东方文明和西方文明都是在一定的社会历史条件下产生和发展的,没有孰优孰劣之分。形式的区别与本质的统一并不矛盾,不同时代、不同区域的礼仪文化所追求的都是人与人之间的和谐相处,所遵循的基本原则都是"己所不欲,勿施于人"。由此看来,东西方礼仪不过是一棵大树上分开的两个枝丫罢了。

资料来源:王庆国等. 现代实用礼仪[M]. 郑州:中原出版传媒集团. 2012.

提高商务礼仪修养的方法主要有以下几种。

(一)院校培训

许多院校商务礼仪类课程成为必修课程,课程设置和教材建设成绩显著。在商务礼仪教育中,院校可以充分发挥师资力量雄厚、理论水平高、教学手段比较先进的优势,进行比较全面的商务礼仪培训。

(二)职业培训

职业培训是结合一定的职业要求对在职员工进行礼仪培训。目前,职业培训在我国商务礼仪的教育中占据着非常重要的地位。

职业培训虽然时间较短,但是可以反复进行,并且这种方法也具有自身的优势,即具有很强的针对性,可以联系具体职业活动来进行。另外,职业培训的操作性比较强,可以提供现成的实验基地,避免礼仪教育走向空泛。

(三)社会文化的互动

人总是生活在某一社会之中,由于不同社会环境中的社会化的具体内容是不一致的,所以人首先应当了解自己所在社会环境的文化传统,掌握其中的行为规范。例如,生活在中国的社会文化环境中,就要了解和遵从中国社会中文明健康的礼仪风俗,做到待人谦虚、礼让互助。如果大家都能按这种大体相同的思维模式、行为方式和价值标准去践行礼仪,社会文化对人们的社会化就会发挥极其重要的作用。当然,我们在继承发扬中国的商务礼仪文化的同时,也要积极地吸收世界其他国家和民族的优秀商务礼仪文化,这样,中国特色的商务礼仪文化才能不断地完善和发展。

项目实训

本项目实训要求学生分组建立礼仪团队,制定商务礼仪团队的激励约束机制,通过团队的分工与协作,完成本课程的其他项目实训。

为什么要组建团队?团队是一个具有共同的价值观、为最终的使命而共同奋斗的一个联合体。组建团队就是要整合团队成员资源,实现一个自己想要达成而又凭借自己的力量无法达成的目标。这就要求团队成员有共同的理想和价值观，成员间能够协调配合，各有所长且能够取长补短。

一、实训内容

（一）组建团队

团队成员通过自愿组合建立团队，团队人数为4~6人，男、女生合理搭配；团队成员能力要协调互补，特别是沟通能力、协调能力、文字处理能力和组织能力；团队成员通过自荐或推荐的方式选出队长，负责团队所有活动的组织、安排、协调工作，带头完成分配给自己的项目工作，监督、帮助其他成员完成相应的工作。

（二）团队的构成

团队的目标决定团队成员的构成。注意几点：一是商务礼仪团队成员应具备基本的礼仪道德；二是商务礼仪团队成员必须互相信任，每个成员都有足够的意愿来达成团队的使命；三是要注重成员之间能力和优势的互补，各成员必须不断调整自己在团队中的角色，以使自己的能力得到最合适的发挥；四是商务礼仪团队的领导者要明确各成员的优缺点，充分考量他们的能力及完成团队赋予任务所需要的协助，保证每个成员充满信心。

（三）团队的协作与分工

商务礼仪团队组建完成后，由队长根据成员能力和工作意愿协调分工，让合适的人做适合的事情。

（四）团队内部的激励与约束机制

商务礼仪团队成员应当互相信任、互相谅解、互相帮助。每个团队应根据本团队情况，制定团队激励与约束制度，督促成员完成工作。

（五）团队工作绩效考评

制定团队成员绩效考评表。在每项工作任务完成后，由队长负责主持召开会议讨论工作目标的实现程度、工作的得失，总结经验，吸取教训；根据各成员表现情况，通过民主评议为个人进行考评，考评标准可设为优秀、良好、称职和不称职四个等级。

二、实训要求

1. 以书面报告形式提交营销团队资料，包括团队名称、团队简介、团队目标和口号、队长及成员的姓名、团队成员的特长等。

2. 以书面形式制定商务礼仪团队成员绩效考评表，由队长保存，并在每次工作任务完成之后进行记录。

3. 召开一次团队会，帮助团队成员互相了解，并进行会议记录。

项目小结

通过任务一的学习，正确认识什么是商务礼仪，以及商务礼仪的起源、特征和原则。

通过任务二的学习，正确掌握个人商务礼仪的过程与方法，以及如何在各种商务场合正确运用。

案例分析

国家领导人的礼仪之术

人所共知,周总理的工作紧张、繁忙,可谓日理万机。按理说,在一些小事儿上讲点"特殊"人们是可以理解的,甚至会更高兴。但总理从不这样做。总理理发,从不把理发员叫到办公室,给自己单独理,而总是到理发室去,依次排队,等待理发。有时理发员让他先理,总理也婉言谢绝,不破坏规矩。更重要的是,理完发后,总理总是面带微笑,恭恭敬敬地说"谢谢!"后才离去。总理的理发过程,体现了礼仪的尊敬原则:尊敬对方及其劳动。

20世纪50年代,毛泽东主席曾回家一趟,做完对比性社会调查后,提议安排一次家宴,以报答乡亲父老对自己的培育之恩。安排菜肴时,主席一再叮嘱:所有的菜一定要热、要软,要适合老人口味。

开宴那天,早饭刚过,主席便招呼一帮娃子,步行着请自己小学的张老师去了。年近八旬的张老先生到主席家后,主席不但亲自端茶倒水,还谈家事,听取老师意见,询问老先生治国之策,张老师看着、听着,自豪感不时涌向心头!

家宴开始后,主席又第一个给老师敬酒。老先生见主席端着酒恭恭敬敬地站在身边,深感不安,很想站起来,谁知身子不便,动作迟缓了一些,主席见状,赶紧又扶张老师坐下,不让他站起来。老先生真是又不安又激动,说道:"主席敬酒,岂敢岂敢!"主席听着老师的话,好像又回到以前的时代一样,顿时想起老师的教导,便答道:"尊老敬贤,应该应该!"老先生笑着,痛饮了三杯。家宴结束了,家宴上发生的故事却像光波一样传播着,感动着曾为弟子和正为人弟子的千百万人!

思考:

1. 上述案例反映了商务礼仪的核心点是什么?
2. 我们从中能够得到什么经验?

项目二 商务形象礼仪

> 头衔愈大，礼仪愈繁。
>
> ——丁尼生

学习目标

- 理解商务人员个人形象礼仪的内涵。
- 掌握仪容、仪表、仪态美的核心。
- 掌握仪容的基础修饰。
- 掌握仪表的基础修饰。
- 掌握仪态美的核心要求。

简单地说，个人形象就是一个人的外表容貌、言谈举止，社会学者普遍认为一个人的形象在人格发展及社会关系中扮演着举足轻重的角色。社会生活中，每个人都有必要塑造得体的仪表、整洁的仪容、大方的体态、高雅的言谈，以形成良好的个人形象、增强自信，进而提升职业化程度，赢得别人的信赖和认可，在竞争中取胜。

任务一 仪容礼仪

任务导入

关于古代仪容美

中国古代史上被尊为"女圣"的班昭，在其训女作品《女诫》中，曾将女子仪容是否得当规定为："礼义居洁，耳无涂听，目无邪视，出无冶容，如无废饰，无聚会群辈，无看视门户，此则谓专心正色矣。若夫动静轻脱，视听狭输，入则乱发坏形，出则窈窕作态，说所不当道，观所不当视，此谓不能专心正色矣。"(《后汉书·列女传·曹世叔妻传》)此段文字化用了《礼记》中《内则》《曲礼》和《昏义》等章的内容，为汉以后历代女教文字所尊崇。唐代郑氏《女孝经》、宋若莘《女论语》、宋司马光《家范》、明吕近溪《女小儿语》与清史臣《愿体集》等诸多女教典籍对妇女仪容的规定，皆本于此。后人批判儒家思想对妇女的摧残，遂以班昭为其源头。本文以为这是没有深入研究班昭思想的缘故。考察班昭规定妇女仪容的动因，可以帮助我们重新看待这位历史人物及其思想。

班昭所强调的"仪"，可分为个人行止与社交规范两部分，而以后者为重。概括起来即"六无"，即"耳无涂听，目无邪视，出无冶容，入无废饰，无聚会群辈，无看视门户"。《礼记》中并没有直接的文字与之对应，可见班昭是从日常生活中观察而来，她所提出的六点之针对，即是上文所提到的社会风气。

"耳无涂听"，不允许以身边人的话为判断是非的依据，以此防止成为不辨是非的人。"目无邪视"，克服自己喜欢奇巧事物之心与好奇心，以此防止多惹事端、生出轻逸之心。

"出无冶容，入无废饰"，其针对社会风气的意图更加鲜明。此观点据《大戴礼记》而来。《大戴礼记·劝学》："孔子曰：'野哉，君子不可以不学，见人以不饰。'不饰无貌，无貌不敬，不敬无礼，无礼不立。夫远而有光者，饰也。"儒家是非常注重仪容的学派，认为适当的装饰、良好的举止是人际交往中的一个重要因素，孔子就十分重视仪容。"子之燕居，申申如也，夭夭如也。"夫妻也是人际交往的一个部分，当然也应注重家庭中的仪容。班昭所持的家庭仪容观讲究平正中和，即出门不要过于打扮，不要让人感觉妖冶；回家也不能过于随便，毫不注意自己的仪表。班昭从经验出发，认为"出则冶容，入则废饰"这样的形象是极不明智的。

资料来源：东岳论丛.

思考：仪容美主要包括哪些方面？

分析：随着经济生活水平的不断提高，人们已经不再满足于最基本的物质生活，对精神文明的追求和对美的追求也日益增强，特别是在社会生活和社会交往中，人们把对个人形象的追求和塑造摆在越来越重要的位置，并且不断赋予它深刻和丰富的内涵。个人形象已成为个人生活不可缺少的内容以及生存竞争的无形资本。个人形象，通常由个人仪容、着装、言谈、表情、配饰等要素组成。仪容礼仪的原则是仪容美。仪容美主要有三个方面的含义：自然美、修饰美、内在美。真正意义上的仪容美，应当是三者的高度统一，忽略其中任何一方面，都会使仪容美打折扣。在三者之间，内在美是最高境界，修饰美是人们关注的重点。仪容美的基本规则是：美观、整洁、卫生、得体。重点在发部、面部、肢体修饰三个方面。

一、仪容的概念

仪容，一般指人的容貌，广义上还包括头发、手部，以及穿着某些服装而暴露出的部分。在人际交往中，每个人的仪容都会引起交往对象的关注。特别是在初次见面时，它将是对方评价自己的一个重要指标。

仪容美的基本要素是貌美、发美、肌肤美，主要要求整洁干净。美好的仪容一定要能让人感觉到其五官构成彼此和谐并富于表情；发质发型使其英俊潇洒、容光焕发；肌肤健美使其充满生命的活力，给人以健康自然、鲜明和谐、整齐简约、庄重自然、积极健康的感觉。

时刻保持自己仪容的干净整洁、讲究卫生、庄重大方，做到这几点，即使天生并不丽质，也能获得他人的好感，维护良好的自我形象，为自己赢得尊重。

二、仪容的内涵

(一) 面部清洁

商务场合对面容最基本的要求是：时刻保持面部干净清爽，无汗渍和油渍等不洁之物。修饰面部，首先要做到清洁。清洁面部最简单的方式就是勤于洗脸，午休、用餐、出汗、劳动或者外出之后，都应立刻洗脸。

眼睛：分泌物要及时清除。

耳朵：修饰耳部主要是保持耳部的清洁，及时清除耳垢和修剪耳毛。有些人在冬季不注意耳朵的防寒保暖，耳部发生习惯性冻疮，疮痂布满耳郭，很是难看。耳朵里沟回很多，容易藏污纳垢，应注意耳朵的清洁，及时清除耳垢。若有耳毛生长到耳朵外面，要及时修剪。

鼻孔：鼻腔要随时保持干净，不要让鼻涕或别的东西充塞鼻孔。同时，要经常修剪长到鼻孔外的鼻毛。

嘴巴：口部修饰的范围包括口腔和口的周围。口部修饰的重中之重是注意口腔卫生，要勤刷牙、勤漱口，保持牙齿洁白、口气清新，避免牙齿污染、口腔产生异味。保持口腔清洁，是个人卫生方面的一种美德，也是尊敬他人、有修养的表现。

与人交往应酬，进入公共场合前应禁食容易产生异味的食物，如葱、蒜、韭菜、腐乳、虾酱、臭豆腐等刺激性食物，还包括烟、酒。如果不得已而为之，可用口香糖或茶叶将口气减轻。嘴唇的护养也要列入口部修饰的范畴之内，要注意适当呵护自己的嘴唇，防止干裂、爆皮和生疮，还要避免唇边残留分泌物和其他异物，与别人交谈时不能放任口沫四溅。男士还应当坚持每天剃须、修剪鼻毛。"胡子拉碴""鼻毛乱飞"是不修边幅的表现，以这样的形象与人交往，只能落得一个印象不佳的结果。

脖颈：要及时做好脖颈的清洁护理。

另外，还需要注意到一个问题，禁止异响。在社交场合，咳嗽、哈欠、喷嚏、吐痰、吸鼻、打嗝等不雅之声统称为异响。

(二) 头发清洁护理

当今社会，头发的功能已不再单纯地表现人的性别，而是更全面地表现着一个人的道德修养、审美情趣、知识结构及行为规范。我们可以通过某人的发型准确地判断出其职业、身份、所受教育程度、生活状况及卫生习惯，更可以感受其身心是否健康和对生活事业的态度，所以我们要首先"从头做起"。

修饰头发应当注意以下四个方面的问题。

▶ 1. 干净清洁

头发干净清洁能给人留下干净卫生、神清气爽的印象；披头散发、蓬头垢面、头屑乱飞则给人萎靡不振甚至缺乏教养的感觉。因此，无论有无交际应酬活动，平日都要对头发勤于梳洗，保持卫生清洁，不要临阵磨枪，更不能忽略或疏于对头发的管理。通常情况下，男士半月理1次发，女士可根据自己的情况而定。夏季应当1~2天洗一次头发，冬季则2~3天洗一次。如有重要的公务活动，还应当事前认真洗发、理发、梳发，但注意要在私下完成，绝不能当着他人的面进行。

▶ 2. 长短适中

虽说一个人头发的长短是个人的喜好，但从社交礼仪和审美的角度看，它仍然受到若干因素的制约。

（1）性别。一般来说，普通大众都能接受女性理短发，但很少能接受寸头；男性头发可以稍长，但不宜长发披肩、梳辫绾髻。演艺界、娱乐界、时尚界人士则另当别论。

（2）身高。头发的长度，在一定程度上和个人身高有关。以女士为例，头发的长度与身高应成正比。个子高，头发可留得长些；个子矮，头发不可太长，短发更适合。

（3）年龄。人有长幼之分，头发的长度亦受此影响。年龄渐大，头发要渐短。一位少女长发披肩，看起来美丽动人；而老太太也这样，大家看了肯定会觉得不太合适。

（4）职业。不同的职业对头发的长度有不同的要求。例如，野战军战士为了负伤后抢救方便，通常理光头，而政界、商界人士则不可如此。商务人员头发的长度要方便工作，符合工作的要求；女性的刘海不能遮眉眼，发长不宜过肩部；若是长发，在工作中一定要扎起或盘起，不可披散；男性不宜留鬓角、发帘，做到前发不触及额头、侧发不触及耳朵、后发不触及衣领，最长不得超过7厘米。

▶ 3. 适当美化

人们在修饰头发时，往往会有意识地运用某些技术手段对其进行美化，即所谓的美发。美发不仅要美观大方，而且要自然，雕琢痕迹不宜过重。

（1）烫发。运用物理或化学手段，将头发做成适当的形状。如头发稀疏的人通过烫卷发的方法，使头发显得多一些；头发毛糙的人通过离子烫等方法使头发顺滑等。一般来说，烫发前要了解自己的发质。

（2）染发。有白发或是想改变发色，可以通过染发达到目的。东方人最适合的还是黑发，不过只要发色不太刺眼、工作单位认可，也可以改变自己的发色。

（3）假发。头发有先天缺陷或想改变发型者，均可使用假发。现在市场上假发品种很多，分真人发和尼龙发两种。无论使用哪一种，看起来一定要自然，不可过于俗气。

（4）发型。头发是衬托面容的框架，发型的变化与个人的审美有很大关系。一般来说，个人的发型要与自己的发质、脸形、体形、年龄、服饰、性格、风格及工作环境等因素很好地结合起来，才能塑造整体美的形象。

脸形对发型的选择影响最大。发型一定要适合自己的脸形。如椭圆形的脸，一般适宜各种发型；圆脸，应选择视觉上显长不显宽的发型，让顶部头发蓬高，两侧收紧，忌头发中分；长脸形，原则上用圆线条来弥补，男性发脚可稍微蓄低一点，女性顶发平贴头皮，前额留刘海儿，而且尽量让头发向两边分散，以增强横向扩张的感觉；正三角形脸，顶部头发蓬松，发梢稍微遮掩两颊；倒三角脸形，上半部头发不要蓬松，不宜取无缝式或全部后掠式，头发从前至后形成蓬松的弧度，女性长发至下巴以下，卷成弯曲的形状，可增加下边宽度，使脸形匀称；菱形脸形，挡住前额，耳后的头发蓬松，男士忌梳背头，女士可将头发剪中长烫卷，使脸形看起来呈椭圆形。总体来说，脸形与发型应反向互补。

（三）手臂的修饰

手臂是肢体中使用最多、动作最多的部分，用来完成各种各样的手语、手势，如果手臂的形象不佳，整体形象将大打折扣。

手臂的修饰，可以分为手掌、肩臂与汗毛三个部分。

手掌：在日常生活中，手是最容易接触到他人和物体的。从清洁卫生的角度来讲，应当勤洗手。餐前便后、外出回来以及接触到各种东西后，都应该及时洗手。手上的指甲应该定期修剪，但是不宜在公共场合修剪指甲。

汗毛：在他人面前，尤其是外人或异性面前，腋毛是不应为对方所见的。

三、化妆

化妆是生活中的一门艺术，适度而得体的化妆，能体现女性端庄、美丽、温柔、大方的独特气质。以化妆品以及艺术描绘手法来装扮自己，可体现振奋的精神和对他人的尊重。

（一）不同场合的妆容

女士在不同的场合，妆容要有所区别。妆容的浓淡主要体现在眼影、腮红和口红。

（1）工作妆。追求自然清雅的化妆效果，适宜化淡妆。洁面之后涂上润肤霜，敷粉底，施薄粉，轻点朱唇淡扫眉。一般职员的化妆更多的是工作妆，最高境界是"妆有若无"，也就是妆化得要自然，不能有明显的修饰痕迹。

（2）休闲妆。追求清丽洒脱的化妆效果，适宜淡妆轻描。粉底用防汗的粉饼或乳液型粉底薄施一层；胭脂用朱红或桃红，淡淡施抹；口红用色不要过重。长时间外出最好不要涂眼影、描眼线，以免汗多，使化妆品刺激眼睛。

（3）晚宴妆。追求细致亮丽的化妆效果，适宜化浓妆。粉底比白天亮一级；蜜粉以亮丽色系为佳；胭脂用浅色或鲜红色；口红选用深桃红色或玫瑰色，在灯光下，这些颜色会使肤色华丽鲜亮；要强调眉形并施眼影，画眼线和上睫毛膏；唇妆须格外小心，防止脱落，可涂上唇膏后再点蜜粉。

（4）舞会妆。追求妩媚动人的化妆效果，适宜化得浓艳些。可使用掩饰力较强的粉底，胭脂和唇膏选用明艳的粉红色调，并上光亮唇膏；涂眼影，画眼线，还可带假睫毛和上睫毛膏。舞会妆要注意突出个性，与众不同。

脸部化妆一方面要突出面部五官最美的部分，使其更加美丽；另一方面要掩盖或矫正缺陷或不足的部分。经过化妆品修饰的美有两种：一种是趋于自然的美，一种是艳丽的美。前者是通过恰当的淡妆来实现的，它给人以大方、悦目、清新的感觉，最适合在家或平时上班。后者是通过浓妆来实现的，它给人以庄重高贵的印象，可出现在晚宴、演出等特殊的社交场合。

（二）化妆的基本原则

在商务交往中，化妆是一种礼貌。化妆的基本原则如下。

化妆要淡雅：一些年轻女性不施粉黛，也显得纯朴自然，但在正式场合，最好还是适当化些淡妆，尤其是参加一些重要活动。在国外，正式场合不化妆会被认为是对对方的不尊重，是不礼貌的行为。工作场合对女性的化妆要求是化妆上岗、淡妆上岗。

化妆要协调：这个协调实际上有四方面：化妆品最好要成系列、各部位化妆要协调、化妆要跟服饰协调、化妆要跟场合协调。

化妆要避人：化妆是一种个人的隐私行为，不宜当众表演。

（三）化妆的步骤及技艺

化妆步骤的繁简以场合不同而定，如日常工作妆通常比较简略，其步骤及技巧如下。

洁面：化妆前先将脸洗净，用有效的清洁用品清洁皮肤。

护肤：护肤包括保温和滋润。用爽肤水轻按面部和颈部，然后再加一层润肤液，使未经化妆的面部洁净、清爽而滋润。

打粉底：选择粉底应考虑颜色和质感，最好选择较好质地的品牌。粉底颜色越接近肤色看上去越自然，最好再多准备一个深色的，在下颚、鼻梁、额头上打阴影。

扑散粉：如果在完成以上三步时，你的妆容已经达到理想效果的话，那么上粉饼可以省去，直接上散粉，达到提亮的效果就可以了。

画眉：画的时候尽量淡，从眉头到眉梢依次地画，眉头最好一笔一笔地画，从下到上，从内到外去画。眉梢要一笔带过，避免修改。画眉最重要的是经验，画多了自然手熟。

画眼线：一般的女孩子不愿意上眼线，其实上一层好的眼线可以显得眼睛更亮。用眼线笔在睫毛根部的空隙中点眼线，这样看起来会比较自然。下眼线用白色的眼线笔画，可以使眼睛显得更大。

画眼影：根据不同的服装颜色来搭配眼影。画眼影时候要注意色彩的过渡，最普通也是最简单的一种方法：同一色彩以不同深、浅的色彩，自眼睑下方至上方、由深至浅渐次画上，可以塑造目光深邃的效果。眼睛看起来会变大至少1/3，且很有神、很亮。

刷睫毛膏：刷睫毛之前以睫毛夹夹卷后再刷。刷睫毛时，用睫毛卷内睫毛下侧向上扫两次，待干。扫下眼睫毛时，可先用睫毛膏棒扫一次，再用干净的睫毛刷轻扫。

扑腮红：选出适合色系的腮红，对着镜子微笑，颧骨的部位就是腮红可以打上的部位。使用时每次的腮红量要少、要淡；可多刷几次直至效果完美。

涂唇彩：先用唇线笔描画，再用唇刷或口红棒涂抹。要注意的是，唇彩千万别涂满整张嘴。唇彩的颜色最好跟服装的主颜色一致。

完成上述几个步骤后，日常妆就算化好了，最后应检查妆容是否对称、均匀、和谐、自然。化妆完毕的面容应毫无痕迹，并显得典雅大方。社交场合，淡妆比浓妆艳抹效果更好，更显得人的修养和审美情趣的高尚。化妆时，粉底、眼影、腮红、口红的颜色应与人的皮肤、服饰的颜色协调，才有和谐之美。

总而言之，化妆的基本要求是应画以淡妆为主的工作妆，避免过量地使用芳香型化妆品，避免当众化妆，避免自己的妆面出现残缺。

另外，注意不要留妆太久，否则会堵塞毛孔，影响皮肤的正常呼吸与新陈代谢，久而久之便产生皮肤病。所以，睡前一定要卸妆，彻底清洁面部。具体化妆步骤可以参考表2-1。

表2-1 化妆步骤

化妆内容	操作标准	基本要求
洁面	1. 用温水将脸打湿； 2. 取适量洗面奶于手心，搓至起泡； 3. 由下巴向额头，用手指轻轻地按摩清洗1~2分钟； 4. 用清水清洗； 5. 用纸巾或毛巾把多余的水分吸干	1. 手法自下而上打圈儿； 2. 忌用毛巾在脸上乱搓

续表

化妆内容	操作标准	基本要求
保湿	1. 取一片化妆棉，把化妆水倒在上面； 2. 把化妆棉上的化妆水擦在脸上； 3. 用手轻拍面部	1. 手法自上而下； 2. 最好使用无尘化妆棉
滋润	1. 取适量乳液于手心； 2. 分别点在额头、左右脸颊、鼻尖、下巴处； 3. 用手指轻轻涂抹开	1. 手法自上而下打圈儿； 2. 再用手轻拍面部
打粉底	1. 取适量粉底霜； 2. 用手指在脸上轻拍	1. 粉底霜要与肤色接近； 2. 注意颈部与脸色一致
画眉	1. 修眉，拔除杂乱无序的眉毛； 2. 描眉形	1. 使眉形具有立体感； 2. 注意两头淡，中间浓，上边浅，下边深
画眼线	1. 先粗后细，由浓而淡； 2. 上眼线从内眼角向外眼角画； 3. 下眼线从外眼角向内眼角画	1. 一气呵成，生动而不呆板； 2. 上、下眼线不可以在外眼角处交会
画眼影	1. 选择与个人肤色相匹配的眼影； 2. 由浅而深，施出眼影的立体感	1. 眼影色彩不可过分鲜艳； 2. 颜色宜选择与服装一致
刷睫毛膏	1. 用睫毛夹把眼睫毛夹卷翘； 2. 由上向下刷睫毛； 3. 由下向上刷睫毛	1. 睫毛膏可多刷几次； 2. 等睫毛膏干后再使用睫毛夹
扑腮红	1. 选择适宜的腮红； 2. 延展晕染腮红； 3. 扑粉定妆	1. 腮红应与唇膏或眼影属于同色系； 2. 注意腮红与面部肤色的过渡应自然
涂唇彩	1. 用唇线笔描好唇线； 2. 涂好唇膏； 3. 用纸巾擦去多余的唇膏	1. 先描上唇，再描下唇，从左右两侧沿唇部轮廓向中间画； 2. 描完后检查牙齿上有无唇膏痕迹
查妆容	查看妆容是否对称、均匀、和谐、自然	认真、仔细

四、卸妆技巧

皮肤也需要呼吸，不论你有否化妆的习惯，空气中的灰尘混合皮肤所分泌的油脂很容易造成毛孔阻塞，导致暗疮、黑斑、肤色暗沉等恼人问题。要令肌肤没有瑕疵，变得细致剔透，彻底的卸妆便是关键所在。

(一) 常用卸妆产品

不同的卸妆产品各有不同的特色，要彻底洁面，必先了解卸妆产品的性质及自己的肤质，对症下药方能得到最理想的效果。

(1) 卸妆油：针对含油脂的化妆品，混水使用后，只需以水清洗便可彻底卸除面上彩妆。溶解性强的卸妆油适合爱化浓妆及使用闪粉的女士。

(2) 卸妆泡沫：质地轻盈的卸妆泡沫性质温和，有效洁净肌肤之余不会带来紧绷的感觉，适合化淡妆人士使用。

（3）卸妆啫喱：水性较强的啫喱配方适合干性肤质人士使用，质感清爽，能彻底卸除彩妆及油脂。

（4）卸妆冷霜：质感丰润的卸妆冷霜质地幼滑，能溶解难以清除的彩妆、油脂和污垢，亦能避免令肌肤过于干燥，适合较干燥的肤质。

（5）卸妆布：吸收了卸妆液的卸妆布方便携带，最适合外出公干或旅游时使用。温和的性质在洁面的同时，亦可让肌肤享受按摩之效。

（6）卸妆液：性质温和，能同时溶解油脂及含化学成分的化妆品。只需以蘸有卸妆液的化妆棉轻抹彩妆位置，便可有效卸除。

▶ 2. 卸妆步骤

一般来说，卸除彩妆要从彩妆最重的眼部与唇部开始，这两处既是最能展现个人风采的部位，又是脸部肌肤最薄弱的部位，所以卸妆时要格外仔细与轻柔。眼部脆弱的肌肤集眼影、眼线、睫毛膏于一身，如不彻底清除眼部彩妆，会造成眼周肌肤黯淡无光泽，日积月累还会形成黑眼圈等不良后果。眼部、唇部和面部的卸妆步骤如表2-2所示。

表2-2 眼部、唇部、面部的卸妆步骤

卸妆内容	操作标准	基本要求
卸眼妆	1. 用化妆棉或棉片蘸取眼唇专用卸妆液； 2. 在眼部轻按3秒，让眼妆充分地溶解； 3. 按照眼皮的纹理，右眼顺时针，左眼逆时针的方向清洁	1. 戴隐形眼镜或眼睛易过敏的人，一定要选择温和而不刺激的卸妆液； 2. 在使用水油双层的眼唇专用卸妆液时，一定要在用前充分摇匀
卸唇妆	1. 用化妆棉蘸取眼唇专用卸妆液； 2. 轻敷双唇数秒，等卸妆液溶化口红后，再以化妆棉横向擦拭唇部； 3. 再用沾有卸妆液的化妆棉由嘴角开始往内擦拭，擦拭嘴角时要注意方向是往内转动的	1. 卸妆后应使用润唇膏保护唇部，避免唇纹加深； 2. 可将蘸了保湿化妆水或保湿液的化妆棉在唇部，约10分钟即可
卸面妆	1. 取适量的卸妆乳，用化妆棉或指尖均匀地涂于脸部、颈部，以打圈的方式轻柔按摩； 2. 鼻子以螺旋状由外而内轻抚，卸除脖子的粉底要由下而上清洁； 3. 用面巾纸或化妆棉拭净，直到面巾纸或化妆棉上没有粉底颜色为止	1. 卸妆完毕，应再用性质温和的洗面奶洗脸，然后再用爽肤水对肌肤做最后的清洁，以及平衡肌肤的pH值； 2. 敏感皮肤在使用卸妆产品时应小心谨慎，最好选择不含酒精、香料、色素等化学成分，且性质温和的卸妆产品，而且卸妆时间不宜过长； 3. 使用化妆棉卸妆时，可将化妆棉对折两次，用完一面再换干净的一面擦拭，这样一来化妆棉便可重复使用多次，既节省了化妆棉又提醒了自己多卸几次妆

注意事项：

（1）卸妆时手势务必要轻柔，让卸妆品与彩妆充分混合，就可轻松地把妆卸掉。

（2）眼睛和唇部的彩妆使用专属卸妆品，尤其是选用防水型眼部彩妆或持久型口红的人，务必要用与同品牌搭配的专属卸妆品，才能卸得干净。用卸妆品把化妆棉或棉花棒充分弄湿，把眼影、眼线、口红完全清理干净。

（3）眼部彩妆和口红卸干净后，再把粉底和其他脸部彩妆用卸妆品卸干净。彩妆偏向简单清爽的人，可以直接用乳化型卸妆乳把妆卸掉。乳化型卸妆品就是看起来油腻腻的，加水搓揉以后看起来像肥皂水的产品。复杂厚重的彩妆，可先用卸妆油卸至干净，再用乳化型卸妆品清洗脸部。

（4）在额头、脸颊、鼻子、下巴、脖子涂上大量的卸妆品，用手指头轻轻地在脸上画圆圈，把脸涂满卸妆品，让彩妆与卸妆品充分混合后，用温水冲掉。这个动作可重复2～5次。

（5）涂卸妆品的动作要轻柔，可分成数次处理。不要为了贪图方便，一直在脸上涂来涂去，这样的做法会伤害到肌肤。

任务二　仪表礼仪

任务导入

丽丽是昌达贸易公司的业务员，外形靓丽、青春时尚、工作主动，工作业绩不错，但工作三年一直没得到升迁的机会。她对于流行元素非常敏感，装扮非常时尚，发型总有变化，颜色也不断调整，金黄色、酒红色，总是让同事眼前一亮。脸上的妆容就和翻新的服装一样，变化多端，有着一副好身材的她，在夏季，紧身衣、露脐装、低腰裤轮流着换。办公室男同事都觉得丽丽很养眼，还经常跟她开玩笑，但她从来不生气。注意个人形象的她喜欢照镜子，并经常在办公室补妆，若看到同事有自己没用过的口红和眼影会立即借来用一用。热情开朗的她不管是同事和客户，她都喜欢靠得很近，眼睛一直关注对方，手势语也非常丰富。

与丽丽一起进来的陈娟虽然业绩不如丽丽，却早已升迁为主管了，丽丽却只增加了年薪。对于事业的发展，她觉得非常困惑，难道我的工作能力不如陈娟，领导为什么不提拔我？

思考：1. 帮丽丽分析一下为什么得不到升迁的机会？

2. 丽丽应怎样改变现状？你对她有什么建议？

分析：上班人员的服装要结合自己的工作特点来着装，服装要体现出时代性、职业性、专业化等特点，而不能任意为之。

仪表指人的外表，是一个人精神面貌、内在素质的外在表现。在人际交往的最初阶段，仪表往往最能引起对方注意。仪表整洁、穿戴得体者比不修边幅者显得有教养、懂得尊重别人，能赢得别人的尊重，这已经成为人们的思维定式。仪表美不仅与一个人的先天条件有关，更重要的是与一个人的道德修养、文化水平、审美情趣等密切相连。

一、服饰的美学常识

服饰，指的是装饰人体的服装和饰物，它是一种文化，也是一个国家和民族礼仪的重要标志之一。

在社交场合，个人的着装就好似一封无声的介绍信，时时刻刻向每一位交往对象传递着各种信息。著名的意大利影星索菲亚·罗兰曾深有感触地说："你的服装往往表明你是哪一类人物，它们代表着你的个性。一个和你会面的人往往自觉不自觉地根据你的衣着来判断你的为人。"伟大的莎士比亚则进一步强调："服装往往可以表现人格。"每个人想要通过着装给别人一个好形象，首先要了解服装的三要素，即色彩、面料、款式。

（一）色彩

俗话说："远看颜色近看花。"色彩是最大众化的一种审美形式，它是服装造型艺术的重要表现手段之一。世界色彩专家研究人们对服装的购买行为，得出"7秒决定论"的观点，即当人们逛商场的时候，首先映入眼帘的是色彩的搭配，在短短的7秒时间，人们就会浏览所看到的琳琅满目的服装，并锁定自己喜欢的色彩，然后才开始考虑款式是否合体以及面料等问题，所以色彩会在第一时间吸引顾客并留住他们。因此，在服装三要素中，色彩对人的刺激是最快速、最强烈、最深刻的，被称为"服装之第一可视物"。

色彩是光作用于人眼引起除形象以外的视觉特性。要理解和运用色彩，必须掌握对色彩进行归纳整理的原则和方法，而其中最主要的是掌握色彩的属性。

▶ 1. 色彩的分类

色彩分为无彩色系和有彩色系。无彩色系是指白色、黑色和由白色、黑色调和形成的各种深浅不同的灰色。无彩色系的颜色只有一种基本性质——明度，明度是指色彩的明暗变化程度，体现色彩的深浅。明度用黑白度来表示，越接近白色，明度越高；越接近黑色，明度越低。有彩色系是指除了黑、白以外红、橙、黄、绿、青、蓝、紫等不同颜色。纯度是指色彩的纯净程度，它表示颜色中所含有色成分的比例。含有色成分的比例越大，色彩的纯度越高；含有色成分的比例越小，色彩的纯度越低。色彩越浅，明度越强；色彩越深，明度越弱。

▶ 2. 色彩的视觉心理基础知识

色彩本身并无冷暖的温度差别，是视觉色彩引起人们对冷、暖感觉的心理联想。

（1）暖色。人们见到红、红橙、橙、黄橙、红紫等颜色后，马上联想到太阳、火焰、热血等物象，产生温暖、热烈、危险等感觉。

（2）冷色。见到蓝、蓝紫、蓝绿等色后，人们很易联想到太空、冰雪、海洋等物象，产生寒冷、理智、平静等感觉。

（3）中性色。绿色和紫色是中性色。黄绿、蓝、蓝绿等色，使人联想到草、树等植物，产生青春、生命、和平等感觉。紫、蓝紫等色使人联想到花卉、水晶等稀贵物品，故易产生高贵、神秘的感觉。至于黄色，一般被认为是暖色，因为它使人联想到阳光、光明等，但也有人视它为中性色。当然，同属黄色，柠檬黄显得偏冷色，而中黄则感觉偏暖。

▶ 3. 四季色彩理论

四季色彩理论是当今国际时尚界十分热门的话题。它由色彩第一夫人、美国的卡洛尔·杰克逊女士发明，并迅速风靡欧美，后由佐藤寿子引入日本，并发明了适合亚洲人的颜色体系。1998年，该体系由色彩顾问于西蔓女士引入中国，并针对中国人的特征进行了相应的改造。四季色彩理论给世界各国女性的着装带来了巨大的影响，同时也引发了各行各业在色彩应用技术方面的巨大进步。

四季色彩理论的重要内容就是把生活中的常用色按照基调的不同，进行冷、暖划分和明度、纯度划分，进而形成四大组和谐关系的色彩群。由于每一组色群的颜色刚好与大自然四季的色彩特征相吻合，因此，这四组色群分别被命名为"春""秋"（暖色系）和"夏""冬"（冷色系）。

（二）面料

作为服装三要素之一，面料不仅可以诠释服装的风格和特性，而且直接左右着服装色彩、造型的表现效果。从总体上来讲，优质、高档的面料具有穿着舒适、吸汗透气、悬垂挺括、视觉高贵、触觉柔美等特点。

正式社交场合的服装，宜选纯棉、纯毛、纯丝、纯麻制品，有时，穿着纯皮革制作的服装也是允许的。

（三）款式

服装的款式，是指服装的种类与式样。好的服装款式可以有效掩盖缺点，突出个人优点。它不仅与着装者的性别、年龄、体型、职业、偏好有关，而且受制于文化、习俗、道德、宗教与流行趋势。在社交场合，对选择服装款式方面的要求很高，这是因为在服装三要素之中，有关款式方面的礼仪规范最详尽、最具体，也最严格。

在现实生活中，并非每个人的体形都十分理想，人们或多或少地存在着形体上的不完美或欠缺，或高或矮，或胖或瘦。若能根据自己的体形挑选合适的服装，扬长避短，则能实现服装美和人体美的和谐统一。下面对几种常见体形进行着装指导。

▶ 1. 苹果形身材

苹果形身形圆润，胸部、腹部及臀部等中间部位较丰满，胳膊较粗，小腿轮廓好。着装关键是在没有曲线的部位创造曲线，靠服装增加线条与角度来抵消身体的圆润，得到想要的外形和曲线。

（1）可选择V字领的高腰线上装。V字领口能起到拉长视觉的效果，腰线下的下垂褶皱部分有遮盖腹部的作用。

（2）真丝、人造纤维等垂感较好的面料能掩盖身材的不足，可配紧身内衣起到收紧上身肥胖部位的效果。

（3）裤子和裙子首选竖线条，使用竖线条图案在视觉上有显瘦的效果。

（4）过于紧身的衣物会显得臃肿。避免穿带有褶皱的或侧面带有口袋等有修饰效果的裤子。这些会让身体的中段部位显得臃肿。

（5）图案可选择色彩对比较弱的大花纹图案，小花纹会更显胖。

▶ 2. 沙漏形身材（钟形）

沙漏形身材的人身体曲线明显，胸、臀部丰满，腰肢纤细。

（1）卡其布直筒裙为首选，它稍微收紧的下摆能很好地展示曲线。搭配一条抢眼的腰带，可以把注意力吸引到腰线上。

（2）上衣可以选择体现身材的紧身衣，并且下摆在腰臀之间，展现腰部。

（3）可以选择性感的低腰微喇裤子，这样可以强调漂亮丰满的臀部曲线。

（4）上衣可选V字低领衫。

（5）选择传统路线的服装款式，如高腰裤或连衣裙，同样可以展现腰部线条。

▶ 3. 矩形身材（H形）

矩形身材的人肩膀、腰部、臀部基本上是接近等宽的，会缺乏女性的曲线美。

（1）如果不是很胖的矩形身材，可以尝试选择一条腰带来重塑腰线。

（2）上衣选择收腰式或有腰部装饰的上装，这样可增加曲线感。

（3）裤子的腰上可有一些口袋、带子等修饰物，来增加臀部体积，创造一些腰部曲线。

(4) 带有肩章的夹克有加宽肩部和强调肩部线条的设计效果。
(5) 采用宽大硬挺面料的衣物很有可能会失去更多的曲线美。

▶ 4. 梨形身材（A 形）

梨形身材的人身体上身窄小，下身较宽。肩窄，胸部较小，腰细，臀部到大腿处较丰满。
(1) 要在视觉上平衡上下身的比例差异，增加服装肩部设计。
(2) 船领和露肩装上衣能很好地扩展肩线，平衡臀部的宽度。
(3) 避免穿紧身上衣，这样会加大上下半身的对比，避免收腰的款式和束腰带。
(4) 下身最好穿具有收缩感的深色衣服。
(5) 直筒裤或微喇裤由于增加了裤腿处的宽度，会使臀部显得小一些。
(6) A 字裙同样能掩盖身体的不足之处。

二、仪表的基本要求

仪表，即人的外表，包括容貌、举止、姿态、风度等。在政务、商务、事务及社交场合，一个人的仪表不但可以体现文化修养，也可以反映审美趣味。穿着得体，不仅能给人留下良好的印象，而且还能够提高与人交往的能力。

（一）着装 TPO 三原则

在商务社交场合中正确着装是一个礼仪要素，提倡着装遵循 TPO（time、place、object）原则。着装的 TPO 原则是世界通行的着装打扮的最基本的原则，该原则要求服饰应力求和谐，以和谐为美。

▶ 1. T（time）指时间，即服装的选择要与时间相适应

"时间"是一个广义的概念，主要包括三层含义：一是指时代的变迁，流行的更迭；二是指一年之中春夏秋冬四季的变化；三是指每天早晚的不同时间。在不同的时间，着装的类别、款式应有所变化。

▶ 2. P（place）指地点、场所，即服装的选择要与所处的场所相适应

地点、场所主要是指服装的穿着要考虑不同国家、不同地区所处的地理位置、自然条件以及生活习俗等。例如，上班着装要整齐划一、庄重、大方；社交着装应注意时尚、流行；休闲着装则强调舒适、自然。在海滨、浴场穿泳装出现是人们司空见惯的，但出现在街头、办公室则令人哗然。

▶ 3. O（object）指与目的、目标、对象相适应

与目的、目标、对象相适应是指要根据交往对象的特点，希望着装给他人留下的预期目的来选择服装，以给对方留下深刻印象。例如，应聘新职、洽谈生意应穿庄重大方的服装，以表示自己的专业；参加聚会则可以穿休闲时尚的服装，使自己显得潇洒、随意，容易与别人相处。对于年龄来说，不同年龄的人有不同的穿着要求，年轻人应穿着鲜艳、活泼、随意一些，体现出年轻人的朝气和蓬勃向上的青春之美；而中老年人的着装则要注意庄重、雅致、整洁，体现出成熟和稳重。对于不同体型、不同肤色的人，就应考虑到扬长避短，选择合适的服饰。要根据不同的交往目的、交往对象选择服饰，从而给别人留下良好的印象。

（二）整洁性原则

整洁是着装的最基本原则。在任何情况下，着装都应力求整洁，避免肮脏和邋遢。一

个穿着整洁的人能给人积极向上的感觉，总是受欢迎的；而一个穿着邋遢的人给人的感觉总是消极颓废的。所以在社交场合，人们的着装要做到以下几点。

(1) 着装整齐。不允许又褶又皱，不熨不烫。
(2) 着装干净。不应当又脏又臭，令人生厌。
(3) 着装完好。不应当又残又破，乱打补丁。
(4) 着装卫生。经常换洗，不允许有明显的油渍、污渍。

(三) 文明性原则

在日常生活中，不仅要做到会穿衣戴帽，而且还要着装文明，符合社会的传统道德和常规做法。正式场合的着装应注意以下三点。

(1) 忌穿过分裸露的衣服。袒胸露背、暴露大腿、赤膊都在禁忌之列。胸、腹、背、腋下、大腿，是公认的正式场合不准外露的五大禁区。在特别正式的场合，脚趾与脚跟同样也不得外露。

(2) 忌穿过瘦过小的衣服。在正式场合穿短裤、小背心、超短裙等过短的服装，不仅会使自己行动不便，频频"走光"，而且也失敬于人，使他人多有不便。一般上装不宜短于腰部，否则会露出裤腰、裙腰甚至肚皮，成了改头换面的"露脐装"。裤装式的服装，一般不宜为短裤款式。裙装的长度一般在膝盖以下。

(3) 忌穿过透过薄的衣服。内衣、内裤"透视"在外，令人一目了然，有失检点，也使他人难堪。尤其是女士，必须高度重视这一点，否则可能会使交往对象产生错觉，引起不必要的麻烦。

三、职业着装禁忌

职业着装，男女都宜体现端庄大方。尽管女性的服装比男性更具个性，但是有些规则是所有女性都必须遵守的。一般而言，无论男士还是女士，在职场着装中应避免以下禁忌。

▶ 1. 过分鲜艳杂乱

着装宜遵守三色原则，全身五颜六色并不能体现出美感。服装色彩不宜过于夺目，以免干扰工作环境，影响整体工作效率，应考虑与办公室的色调气氛相和谐，并与具体的职业分类相吻合。除了衣服色彩注重搭配之外，上衣、裤子、裙子、配饰等也应留意搭配协调，如女性穿着套裙就不宜再配凉鞋。

▶ 2. 过分暴露紧身

在工作之中，没有必要向外人炫耀自己的身材，不宜穿着紧身装。正式场合六不露，不露胸部、肩部、腰部、背部、脚趾、脚跟。开衩很高的裙子体现的性感与超短裙不相上下，工作场所最好不要表现出暧昧气氛。再热的天气，也应注意自己仪表的整洁、大方。

▶ 3. 过分时尚耀眼

在办公室中，主要表现的是工作能力而非赶时髦的能力。职场不是一个炫富的场所，不需要展示你的财力，特别是从事服务性的工作，工作人员需要展示的是自己的职业素养。

换而言之，职场服装的选择，其基本特点是端庄、简洁、稳重和亲切。

四、职场女性着装礼仪

女士在着装的时候需要严格区分职业套装、晚礼服，以及休闲服，它们之间有着本质的差别。在选择正式的商务套装的时候，无领、无袖或者是领口开得太低，太紧身的衣服应该尽量避免。衣服的款式要尽量合身，以利于活动。在选择服装的时候要根据自己的体形、发色和肤色来选择颜色和样式。

西服套裙是女性的标准职业着装，可塑造出有力量的形象（见图2-1）。质料的讲究是不折不扣的事实。所谓质料是指服装采用的布料、裁制手工、外形轮廓等条件的精良与否。职业女性在选择套装时一定不要忽视它。除此之外，女性应遵循以下通用的着装标准。

资料来源：http://blog.sina.com.cn/s/blog_163e8131c0102wn88.html。

图 2-1 女性标准职业着装

（一）选择套裙时

▶ 1. 面料

总体来说，套裙在面料上的选择余地远远要比西装套装大得多。其主要的要求是：套裙所选用的面料最好既是纯天然质地的面料又是质料上乘的面料，上衣、裙子以及背心等，应当选用同一种面料。在外观上，套裙所选用的面料，讲究的是匀称、平整、滑润、光洁、丰厚、柔软、悬垂、挺括，不仅弹性、手感要好，而且应当不起皱、不起毛、不起球。

通常，人们对于组成套裙的上衣、裙子以及背心等面料的一致性是最为看重的。因为这样可以使套裙浑然一体、朴素自然，而且还会使穿着者看起来高雅、脱俗、美观、悦目。

目前，人们依照以上标准用来制作套裙的面料，除了薄花呢、人字呢、女士呢、华达呢、啥味呢、凡立丁、法兰绒等纯毛面料之外，高档的府绸、丝绸、亚麻、麻纱、毛涤以及一些化纤面料，也在选择之列。

▶ 2. 色彩

在色彩方面，套裙的基本要求是应当以冷色调为主，借以体现出着装者的典雅、端庄与稳重。套裙的色彩应当清新、雅致而凝重，因此不应选择鲜亮抢眼的色彩。与此同时，还须使与各种"流行色"保持一定的距离，以示自己的传统与持重。

具体而言，标准而完美的套裙的色彩，不仅要兼顾着装者的肤色、形体、年龄与性格，而且更要与着装者从事商务活动的具体环境彼此协调一致。在一般情况下，各种加入了一定灰色的色彩，如藏青、炭黑、烟灰、雪青、茶褐、土黄、紫红等稍冷一些的色彩，往往都是商界女士可以考虑的。由此可知，与商界男士所穿的西装套装相比，商界女士所穿的套裙颜色选择范围也远远不止于蓝、灰、棕、黑等几种。

不仅如此，套裙的色彩有时还可以不受单一色彩的限制。以两件套套裙为例，它的上衣与裙子可以是一色，也可以采用上浅下深或上深下浅等两种并不相同的色彩，使之形成鲜明的对比来强化它所留给别人的印象。在上面所提及两种套裙色彩的组合法中，前者庄重而正统，后者则富有活力与动感，两者各有千秋。

有时，即使是穿着上衣下裙同为一色的套裙，也可以采用与其色彩所不同的衬衫、领花、丝巾、胸针、围巾等衣饰，来对比加以点缀，以便使之生动而活跃一些，此外，还可以采用不同色彩的面料，来制作套裙的衣领、兜盖、前襟、下摆，这样，也可以点缀套裙的色彩。

不过还是应当切记：一套套裙的全部色彩至多不要超过两种，不然就会显得杂乱无章。

▶ 3. 图案

选择套裙讲究的是朴素而简洁，因此考虑其图案问题时，也必须注意到这一点。

按照常规，商界女士在正式场合穿着的套裙，可以不带有任何的图案。如果本人喜欢，以各种或宽或窄的格子、或大或小的圆点、或明或暗的条纹为主要图案的套裙。其中，采用以方格为主体图案的格子呢所制成的套裙，可以使人静中有动，充满活力，所以，多年以来，它一直盛行不衰、大受欢迎。

一般认为，套裙不应以花卉、宠物、人物、文字、符号为主体图案。一名白领丽人假如穿着那样的套裙行走于商界，不但过分地引人瞩目，而且看起来也会让人感到头晕目眩。总而言之，绘有此类图案的面料，往往不适合制成套裙。

▶ 4. 点缀

套裙上不宜添加过多的点缀，否则极有可能会使其显得琐碎、杂乱、低俗和小气。有的时候，点缀过多还会使穿着者有失稳重。

一般而言，以贴布、绣花、花边、金线、彩条、扣链、亮片、珍珠、皮革等加以点缀或装饰的套裙，都不会有好的效果，这一类的套裙往往是不为人们所接受的。

不过，并非所有带有点缀的套裙均应遭到排斥，有些套裙上适当地采用装饰扣、包边、蕾丝等点缀之物，实际效果其实也不错。重要之点在于，套裙上的点缀宜少不宜多、宜精不宜糙、宜简不宜繁。

▶ 5. 尺寸

从具体的尺寸来讲，套裙可谓变化无穷。不过从根本上来看，套裙在整体造型上的变化，主要表现在它的长短与宽窄两个方面。

一般说来，在套裙之中，上衣与裙子的长短是没有明确而具体的规定的。以前，在欧美主要国家，商界女士的套裙曾被要求上衣不宜过长，下裙不宜过短。比较而言，人们对于裙子的长度似乎关注得更多一些。传统的观点是：裙短则不雅，裙长则无神，裙子的下摆恰好抵达着装者小腿肚上的最为丰满之处，乃是最为标准、最为理想的裙长。目前，套裙之中的裙子有超短式、及膝式、过膝式，商界女士在选择时，主要考虑的是个人偏好、身材特点以及流行时尚。

应强调的是，在套裙之中，虽然超短裙已被渐渐地接受，但是出于自尊自爱与职业道德等方面的缘故，套裙之中的超短裙并非越短、越"迷你"越好，过多地裸露自己的大腿无论如何都是不文明的。在一般情况下，套裙之中的超短裙，裙长应以不短于膝盖以上15厘米为限。

就事论事，在套裙的着装实践中，上衣与裙子的具体造型，主要有上长下长式、上短下短式、上长下短式、上短下长式等四种基本形式。只要着装选择恰当,它们穿着起来都能够在视觉上令人赏心悦目。

在套裙之中,由于背心需要内穿,不宜过于宽松肥大;由于裙子强调贴身为美,故此以窄为主,因此套裙的宽窄问题,实际上主要与上衣有关。

以宽窄肥瘦而论,套裙之中的上衣分为紧身式与松身式两种。紧身式上衣的肩部平直、挺拔,腰部收紧或束腰,其长多不过臀,整体上呈倒梯形造型,线条硬朗而鲜明。松身式上衣的肩部则大都任其自然,或稍许垫高一些,腰部概不收缩,衣长往往直至大腿,线条上讲究自然而流畅。一般认为紧身式上衣显得较为正统,松身式上衣则看起来更加时髦一些。

▶ 6. 造型

从总体上来讲,造型的基本轮廓可以大致分为 H 形、X 形、A 形、Y 形等四种类型。

H 形造型套裙的主要特点是:上衣较为宽松,裙子亦多为筒式。这样一来,上衣与下裙便给人以直上直下、浑然一体之感。它既可以让着装者显得优雅、含蓄和帅气,也可以为身材肥胖者遮丑。

X 形造型套裙的主要特点是:上衣多为紧身式,裙子则大都是喇叭式。实际上,它是以上宽与下松来有意识地突出着装者的腰部的纤细。此种造型的套裙轮廓清晰而生动,可以令着装者看上去婀娜多姿、楚楚动人。

A 形造型套裙的主要特点是:上衣为紧身式,裙子则为宽松式。此种上紧下松的造型,既能体现着装者上半身的身材优势,又能适当地遮掩其下半身的身材劣势。不仅如此,它还在总体造型上显得松紧有致、富于变化和动感。

Y 形造型套裙的主要特点是:上衣为松身式,裙子多为紧身式,并且以筒式为主。它的基本造型实际上就是上松下紧。一般来说,它意在遮掩着装者上半身的短处,同时表现出下半身的长处。此种造型的套裙往往会令着装者看上去亭亭玉立、端庄大方。

▶ 7. 款式

套裙在款式方面的变化,主要集中于上衣与裙子(见图 2-2)。一般来说,背心的变化往往不会太大。

资料来源:https://tieba.baidu.com/p/2888228125。

图 2-2 女性职业套裙着装

套裙之中上衣的变化主要表现在衣领方面。除了最为常见的平驳领、枪驳领、一字领、圆状领、V字领、U字领之外，青果领、披肩领、燕翼领、蟹钳领、束带领等领型也并不罕见。

上衣的另外一个主要变化则表现在衣扣方面。它既有无扣式的，也有单排式、双排式的，既有明扣式的，也有暗扣式的。在衣扣的数目上，少则只有一粒，多则不少于十粒。就具体作用而论，有的纽扣发挥实际作用，有的纽扣则只起着装饰作用。

除了领型、纽扣等方面的变化，套裙之中的上衣在门襟、袖口、衣袋等方面，往往也多会花样翻新、式样百出。

作为套裙的主角，裙子的式样也不乏变化。常见的西装裙、一步裙、围裹裙、筒式裙、折叠裙等，款式端庄、线条优美；百褶裙、旗袍裙、开衩裙、A字裙、喇叭裙等，飘逸洒脱、高雅漂亮。它们都是大受欢迎的式样。

(二) 穿着套裙时

商界女士在正式场合要想显得衣着不俗，不仅要注意选择一身符合常规要求的套裙，更要注意的是，套裙的穿着一定要得法。也就是说，在穿着套裙时，套裙的具体穿着与搭配的方法多有讲究。

▶ 1. 套裙应当大小适度

一套做工精良的优质面料的套裙，穿在一位白领丽人的身上，首先必须大小相宜。他人的套裙，过大或过小、过肥或过瘦的套裙，通常都不宜贸然穿着。通常认为，套裙之中的上衣最短可以齐腰，而其中的裙子最长则可以达到小腿的中部，但是，在一般情况下，上衣不可以再短，裙子也不可以再长。否则，便会给人以勉强或者散漫的感觉。

特别应当注意，上衣的袖长以恰恰盖住着装者的手腕为好。衣袖如果过长，甚至在垂手而立时挡住着装者的大半个手掌，往往会使其看上去矮小而无神；衣袖如果过短，甚至将其手腕完全暴露，则会显得滑稽而随便。

还应注意，上衣或裙子均不可过于肥大或包身。如果说过于肥大的套裙易于使着装者显得萎靡不振的话，那么过于包身的套裙则往往会令着装者"引火烧身"，惹来麻烦。

▶ 2. 套裙应当穿着到位

在穿套裙时，必须依照其常规的穿着方法，将其认真穿好，令其处处到位。尤其要注意：上衣的领子要完全翻好，衣袋的盖子要拉出来盖住衣袋；不允许将上衣披在身上，或者搭在身上；裙子要穿得端端正正，上下对齐之处务必好好对齐。

特别需要指出的是，商界女士在正式场合露面之前，一定要抽出一点儿时间仔细地检查一下自己所穿的衣裙的纽扣是否系好、拉锁是否拉好。在大庭广众之下，如果上衣的衣扣系得有所遗漏，或者裙子的拉锁忘记拉上、稍稍滑开一些，都会令着装者一时无地自容。

按照规矩，商界女士在正式场合穿套裙时，上衣的衣扣只能一律全部系上。不允许将其部分或全部解开，更不允许当着别人的面随便将上衣脱下来。

▶ 3. 套裙应当考虑场合

与任何服装一样，套裙自有适用的特定场合。

商务礼仪规定：商界女士在各种正式的商务交往之中，一般以穿着套裙为好。在涉外商务活动之中，则务必应穿着套裙。除此之外，大都没有必要非穿套裙不可。

商界女士在出席宴会、舞会、音乐会时，可酌情选择与此类场面相协调的礼服或时装。此刻依旧穿套裙，则会使自己与现场"格格不入"，并且还有可能影响到他人的情绪。

外出观光旅游、逛街购物或者进行锻炼健身时，商界女士一般以穿着休闲装、运动装等便装为宜。

▶ 4. 套裙应当协调妆饰

高层次的穿着打扮，讲究的是着装、化妆与佩饰风格统一，相辅相成。因此，在穿着套裙时，商界女士必须具有全局意识，将其与化妆、配饰一起通盘加以考虑。

就化妆而言，商界女士在穿套裙时的基本守则是：既不可以不化妆，也不可以化浓妆。穿套裙时，商界女士必须维护好个人的形象，因此是不能够不化妆的。而之所以要求不可以化浓妆，则主要是因为商界女士在工作岗位上要突出的是工作能力、敬业精神，而非自己的性别特征和靓丽容颜，所以应只化淡妆，"妆成有却无"，恰到好处即可。

就配饰而言，商界女士在穿套裙时的需要注意的是：以少为宜，合乎身份。在工作岗位之上，可以不佩戴任何首饰。如果要佩戴的话，则至多不应当超过三种，每种也不宜多于两件。不仅如此，穿套裙的商界女士在佩戴首饰时，还必须兼顾自己的职业女性这一身份。按照惯例，此刻，不允许佩戴与个人身份无关的珠宝首饰，也不允许佩戴有可能过度张扬自己的"女人味"的耳环、手镯、脚链等首饰。

▶ 5. 套裙应当兼顾举止

虽说套裙最能够体现女性的柔美曲线，但是假如着装者举止不雅，在穿套裙时对个人的仪态毫无要求，甚至听任自己肆意而为，则依然不会将套裙自身的美感表现出来。

穿上套裙之后，商界女士站要站得又稳又正。不可以双腿叉开，站得东倒西歪，或是随时倚墙靠壁而立。就座以后务必注意姿态，切勿双腿分开过大，脚尖抖动不已，更不可以脚尖挑鞋直晃，甚至当众脱下鞋来。

一套剪裁合身或稍为紧身一些的套裙，在行走之时或取放东西时，有可能对着装者产生一定程度的制约。由于裙摆所限，穿套装者走路时不能够大步流星地奔向前去，而只宜以小碎步疾行。行进之中，步子以轻、稳为佳，不可走得"咚咚"直响。需要去取某物时，若其与自己相距较远，可请他人相助，千万不要逞强，尤其是不要跷起脚尖、伸直胳膊费力地去拿，或是俯身、探头去拿，免得露出自己身上不该暴露的部位，甚至使套裙因此开裂。

(三) 套裙的搭配

套裙的搭配主要应当考虑衬衫、内衣、衬裙、鞋袜的选择是否适当。

▶ 1. 衬衫

与套裙配套穿着的衬衫，有不少的讲究。从面料上讲，主要要求轻薄而柔软，因此真丝、麻纱、府绸、罗布、花瑶、涤棉等，都可以用作其面料。从色彩上来讲，它的要求则主要是雅变而端庄，并且不失女性的妩媚。除了作为"基本型"的白色之外，其他各式各样的色彩，包括流行色在内，只要不是过于鲜艳，并且与同时所穿的套裙的色彩不相互排斥，均可用作衬衫的色彩。不过，还是以单色为最佳之选。同时，还要有意识地注意，应使衬衫的色彩与同时所穿的套裙的色彩互相般配，要么外深内浅，要么外浅内深，形成两者之间的深浅对比。

与套裙配套穿着的衬衫上，最好不要有复杂的图案。选择无任何图案的衬衫是最得当的。除此之外，顶多可以再选择带有条纹、方格、圆点、碎花或暗花的衬衫。假如在穿着带有图案的套裙时穿带有图案的衬衫，应使两者或是外简内繁，或是外繁内简，以变化有致。

女式衬衫的款式甚多，其变化多体现在领型、袖管、门襟、轮廓、点缀等方面。应当说明的是，与套裙配套穿的衬衫不必过于精美，领型等细节上也不宜十分新奇夸张。那些样式极其精美、新奇、夸张的衬衫，其实仅适合单穿。

穿衬衫时，须注意下述事项：一是衬衫的下摆必须掖入裙腰之内，不得任其悬垂于外，或是将其在腰间打结。二是衬衫的纽扣要一一系好。除最上端一粒纽扣按惯例允许不系外，其他纽扣均不得随意解开。三是衬衫在公共场合不宜直接外穿。按照礼貌，不许在外人面前脱下上衣，直接以衬衫面对对方。身穿紧身而透明的衬衫时，特别须牢记这一点。

▶ 2. 内衣

内衣，被称为"贴身的关怀"。在穿着套裙时，按惯例，亦须对同时所穿的内衣慎加选择，并注意其穿着之法。

一套内衣往往由胸罩、内裤以及腹带、吊袜带、连体衣等构成。它应当柔软贴身，并且起着支撑和烘托女性线条的作用。有鉴于此，选择内衣时，最关键的是要使之大小适当，既不能过于宽大晃悠，也不能过于窄小。

内衣所用的面料，以纯棉、真丝等面料为佳。它的色彩可以是常规的白色、肉色，也可以是粉色、红色、紫色、棕色、蓝色、黑色。不过，一套内衣最好同为一色，而且其各个组成部分亦为单色。就图案而论，着装者完全可以根据个人爱好加以选择。内衣的具体款式甚多，在进行选择之时，特别应当关注的是，穿上内衣以后，不应当使它的轮廓一目了然地在套裙之外展现出来。不然，就很有可能使自己为他人所蔑视。

在内衣的穿着方面，必须注意以下四点：

（1）内衣一定要穿。无论如何，在工作岗位上不穿内衣的做法都是失礼的。

（2）内衣不宜外穿。有人为了显示自己新潮，在穿着套裙时索性不穿衬衫，而直接代之以连胸式衬裙、文胸，更有甚者，甚至在套裙之内仅仅穿着胸罩。此种出格的穿法是甚为不雅的。

（3）内衣不准外露。穿内衣之前，务必要检查一下它与套裙是否大小相配套。若是无意之中在领口露出一条胸罩的带子或是在裙腰外面露出一圈内裤，都会给自身形象造成无可挽回的损失。

（4）内衣不准外透。选择与内衣一同穿着的套裙、衬衫时，三者厚薄应有别，切勿令三者一律又薄又透，并色彩反差甚大，内衣从外面被看得清清楚楚，有伤大雅。

▶ 3. 衬裙

衬裙，特指穿在裙子之内的裙子，一般而言，穿套裙时一定要穿衬裙。穿套裙时，尤其是穿丝、棉、麻等薄型面料或浅色面料的套裙时，假如不穿衬裙，就很有可能会使自己的内裤动辄为外人所见，那样是很丢人的。

选择衬裙时，可以考虑各种面料，但是以透气、吸湿、单薄、柔软者为佳。过于厚重或过于硬实的面料，通常不宜用来制作衬裙。

在色彩与图案方面，衬裙的讲究是最多的。衬裙的色彩宜为单色，如白色、肉色等，但必须与外面套裙的色彩相互协调。两者要么彼此一致，要么外深内浅，不管怎么说，都不允许出现两者外浅内深的情况。一般情况下，衬裙上不宜出现任何图案。

从款式方面来看，衬裙亦须与套裙相配套。大体上来说，衬裙的款式应特别关注线条简单、穿着合身、大小适度等三点。它既不能长于外穿的套裙，也不能过于肥大，而将外穿的套裙撑得变形。

穿衬裙时，有两条主要的注意事项：一是衬裙的裙腰切不可高于套裙的裙腰，使衬裙暴露在外；二是应将衬衫下摆掖入衬裙裙腰与套裙裙腰两者之间，切不可将其掖入衬裙裙腰之内。

▶ 4. 鞋袜

鞋袜，每一位爱惜自身形象的人都切不可对其马虎大意。有人曾言"欲了解一个人的服饰品位，看一看她所穿的鞋袜即可。"此言更是说明了鞋袜之于商界女士的重要性。

选择鞋袜时，自当首先注意其面料。商界女士所穿的用以与套裙配套的鞋子，宜为皮鞋，并且以牛皮鞋为上品。同时，所穿的袜子则可以是尼龙丝袜或羊毛袜。

鞋袜的色彩则有许多特殊的要求，与套裙配套的皮鞋，以黑色最为正统。此外，与套裙色彩一致的色彩的皮鞋亦可选择。但是，鲜红、明黄、艳绿、浅紫的鞋子最好不要穿。穿套裙时所穿的袜子可有肉色、黑色、浅灰、浅棕等几种常规选择，只是它们宜为单色。多色袜、彩色袜，以及白色、红色、蓝色、绿色、紫色等色彩的袜子，都是不适宜的。

要强调的是，穿套裙时，需有意识地注意一下鞋、袜、裙三者之间的色彩是否协调。一般认为，鞋、裙的色彩必须深于或略同于袜子的色彩。若是一位女士在穿白色套裙、白色皮鞋时穿上一双黑袜子，就只会给人以长着一双"乌鸦腿"之感了。

不论是鞋子还是袜子，其图案与装饰均不宜过多，免得"喧宾夺主"。有网眼、镂空、拼皮、珠饰、吊带、链扣、流苏、花穗，或印有时尚图案的鞋袜，只能给人以肤浅之感。一点图案与装饰都没有的鞋袜，有时穿起来效果反而更好。

鞋袜在与套裙搭配穿着时，其款式有一定之规。与套裙配套的鞋子，宜为高跟、半高跟的船式皮鞋或盖式皮鞋。系带式皮鞋，丁字式皮鞋、皮靴、皮凉鞋等，都不宜采用。高筒袜与连裤袜则是与套裙的标准搭配，中筒袜、低筒袜绝对不宜与套裙同时穿着。

简而言之，女士应注重整体和立体的职业形象。正式的场合仍然以西装套裙等正式的职业装为主；较正式的场合也可以选用简约、质地好的上装和裤装，并配以女式高跟鞋；较为宽松的场合，则可以在服装和鞋的款式上稍做调整。

五、男士西装礼仪

男士在穿着西装时，不能不对其具体的穿法倍加重视。不遵守西装的规范穿法，在穿西装时肆意妄为，都是有违礼仪的无知的表现。

（一）男士西装着装礼仪

▶ 1. 要拆除衣袖上的商标

西装上衣左边袖子上的袖口处，通常会缝有一块商标。有时，那里还同时缝有一块纯羊毛标志。在正式穿西装之前，切勿忘记将它们先行拆除。这种做法等于是对外宣告该套西装已被启用。

▶ 2. 要熨烫平整

欲使一套穿在自己身上的西装看上去美观而大方，首先就要使其显得平整而挺括，线条笔直。要做到这一点，除了要定期对西装进行干洗外，还要在每次正式穿着之前，对其进行认真的熨烫。千万不要疏于此点，而使之皱皱巴巴、脏兮兮，美感全失。

3. 要扣好纽扣

穿西装时，上衣、背心与裤子的纽扣，都有一定的系法。在三者之中，又以上衣纽扣的系法讲究最多。一般而言，站立之时，特别是在大庭广众之前起身而立之后，西装上衣的纽扣应当系上，以示郑重其事。就座之后，西装上衣的纽扣则大都要解开，以防其"扭曲"走样。只有在内穿背心或羊毛衫，外穿单排扣上衣时，才允许站立之际不系上衣的纽扣。

通常，西装的单排扣上衣与双排扣上衣纽扣又有各不相同的具体系法。系单排两粒扣式的西装上衣的纽扣时，讲究"扣上不扣下"，即只系上边那粒纽扣。系单排三粒扣式的西装上衣的纽扣时，要么只系中间那粒纽扣，要么系上上面那两粒纽扣。而系双排扣式的西装上衣的纽扣时，则可以系上的纽扣一律都要系上。

穿西装背心，不论是将其单独穿着，还是穿着它同西装上衣配套，都要认真地扣上纽扣，而不允许任其自由自在地敞开。一般情况下，西装背心只能与单排扣西装上衣配套，它的纽扣数目有多有少，但大体上可分为单排扣式与双排扣式两种。根据西装的着装惯例，单排扣式西装背心的最下面的那粒纽扣应当不系，而双排式西装背心的全部纽扣则必须统统系上。目前，西裤的裤门有的是纽扣，有的则是拉锁。一般认为，前者较为正统，后者则使用起来更加方便，不管是何种方式，都要时刻提醒自己，将纽扣全部系上或是将拉锁认真拉好。参加重要的活动时，还须随时悄悄地对其进行检查。西裤上的挂钩，亦应挂好。

4. 要不卷不挽

穿西装时，一定要悉心呵护其原状。在公共场所里，千万不要当众随心所欲地脱下西装上衣，更不能把它当作披风一样地披在肩上。需要特别强调的是，无论如何都不可以将西装上衣的衣袖挽上去。否则，极易给人以粗俗之感。一般情况下，随意卷起西裤的裤管，也是一种不符合礼仪的表现，因此，绝对禁止商务人员如此这般。

5. 要慎穿毛衫

商界人士要打算将一套西装穿得有"型"有"味"，那么除了衬衫与背心之外，在西装上衣之内，最好就不要再穿其他任何衣物。在冬季寒冷难忍时，只宜暂作变通，穿上一件薄型V领的单色羊毛衫或羊绒衫。这样既不会显得过于花哨，也不会妨碍自己打领带。不要穿色彩、图案十分繁杂的羊毛衫或羊绒衫，也不要穿扣式的开领羊毛衫或羊绒衫。扣式的开领羊毛衫与西装上衣同穿时，衣领处令人眼花缭乱。千万不要一下子同时穿上多件羊毛、羊绒的毛衫、背心，那样会使领口之处层次太多，而且还会致使西装鼓胀不堪，变形走样。

6. 要巧配内衣

西装的标准穿法是衬衫之内不穿棉纺或毛织的背心、内衣。至于不穿衬衫，而以T恤衫直接与西装配套的穿法，则更是不符合规范的。因特殊原因而需要在衬衫之内再穿背心、内衣时，有三点注意事项，一是数量上以一件为限；二是色彩上宜与衬衫的色彩相仿，至少也不应使之比衬衫的色彩更深，免得令两者"反差"鲜明，在浅色或透明的衬衫里面穿深色、艳色的背心或内衣，则更易于招人笑话；三是款式上应短于衬衫。穿在衬衫之内的背心或内衣，其领型以U领或V领为宜。在衬衫之内最好别穿高领的背心或内衣，此外，还须留心，不要使内衣的袖管暴露在别人的视野之内。

7. 要少装东西

为保证西装在外观上不走样，就应当在西装的口袋里少装东西，或者不装东西。对待上衣、背心和裤子均应如此。要是把西装上的口袋当作一只"百宝箱"，用乱七八糟的东西把它塞得满满的，无异于是在糟蹋西装。具体而言，在西装上，不同的口袋发挥着各不相同的作用。

在西装上衣上，左侧的外胸袋除可以插入一块用以装饰的真丝手帕，不准再放其他任何东西，尤其不应当别钢笔、挂眼镜。内侧的胸袋可用来别钢笔、放钱夹或名片夹，但不要放过大过厚的东西或无用之物。外侧下方的两只口袋，则原则上以不放任何东西为佳。

在西装背心上，口袋多具装饰的功能，除可以放置怀表之外，不宜再放别的东西。

在西装的裤子上，两只侧面的口袋只能够放纸巾、钥匙包或者零钱包。其后侧的两只口袋则大都不放任何东西。

总结商务男士穿西装（见图2-3）的重要规则为"三个三"。第一个"三"指三色原则，即穿西装时，全身的颜色不能多于三种，包括上衣、下衣、衬衫、领带、袜子在内；第二个"三"指三一定律，即穿西装、套装外出时，鞋子、腰带、公文包应为同一颜色，而且首选黑色；第三个"三"指三大禁忌，即穿西装时有三种禁忌：其一，袖子上的商标没有拆；其二，在重要场合，穿夹克或短袖衬衫打领带；其三，袜子的问题。在重要场合，白色袜子和尼龙丝袜子都不能与西装搭配。

资料来源：http://www.ipctu.com/cloth/dapei/15647_4.html。

图 2-3　男士职业着装

（二）男士西装着装规则

▶ 1. 色彩

西装必须庄重、正统，可以选择灰色、藏蓝色或棕色的单色西装。黑色的西装更适合在庄严而肃穆的礼仪性活动之中穿着。在正式场合不要穿色彩鲜艳或发光发亮的西装，朦胧色、过渡色的西装，通常也不要选择。

▶ 2. 衬衫

正装衬衫须为单色。在正式场合，白色衬衫是最好选择，以无任何图案为佳。有四点注意事项：一是衣扣、领扣、袖扣都要系上，不打领带时才可解开衬衫的领扣；二是袖长要适度，最美观的做法是令衬衫的袖口恰好露出1厘米左右；三是下摆要放好，要将下摆均匀地掖进裤腰之内；四是大小要合身，在办公室里可以暂时脱掉西装上衣，直接穿长袖衬衫、打着领带。

3. 纽扣

一般而言，站立之时，西装上衣纽扣应当系上，以示郑重其事。就座之后，西装上衣的纽扣，则要解开，以防其"扭曲"走样。内穿羊毛衫，外穿单排扣上衣时，站立时刻不系上衣的纽扣。系单排两粒纽扣的西装上衣时，"扣上不扣下"。系单排三粒扣式的西装上衣时，可只系中间的纽扣，也可只系上面两粒纽扣。系双排扣式的西装上衣时，纽扣都要扣上。穿西装背心，不论是单独穿着，还是穿着它同时穿上衣配套，都要扣上纽扣。西裤纽扣要全部系上，拉链要拉好。

4. 领带

领带是"西服的灵魂"。一般而言，穿西装套装是要打领带的。穿单件西装时，领带则可打可不打。不穿西装的时候，通常可以不打领带。正式场合要使用真丝、单色领带、多色领带，多色领带一般不要超过三种色彩。用于正式场合的领带，其图案应规则、传统。领带打好后，外侧应略长于内侧，领带下端长度应当在腰带扣上下端之间。不要在正式场合使用"易拉得"领带。领带的位置应处于西装上衣与内穿的衬衫之间。

（三）男士领带打法

1. 温莎结

温莎结是因温莎公爵而得名的领带结，是最正统的领系法，打出的结成正三角形，饱满有力，适合搭配宽领衬衫。该领带结应多往横向发展，避免材质过厚的领带，领带结也勿打得过大。要诀：宽边先预留较长的空间，绕带时的松紧会影响领带结的大小。

2. 双环结

一条质地细致的领带再搭配上双环结颇能营造时尚感，适合年轻的上班族选用。要诀：该领结完成的特色就是第一圈会稍露出于第二圈之外。

3. 平结

平结是男士们选用最多的领带结打法之一，几乎适用于各种材质的领带。完成后领带结呈斜三角形，适合窄领衬衫。要诀：宽边在左手边，也可换右手边打；在选择"男人的酒窝"（形成凹凸）情况下。

4. 浪漫结

浪漫结是一种完美的结型，故适用于各种浪漫系列的领口及衬衫，完成后将领结下方之宽边压以褶皱可缩小其结型。要诀：窄边亦可将它往左右移动使其小部分出现于宽边领带旁。

5. 双交叉结

双交叉结很容易让人有种高雅且隆重的感觉，适合正式活动的场合选用。该领结应多运用在素色且丝质领带上，适合搭配大翻领的衬衫使之有种尊贵感。要诀：宽边从第一圈与第二圈之间穿出，使领带结充实饱满。

（四）皮鞋、袜子、公文包的搭配

1. 皮鞋

穿西装要穿皮鞋，一般来说，皮鞋与西装最为匹配，颜色应为深色、单色，黑色最适合配西装套装。皮鞋的款式，要庄重、正统。皮鞋要勤换、勤晾，鞋面要无尘，鞋底要无泥，鞋垫要相宜，尺码要适当。

2. 袜子

以深色、单色为宜，最好是黑色。不要穿与西装、皮鞋的色彩对比鲜明的白色袜子、浅色袜子、彩色袜子，或者其他发光、发亮的袜子。

▶ 3. 公文包

公文包是"移动式办公桌"。穿西装外出办事一般要带公文包，颜色以黑色、棕色为好，样式以手提式长方形公文包为好。

六、女性饰品礼仪

在社交活动中，商务女性除了要注意服装的选择外，还要根据不同场合的要求佩戴戒指、耳环、项链、胸针等饰品，使用要注意以下四点。

（1）以少为佳，通常限制在三种以内，而且每一种不多于两件。

（2）力求同质同色，即质地（材料）、款式、色彩要协调。

（3）符合习俗，即与当时、当地的习俗一致，如戒指一般要戴在左手上。

（4）注意搭配。佩戴饰物时，要与自己的身份地位、衣着穿戴等相配，饰物之间也要相互和谐协调。

（一）项链的佩戴礼仪

项链是女性最常用的饰品之一。一件高贵的礼服配上一条名贵项链，会显得越发华丽。但假如对项链的色彩、质地、造型的各种功用没有一个正确的认识，效果就可能适得其反。一般来讲，金项链以"足赤"而给人一种娇贵富丽的感觉，珍珠项链则以白玉透亮而给人以清雅脱俗之感，雕成花球形的不透明象牙或骨质同样也会产生高雅的美感，它们可以与各色服装相配，给人以华美的总体印象。但假如闪闪发光、色泽莹亮的金项链，白里透黄、白中见斑的珍珠、象牙项链，则可能完全破坏了它的装饰溢美作用，甚至有镀金、矫饰的疑误。同样，景泰蓝、玛瑙、珐琅等项链大多颜色深沉、古朴、典雅，配以明亮的对比色效果可能更佳，但假如与衣装颜色过于接近也会因混于一色，不易分辨而失去装饰的功能。项链的制作质地是首要斟酌的，以质地而论，首推钻石，依次是高雅的珍珠、富贵的金银、神秘的珐琅、古朴的景泰蓝、妩媚的玛瑙、柔美的象牙、沉静的骨质、活泼的贝壳、纯真的菩提珠等。有了合适的质地，还要考虑项链的造型。细小的金项链只有与无领的连衣裙相配才会显得清秀，而挂在厚实的高领衣装外，则会给人清贫寒酸的印象；一串长项链下垂到胸部，会使人感到长度，有助改变矮胖圆脸的体形，似乎增加了身高，加长了脸型；而颈子细长的人，以贴颈的短项链，尤以大珠项链最为适宜。此外，衣装的质料、颜色、样式及场合也影响各种质地、造型的项链的佩戴。虽没有严格统一的规范，也需要随时随地留意观察，寻求规律。

（二）耳环的选用

耳环虽小，却是戴在一个明显而重要的位置上，它的色彩造型对于人的面部形象、气质风采的影响较之其他饰品可能要大，可谓是画龙点睛的一笔。耳环的色彩选择与项链相仿，应首先考虑与衣装色彩相协调，一般来讲，纯白色的耳环和金银耳环可配任何衣服，而鲜艳色彩的耳环则需与衣装相一致或接近；穿淡绿的衣裙，搭配浅黄浅绿的耳环会显得清凉和谐，而搭配一粒红玛瑙耳环，肯定是不伦不类。耳环的质地也多种多样，常见的有金银、钻石、珍珠三大类。佩戴熠熠闪亮的钻石耳环或洁白晶莹的大珍珠耳环，必须配以深色高级天鹅绒旗袍或高档礼服，否则会相形见绌，而人们一般习惯佩带的金银耳环对服装则没有更多的限制。

耳环的造型变化丰富多彩，选戴的余地也就相对大些。不过，面积较大的扣式耳环显然不适宜方型脸的女性佩戴，因为它会增加脸庞下部的宽度，而下巴较尖的脸型则正好能弥补其缺陷。一般来说，脸型较宽的女性应佩戴体积较小、长形状且贴耳的耳环，这样可以加长和收缩脸型。另外需注意的是，一般在两个不同的礼仪场合，不宜佩戴同一副耳环。

（三）戒指的戴法

戒指不仅是一种重要的饰品，还是特定信息的传递物。虽然它也有钻石、金银等不同质地，浑圆、方状及雕花、刻字等不同造型，但其佩戴的方法是一致的，表达的含义也是特定的。戴在食指上，表示求婚；戴在中指上，表示正在恋爱；戴在无名指上，表示已订婚或完婚；戴在小指上，表示欲求独身。西方人习惯男戴右手，女戴左手，公关人员应该特别注意准确传递戒指的这种特定信息，以免在公众面前失误。

任务三 仪态礼仪

任务导入

有一位美国华侨，到国内洽谈合资业务，洽谈了好几次，最后一次来之前，他曾对朋友说："这是我最后一次洽谈了，我要跟他们的最高领导谈，谈得好，就可以拍板。"过了两个星期，他又回到了美国，朋友问："谈成了吗？"他说："没谈成。"朋友问其原因，他回答："对方很有诚意，进行得也很好，就是跟我谈判的这个领导坐在我的对面，当他跟我谈判时，不时地抖着他的双腿，我觉得还没有跟他合作，我的财都被他抖掉了。"

思考：1. 这个案例说明了什么？

2. 在商务交往中，礼仪作用是什么呢？

分析：现代交往比较注重个人素养，由于个人礼仪的意识缺乏容易导致工作失误，甚至会大大影响公司形象。

仪态，又称举止，是人们在活动时，身体各部分呈现出的姿态。

仪态是一种无声的语言。在人际交往过程中，人们思想的交流、情感的表达往往需要借助于各种仪态行为。英国哲学家培根说过："相貌的美高于色泽的美，而优雅得体的动作的美，又高于相貌的美，这是美的精华。"仪态美是一种综合的美、完善的美。与容貌和身材的美相比，仪态美是一种深层次的美。一个人的仪态包括站立的姿态，走路的步态，说话的声调，对人的态度，面部的表情等一举一动、一颦一笑所有的行为举止，而这些外部的表现又是一个人内在品质、知识、能力的真实流露。

一、仪态的基本规则

仪态是指人在行为中的姿态和风度，是人们在外观上可以明显地观测到的活动、动作，以及在动作、活动之中身体各部分呈现出的姿态。

每个人总是以一定的仪态出现在别人面前，包括他所有的行为举止，一举一动、一颦一笑、站立的姿势、走路的步态、说话的声调、对人的态度、面部的表情等。容貌秀美、身材婀娜是仪态美的基础条件，但有了这些条件并不等于仪态美，与容貌和身材的美相比，仪态美是一种更深层次的美。这种美应是身体各部分器官相互协调的整体表现，同时也包括了一个人内在素质与仪表特点的和谐。外部表现是一个人内在品质、知识、能力等的真实流露。

仪态是身体所呈现的外部形态，风度则属于内在气质的外化。在人际交往中，优雅的仪态可以透露出自己良好的礼仪修养，增加好的印象分，并进而赢得更多被接受与合作的机会。

二、站姿

良好的站姿应该是直立、头端、肩平、挺胸、收腹、梗颈，双臂自然下垂或在体前交叉，眼睛平视、面带笑容。

头正：两眼平视前方，嘴微闭，脖颈挺直，表情自然，稍带微笑。

肩平：微微放松，稍向后下沉。

臂垂：两肩平整，两臂自然下垂，中指对准裤缝。

躯挺：挺胸收腹，臀部向内向上收紧。

腿并：两腿立直，贴紧，脚跟靠拢，两脚夹角成60°。

（一）标准站姿

在具体要求上，男女的站姿略有不同。

▶ 1. 男士站姿

男士站立时，应将身体的重心放在两只脚上，头要正，颈要直，抬头平视，挺胸收腹不斜肩，两臂自然下垂，从头到脚呈现一条直线。两脚可微微分开，但最多与肩同宽。站累时可向后挪半步，但上体仍需保持正直。这种站姿从外观上看有如挺拔的青松，显得刚毅端庄，精神饱满，如图2-4所示。

资料来源：https://jingyan.baidu.com/article/
0aa22375bd5ebc88cc0d64ba.html?st=5&net_type=&bd_page_type=1&os=&rst=。

图2-4 男士标准站姿

▶ 2. 女士站姿

女士要想使自己具有优雅迷人的站姿，关键要让自己的双脚、双膝、双手、胸部和下颌五个部位都处于最佳的位置。双脚的脚跟应靠拢在一起，两只脚尖应相距 10 厘米左右，其张角为 45°，呈 V 状。两脚一前一后，前一只脚的脚跟轻轻地靠近后一只脚的脚弓，将重心集中于后一只脚上，切勿两脚分开，甚至呈平行状，也不要将重心均匀地分配在两腿上。无论处于哪一种场合，双膝都应当有意识的靠拢。这样的话，方能确保双腿自上而下地全方位并拢，并使髋部自然上提，避免双腿的"分裂"，臀部撅起等极不雅观的姿势。女士的标准站姿，如图 2-5 所示。在练习站姿时，还可采取一些辅助手段来纠正、保持良好的站姿。

资料来源：https://jingyan.baidu.com/article/642c9d34eb56db644b46f741.html?st=2&os=0&bd_page_type=1&net_type=2。

图 2-5　女士标准站姿

（二）不雅站姿

站立时，双手尽可能不要插于衣裤口袋中。实在有必要时，可左手或右手插于左或右前裤袋，但时间不宜过长。也不要双手相握，背在背后，这种做法看起来老态龙钟。站立时，手也不宜插在腰间，这是一种含进犯性意识的姿势，如图 2-6 所示。

资料来源：http://lady.163.com/08/0221/15/4583LPLN002629H1.html。

图 2-6　不雅站姿

与人站立谈话时，也应注意避免浑身扭动，东张西望。

此外，在站立时，偷偷交替着将鞋子半穿、半脱着，为"辛苦"的双脚放风透气，那就太不雅观了，也应坚决避免。

斜靠门边或墙站立时，耸肩、斜肩或是弯臂、端肩，两腿交叉站立都是十分不雅的。胸部在站立时应略向前方挺出，同时要注意收紧腹肌，并挺直后背，使整个身体的重心集中于双腿中间，不偏不倚。这样的话，不仅能使自己看起来精神振奋、线条优美，而且也不会出现凹胸、挺腹、弓背等难看的姿势。

(三)站姿禁忌

每个人在公共场合出现时都应该遵守站姿的规范。不良的站姿要么姿态不雅，要么缺失敬人之意。下列不良站姿应当禁止：

(1) 体位不正。在站立时如果身体东倒西歪，不仅破坏人体线条的优美，而且还会给人以消沉颓废、萎靡不振、自由放纵的感觉，有损个人形象。

(2) 浑身乱动。长时间站立，身体可以稍做体位变动，但不可过于频繁，浑身上下乱动不止的情况更要避免。手臂挥来挥去，身躯扭来扭去，腿脚抖来抖去，都会使站姿变得非常难看。

(3) 双腿大叉。无论何种站姿，站立时双腿分开的幅度应越小越好。在可能情况下，双腿并拢最好。即使分开，双腿的距离也不可超过肩部的宽度，切勿在他人面前双腿叉开过大，女士尤其应当谨记。

三、坐姿

坐姿是指人们就座时和坐定后的一系列动作和姿势。一般来讲，坐姿应当文雅，舒适自然。基本要求是：腰背挺直，手臂放松，双腿并拢，目视于人。女性应两膝并拢，男性膝部可分开一些，但不要过大，一般不超过肩宽。双手自然放在膝盖上或椅子扶手上。在正式场合，入座时要轻柔和缓，起座时要端庄稳重，不可猛起猛坐，弄得桌椅乱响，造成尴尬气氛，不论何种坐姿，上身都要保持端正，如古人所言的"坐如钟"。若坚持这一点，那么不管怎样变换身体的姿态，都会优美、自然。

(一)得体就座

无论男士还是女士，就座时一定要做到不紧不慢、不慌不忙，大大方方地从座椅的左后侧接近它，然后不声不响地轻轻坐下。不要大大咧咧地一把拉过椅子，"扑通"一声把自己扔进座椅里。落座时响声大作，是没有教养的表现，所以落座时切忌用力过猛。若是走向他人对面的座椅就座，可采用后退步接近属于自己的座椅，尽量不要背对自己将要与之交谈的人。女性若坐下之后所要面对的是异性，则通常应当在入座前用手将裙子收一下，显得娴雅。若是坐定之后才前塞后掖自己的裙摆，难免会失之于庄重。落座后，尽量只坐座位的二分之一左右，不要满坐。

(二)优雅落座

▶ 1. 女士坐姿

女士的坐姿是否优美、是影响印象的重要因素。通常女士可采用的坐姿有以下几种(除了在双腿必须完全并拢，尤其是膝部以上必须完全并拢这一特点相同之外，它们之间的区别主要在于坐定之后的腿位与脚位有所不同)。

双腿垂直式：双腿垂直于地面，双脚的脚跟、膝盖直至大腿都需要并拢在一起，双手自然放在腿上，如图 2-7 所示。这是正式场合的最基本坐姿，可以给人诚恳、认真的印象。需注意这种坐姿脊背一定要伸直，头部摆正，目视前方，如两膝张开，会给人很散漫的印象。

资料来源：https://fitness.yxlady.com/201606/1174643.shtml。

图 2-7　双腿垂直式坐姿

双腿叠放式：这种坐姿要求上下交叠的膝盖之间不可分开，双腿交叠呈一直线，才会造成纤细的感觉。双脚置放的方法可视座椅的高矮而定，既可以垂直，也可以与地面呈 45°角斜放，如图 2-8 所示。脚尖不应翘起，更不应直指他人，采用这种坐姿时，切勿双手抱膝，且不能两膝分开，穿超短裙时应慎用。

资料来源：http://jingyan.baidu.com/album/fedf0737ab0f4c35ac8977ce.html。

图 2-8　双腿叠放式坐姿

双脚交叉式：具体方法是双腿并拢，双脚的踝部交叉之后略向左侧或右侧斜放。坐在主席台上、办公桌后面或公共汽车上时，比较适合采用这种坐姿，感觉比较自然。应当注意的是，采用这种坐姿时，膝部不宜打开，也不宜将交叉的大腿大幅度地分开，或是向前方直伸出去，否则可能会影响到从前面通过的人。

双腿斜放式：坐在较低的椅子上时，双脚垂直放置的话，膝盖可能会高过腰，较不雅观。这时最好采用双腿斜放式，即双腿并拢之后，双脚同时向右侧或左侧斜放，并且与地面形成 45°优美的 S 形，如图 2-9 所示。当坐沙发时，这种姿势最实用。需注意两膝不宜分开，小腿间也不要有距离。

资料来源：http://www.gongxiao8.com/mkzxtmqh/。

图 2-9 双腿斜放式坐姿

双腿内收式：其做法是，两条小腿向后侧屈，双脚脚掌着地，膝盖以上并拢，两脚稍微张开，这也是变换的坐姿之一，尤其在自己并不受注目的场合，这种坐姿显得轻松自然。

脚踝盘住收起式：椅子较低时，除了可斜坐式之外，还可以将脚踝盘起，往椅子下面靠。但像沙发这样下面没有空间的椅子，就不可采取这种姿势；若是柜台或酒吧内的高脚椅，就可以采取这种坐姿。

二郎腿一般被认为是一种不严肃、不庄重的坐姿，尤其是女士不宜采用。其实，这种坐姿只要注意上面的小腿往回踮，脚尖向下这两个要求，不仅外观优美文雅，大方自然，富有亲切感，而且还可以充分展示女士的风采与魅力。

另外，女性在乘坐汽车时还应注意坐车的姿势。要想在上汽车时显得稳健、端庄、大方，做起来并不难。上车前应首先背对车门，款款坐下，待坐稳后，头和身体进入车内，最后再将并拢的双腿一并收入车内，然后方才转身，面对行车的正前方，同时调整坐姿，整理衣裙。坐好之后，两脚亦应靠拢。下车的姿势也不能忽略，一般应待车门开后，转身面对车门，同时将并拢的双腿移出车外，等双腿同时落地踏稳，再缓缓将身体移出车外。

▶ 2. 男士坐姿

男士坐姿的基本要求与女士相较略有不同。通常男士入座后，人体重心要垂直向下，腰部挺直，上身垂直，不要给人以瘫倒在椅子上的感觉。坐时，大腿与小腿基本上成直角，双膝应并拢，或微微分开，双脚平放地面，两脚间距与肩同宽，手自然放在双膝上或椅子扶手上，头平稳，目平视。男士的标准坐姿如图 2-10 所示。

资料来源：https://fitness.yxlady.com/201512/1018235.shtml。

图 2-10 男士标准坐姿

需要侧坐时，应上体与腿同时转向一侧，头部向着前方。如有需要，可交叠双腿，但一般是右腿架在左腿上。注意在社交场合，绝不要首先使用此姿势，因为那会给人以显示自己地位和优势的不平衡感觉。此外，4字形叠腿方式和用手把叠起的腿扣住的方式，则是绝对禁止的。

叠腿时晃动足尖则显得目中无人和傲慢无礼，应注意避免。男士若采取双腿叠放式，正确的坐姿应如图2-11所示。

资料来源：https://zhidao.baidu.com/question/2051979840996016307.html。

图 2-11 男士双腿叠放式坐姿

男士坐姿禁忌：

（1）双脚纠缠座位下方部位，容易让人判断为那是由不自信引起的局促不安。

（2）绝对不要把双腿分开伸得很长，那样不仅仅让人产生这个人没有教养的想法，还会让人产生这个人对我带有满不在乎态度的想法。

（3）不要跷二郎腿，并双手扣住膝盖不停晃动脚尖，这是一种傲慢无礼的表现。

（4）坐立和起立的时候一定要保持一种平稳的速度，否则会把座位弄响，引来别人的白眼。

（5）避免把背部很舒适地靠在椅子上，让整个人陷在座位当中，那样会给人疲惫的感觉。

（6）千万不要坐立不安左右晃动，这样会给人感觉缺乏个人修养。

简而言之，端庄优美的坐姿，会给人以文雅、稳重、自然大方的美感。

四、走姿

行走是人生活中的主要动作，走姿是一种动态的美。"行如风"就是用风行水上来形容轻快自然的步态。正确的走姿是：轻而稳，胸要挺，头要抬，肩放松，两眼平视，面带微笑，自然摆臂，如图2-12所示。

资料来源：http://fj.sina.com.cn/travels/b/2010-05-24/0937314.html。

图2-12 正确的走姿

头正：两目平视，收颌，表情自然平和。

肩平：两肩平稳。防止上下前后摇摆。双臂前后自然摆动，前后摆幅在30°～40°，双手自然弯曲。双臂摆动应以肩关节为轴，手臂与上身之间的夹角不要超过30°，双臂各自摆动的幅度不应大于40厘米，在摆动中离开双腿不超过一拳的距离。走路时双臂不动或同时向一个方向摆，或摆幅过大，都不雅观。

躯挺：上身挺直，收腹立腰，重心稍前倾。

步位直：两脚尖略开，脚跟先着地，两脚内侧落地，走出的轨迹要在一条直线上。

步幅适度：行走中两脚落地的距离大约为一个脚长，即前脚的脚跟距后脚的脚步相距一个脚的长度为宜。女性若穿高跟鞋，可步伐小一些，一步走30厘米左右，会显得更为高雅迷人。同时行走的速度也应不紧不慢，保持节奏感。同样，对于男士，从其步伐也能判断出他们的气质、性格。严肃威严者，行走时挺起腰板，摆平脑袋，步伐大而稳健；儒雅谦和者，行走速度较慢，脚步较轻；年轻活力者，步履节奏感较强。无论怎样，不要拖沓萎靡。

步速平稳：行进的速度应保持均匀、平衡，不要忽快忽慢。在正常情况下，步速应自然舒缓，显得成熟，自信。

与此同时，我们还需要警惕不良姿态，如行走时要防止八字步、低头驼背。行走时不要摇晃肩膀，扭腰摆臀左顾右盼。脚不要擦地面。稳重大方，不妨碍他人。所以在公共场合，即使遇上急事，也不要轻易表演"百米冲刺"。稍微快走几步则是许可的，不要走起路用力过猛，尤其是女性穿着钉有铜跟的高跟鞋行走时不要忘记这一点。

在社会生活中，走姿也有不少特殊之处，我们需要加以掌握。例如，与人告辞或退出上司的办公室时，不宜立即扭头就走，背对上司。为了表示对在场的其他人的敬意，在离去时，应采用后退法。其标准的做法是：目视他人，双脚轻擦地面，向后小步幅地退三四步，然后先转身，后扭头，轻轻地离去。又如，在楼道、走廊灯道路狭窄之处需要为他人让行时，应采用侧行步，即面对对方，双肩一前一后，侧身慢行。这样做是为了对人表示"礼让三分"，也是意在避免与人争抢道路，发生身体碰撞或将自己的背部对着对方。

总而言之，人们行走时的姿态，是以优雅、端庄的站姿为基础的。一般来说，行走时步履应自然、轻盈、敏捷。稳健。

五、蹲姿

日常生活中，蹲下捡东西或者系鞋带时一定要注意自己的姿态，尽量迅速、美观、大方，保持端庄的蹲姿。在取低处物品或拾取落地物品时，切不可弯腰翘臀，而应使用蹲姿。

优雅的蹲姿一般采取下列两种方法。

高低式蹲姿：下蹲时左脚在前，右脚稍后，两脚靠紧向下蹲。左脚全脚着地，小腿基本垂直于地面，右脚脚跟提起，脚掌着地。右膝低于左膝，左膝内侧靠于左小腿内侧，形成左膝高右膝低的姿势，臀部向下，基本上以右腿支撑身体，如图2-13所示。男士两腿之间可留有适当的缝隙，女士则要两腿并紧，穿旗袍或短裙时需要加留意，以免尴尬。

资料来源：http://chongqing.liebiao.com/caiyipeixun/175796742.html。

图2-13 高低式蹲姿

交叉式蹲姿：下蹲时右脚在前，左脚在后，右小腿垂直于地面，全脚着地。左腿在后方与右腿交叉重叠，左膝由后面伸向右侧，左脚跟抬起脚掌着地。两腿前后靠紧，合力支撑身体。臀部向下，上身稍前倾。如图2-14所示。

下蹲时，应使头、胸、膝关节在一个角度上，使蹲姿优美。女士无论采用哪种蹲姿，

资料来源：http://women.huanqiu.com/news/2015-02/5776486.html。

图 2-14 交叉式蹲姿

都要将腿靠紧，臀部向下。若用右手捡东西，可以先走到东西的左边，右脚向后退半步后再蹲下来。脊背保持挺直，臀部一定要蹲下来，避免弯腰翘臀的姿势。特别是穿裙子时，如不注意，背后的上衣自然上提，露出臀部和内衣很不雅观。即使穿着长裤，两腿展开平衡下蹲，撅起臀部的姿态也不美观。

蹲姿禁忌：弯腰捡拾物品时，两腿叉开，臀部向后撅起，是不雅观的姿态。两腿展开平衡下蹲，其姿态也不优雅；下蹲时要注意内衣"不可以露，不可以透"。在公共场合蹲下去时，有两点切勿忘记：一是不可以双腿叉开而蹲，在国外，这种姿势是公认的最不淑女的动作；二是尽量不要面对或背对他人而蹲，若是在他人面前侧身而蹲，就不必担心妨碍于人了。

项目实训

本项目实训将帮助你理解商务人员个人形象礼仪的内涵，如何做到仪容美、仪表美、仪态美。

商务人员在复杂的商务场景中如何规范个人形象，能够让自己和公司形象提升，从而有效地促进商务洽谈、商务沟通与商务合作。

一、实训内容

1. 掌握商务人员个人形象礼仪的真正内涵。认识个人形象，需要从个人的仪容、仪表、仪态等方面去了解。

2. 熟悉商务人员个人形象礼仪养成的过程与方法。

二、实训要求

1. 分组讨论在复杂多变的商务场合如何规范个人形象。

2. 以书面报告的形式提交"商务人员个人形象礼仪素质报告"。

3. 重点分析商务人员如何熟练运用各种商务人员个人形象，如何修炼个人的礼仪修养。

项目小结

通过任务一的学习,帮助你正确认识什么是仪容美,仪容美的基本注意事项与禁忌。

通过任务二的学习,帮助你正确掌握个人仪表礼仪,着装的TPO原则,男士西装、女士裙装的穿法等。

通过任务三的学习,帮助你正确掌握个人仪态礼仪,掌握正确的站姿、坐姿、走姿、蹲姿,纠正不良的个人仪态。

案例分析

上司是在找茬吗?

郑先生是一位需要东奔西走的业务人员,遵照公司的规定,他必须天天穿着蓝色西装上班,同时配上白衬衫及深蓝色领带。郑先生自认为这身服装让他显得英姿焕发,但是他的上司却经常以手指着他的领结处,然后说:"不及格呀!"

经过同事的点醒,郑先生才晓得原来上司是怪他没扣上第一颗纽扣,但他很不以为然:"反正我已打了领带,有它箍着。衬衫的领子固定得很好,何必扣扣子令自己不舒服呢?上司真是找茬!"

思考:

1. 郑先生的做法是否可取?
2. 如果你是郑先生,你会如何让自己的仪表更符合规范?

项目三 商务交际礼仪

美好的东西时常是由于它是真诚的。

——罗兰

学习目标

- 掌握商务人员日常交际礼仪规范。
- 熟悉问候礼仪、介绍礼仪、握手礼仪、名片礼仪、馈赠礼仪、公共设施使用礼仪等。
- 熟悉问候礼仪禁忌。
- 熟悉自我介绍礼仪与替他人做介绍的礼仪。
- 熟悉握手礼仪的禁忌。
- 熟悉递送名片的礼仪。
- 掌握商务馈赠的技巧。
- 掌握公共设施使用礼仪。

交际是商务人员在日常生活中不可避免的。日常交际礼仪是商务人员在社会交往中应该遵循的律己敬人的行为规范，也是处理人际关系和社会交往事务时约定俗成的习惯做法。在日常交际时，要充分运用行之有效的沟通技巧，善于从人际关系中获得有益信息，用礼仪规范指导自己的交际活动，更好地向商务伙伴表达自己尊重、友善之意，以增进彼此之间的了解与信任。

见面礼仪是日常交际礼仪中最常用与最基础的礼仪，人与人之间的交往都要用到见面礼仪，特别是从事服务行业的人，掌握一些见面礼仪，能给客户留下良好的第一印象，为以后顺利开展工作打下基础。常见的见面礼仪有握手礼、鞠躬礼、拥抱礼、亲吻礼、吻手礼等。不过，不同国家和不同地区有着不同的见面礼仪。

任务一　问候礼仪

任务导入

一位年轻人去风景区旅游。那天天气炎热,他口干舌燥,筋疲力尽,不知距目的地还有多远,举目四望,不见一人。正失望时,远处走来一位老者,年轻人大喜,张口就问,"喂,离青海湖还有多远呀?"老者目不斜视地回了两个字:"五里。"年轻人精神倍增,快速向前走去。他走呀走,走了好几个五里,青海湖还不见踪迹,他恼怒地骂起了老者。

思考:这位年轻人的问题出在哪里?

分析:人与人之间的交往连起码的问候、称呼都没有,那就失去了交往的基础。

称呼,一般是指人们在交往应酬中彼此之间所采用的称谓语。不论是口头语言,还是书面语言,称呼对交往都十分重要。选择正确、适当的称呼,既反映着自身的教养,又体现着对他人的重视程度,有时甚至还体现着双方关系所发展到的具体程度。

一、称呼的种类和用法

由于各国、各民族的历史文化不同、风俗习惯各异,因此人们的姓名结构和称呼习惯有许多不同。在国际交往中,了解各国人民的姓名结构和称呼习惯,正确、恰当地称呼对方,不仅反映了自身的教养和对对方的尊重,而且还决定着社交的效果。

(一)国内称呼

▶ 1. 性别称呼

这种称呼几乎适合各种社交场合。一般约定俗成地按性别不同分别称呼"夫人""小姐""女士"或"先生"。应该注意的是,在称呼女子时,要根据其婚姻状况,对已婚女性称"夫人",对未婚女性称"小姐",不能确定其未婚或已婚可通称"女士"。

▶ 2. 职务称呼

以交往对象的职务相称,以示身份有别、敬意有加,这是一种最常见的称呼。有三种情况:直接称呼职务,如"董事长";在称呼职务时加上姓氏、姓名,如"张经理";在称呼职务时加上性别,如"部长先生"。

▶ 3. 职业称呼

在工作中,有时可按行业进行称呼。对于从事某些特定行业的人,可直接称呼对方的职业,如"老师""医生""会计""律师"等;也可以在职业前加上姓氏、姓名。

▶ 4. 职称称呼

对于具有职称者,尤其是具有高级、中级职称者,在工作中直接以其职称相称,以示对其敬意有加。称呼职称时可以只有职称称呼,也可以与姓名、姓氏分别组合在一起在正式场合使用,如"法官先生""教授""马丽博士""张会计师"等。

5. 姓名称呼

在一般场合，彼此比较熟悉的人之间，可以直接称呼姓名或姓氏，如"王林""李玉玲"等。

中国人还习惯在被称呼者的姓前加上"老""大""小"等字，以示亲切，如"老王""小张"；更加亲密者，往往不称其姓，而只呼其名，如"建国""志强"等。

（二）国际称呼

在国际交往中，因为国情、民族、宗教、文化背景的不同，称呼也显得千差万别。除文字的区别外，在姓名的组成、排列的顺序、名字的意义等方面都不一样。按姓名的构成和排列的顺序可分三种情况。

1. 前姓后名

姓名的结构和排列顺序与我国基本相同，即姓在前，名在后，如日本、朝鲜、韩国、新加坡、越南、柬埔寨、匈牙利等。日本人姓名大多由四字组成，如"小田一郎""山口百惠"等，前面两个字为姓，后面两个字为名。一般场合只称呼姓，对男子加"君"字，如"福田君"，表示对男子的尊称，在正式场合则称呼全名。日本妇女婚前使用父姓，婚后使用夫姓，本名则一直不变。

2. 前名后姓

在英国、美国、加拿大、澳大利亚、新西兰等国家，姓名一般由两部分构成，通常名字在前，姓氏在后。例如，比尔·克林顿，比尔是名，克林顿是姓。妇女结婚后，改用丈夫的姓，不再用自己的姓。口头称呼时，一般只称姓，如约翰先生、琳达小姐等，而在正式场合则要称呼全名。

俄罗斯人、法国人、西班牙人的姓名都由1~5节组成。一般姓名中最后的一节为姓，而且姓不能缩写，缩写的只能是名字。

泰国人的姓名也是名在前，姓在后，泰国人一般只简称名字。口头称呼时，不论男女，一般在名字前加"坤"字，表示亲切。

3. 有名无姓

姓名结构只有名而无姓的人以缅甸、印度尼西亚等国家为多。常见缅甸人名字前的"吴"不是姓，而是尊称"先生"的意思。缅甸人名字前常冠以表示性别、长幼、地位的字和词，如"郭"表示平辈，幼辈称"貌"，女性称"玛"，军官为"波"等。

二、习惯性称呼

在日常生活中，人们见面会相互称呼对方。有的称呼让人感到亲切、温暖，而有的称呼则让人感觉不悦甚至愤怒。这是因为，从交往双方彼此的称呼当中，可以反映出诸多问题，如自身的修养、对对方尊重的程度、双方关系达到的程度以及社会风尚。具体地说，得体的称呼用词在我国主要有敬称、谦称、美称等。

1. 敬称

敬称是尊人，如您、您老、君等词，多用于对尊长、长辈的称呼；如师傅、警官、大夫等，是对他人职业的称呼；如总经理、教授等，是对他人职衔的称呼；对别人家属的敬称，普遍使用的是令、尊、贵等敬辞，如称对方的父亲为"令尊"，称对方母亲为"令堂"，称对方子女为"令郎""令爱"。

▶ 2. 谦称

谦称是抑己，是表示对他人尊重的自谦词，如古人自谦词有愚、鄙等；称自己的见解为"鄙见""陋见"；称自己的作品为"拙著""拙文"；称自己的住房为"寒舍""斗室""陋室"等。称呼比自己辈分高的或年岁大的亲属时，前面冠以"家"字，如"家父""家母"等；同辈冠以"愚"字，如"愚兄""愚弟"等；晚辈冠以"小"字，如"小女""小儿"等。

▶ 3. 美称

尊者对晚辈表示喜爱和看重的称呼，多用于书面语，以"贤"字代表，如"贤弟""贤侄""贤婿"等；称对方子女为"公子""千金"。

三、称呼的基本要求

在日常社交场合和其他任何场合，人与人见面，给人以写信及其他交往活动，怎样得体称呼别人，可以表现出尊重他人的态度、方式。一般来讲，称呼别人的态度要热情、谦恭有礼，称呼要亲切，称呼时要主动、适当和大方。在日常生活与工作中，称呼别人有以下基本要求。

（1）要采用常规称呼，即人们平时约定俗成的较为规范的称呼。

（2）要区分具体场合，在不同场合，应该采用不同的称呼。如四川方言中，广泛使用的"老子"，只是表示一种语气，代表某种情绪或者态度。但在某些不知情的外地人听来，也许就会感到不悦。所以称呼还需区分对象看场合。

（3）要入乡随俗，了解并尊重当地风俗而采取相应称呼。例如，当宋楚瑜先生回到祖籍湖南面对迎接他的中台办和省委领导时，激动地牵着夫人的手对欢迎人群说："各位湖南的老乡们，楚瑜带着堂客回来了！"

（4）要尊重对方的个人习惯。

以上四条都是建立在尊重被称呼者的基础上的。

知识拓展

有关称呼的"禁忌"

我们在使用称呼时，一定要避免下面几种失敬的做法。

错误的称呼： 常见的错误称呼是误读或是误会。误读也就是念错姓名。为了避免这种情况的发生，对于不认识的字，事先要有所准备；如果临时遇到，就要谦虚请教。误会，主要是对被称呼者的年纪、辈分、婚否以及其他人的关系做出了错误判断，如将未婚妇女称为"夫人"，就属于误会。

不当的称呼： 刚刚相识的人，彼此称兄道弟、称姐道妹是不妥的，有套近乎之嫌。另外，工人可以称呼为"师傅"，道士、和尚、尼姑可以称为"出家人"。但如果用这些来称呼其他人，则不妥。

不雅的称呼： 对于关系一般者切勿自作主张给对方起绰号，更不能以道听途说来的对方的绰号去称呼对方。至于一些对对方具有侮辱性质的绰号，如"鬼子""秃子""傻大个""猪头"等，则更避免。

无称呼： 如某人问路，见一位老者，张口就是"喂，某某路怎么走"，估计是得不到对方的回答。使用"哎""喂"来代替称呼，是很不礼貌的行为。

四、致敬礼仪

(一) 致意礼

致意，也称呼为"袖珍招呼"，它是已相识的友人之间在相距较远或不宜多谈的场合用无声的动作语言相互表示友好与尊重的一种问候礼节。施礼者向受礼者用点头微笑、挥手、欠身、脱帽等方式向受礼者表达问候。一般而言，致意有以下几种方式。

挥手致意：行礼者将右臂伸直，掌心朝向对方，轻轻摆一下手，这种方式适合向较远距离的熟人打招呼。

点头致意：行礼者与相识者在同一场合见面或与仅有一面之交者在社交场合重逢，微微向对方点头。

微笑致意：行礼者与友人相遇，双方微笑，以示友好。

欠身致意：即身体上部微微向前一躬。这种致意方式表示对他人的恭敬，其适用的范围较广。

脱帽致意：戴着礼帽或其他如毡帽的男士，遇到友人特别是女士时，应微微欠身，摘下帽子，并将其置于肩膀平行的位置，同时与对方交换目光。离开对方时，脱帽者才可使帽子"复位"。若在室外行走中与友人迎面而过，只要用手把帽子轻掀一下即可。如要停下来与对方说话，则一定要将帽子摘下来，拿在手上，等说完话再戴上。男士向女士行脱帽礼时，女士应以其他方式向对方答礼。女士是不行脱帽礼的。

(二) 拱手礼

拱手礼又称作揖礼，是我国一种传统的见面礼。行礼时，双腿站直，上身直立或微俯，男子右手握拳在内，左手在外，女子相反。但现在可以进一步简化，男女一样，都是左手握拳在内，右手贴于左拳外，合于胸前，上下摇动三次。在我国已经有两三千年的历史，从西周开始，同辈人见面、交往时就采用这种礼节了。古人通过程序化的礼仪，以自谦的方式表达对他人的敬意。国人是讲究以人和人之间的距离来表现"敬"的，而不像西方人那样喜欢身体亲近。这种距离感不仅散发着典雅气息，而且也比较符合现代卫生要求。所以很多礼学专家都认为，拱手礼不仅是最能体现中国人文精神的见面礼节，而且也是一种最恰当的交往礼仪。

在佳节团拜时，大家在一起互相祝贺，常做拱手礼，并伴有寒暄语。逢年过节，邻居、朋友、同事之间，见面时常祝"万事如意"，拱手为礼，表示祝愿。

(三) 合十礼

合十礼又称合掌礼，原是佛教徒的一种礼节，后盛行于东南亚、南亚信奉佛教的国家及我国傣族居住区。行礼时，五指并拢，两手掌在胸前对合，指间向上与鼻头基本持平，手掌略向外倾斜、头稍低，神情安详、严肃。受礼者应以同样礼节还礼。合十礼分为三种。

▶ 1. 跪合十礼

行礼时，右腿跪地，双手合掌于两眉中间，头部微俯，以示恭敬、虔诚。此礼节为佛教徒拜见佛祖、高僧时所用。

▶ 2. 蹲合十礼

行礼时，身体下蹲，将合十的手掌尖置于两眉之间，以示尊敬。此礼节为佛教盛行的国家拜见父母或师长时所用。

▶ 3. 站合十礼

行礼时,要站立端正,将合十的手掌尖置于胸部或口部,以示敬意。此礼节为佛教国家平民之间、平级官员之间相拜,或公务员拜见长官时用。

上述几种致意方式,在同一时间同一对象,可以用同一种,也可以几种并用,依自己对对方表达友善的恭敬程度而定。

知识拓展

致意的基本规则

致意是一种不出声的问候,它随着生活节奏的加快而日益流行,是一种日常人际交往中使用频率最高的见面礼。致意时应诚心诚意,表情和蔼可亲。

在公共场合,致意的基本规则是男士先向女士致意,晚辈先向长辈致意,未婚者先向已婚者致意,学生先向老师致意,职位低者先向职位高者致意。女士唯有遇到前辈、老师、上司和特别敬佩的人以及见到一群朋友时,才需首先向对方致意。当然,在实际交往中无须拘泥于以上的顺序原则。长者、上司为了倡导礼仪规范,为了展示自己平易、随和、主动向晚辈、下级致意会更有影响力。遇到别人首先向自己致意,都必须马上用对方所采取的方式"投桃报李"回敬对方,绝不可置之不理。

一般来说,致意是一种无声的问候,因此向对方致意的距离不能太远,也不能在对方的侧面或者背面。当然,有时相遇者擦身而过时,施礼者在用非语言信号致意的同时,也可伴之以"您好""早上好"等问候语,使致意增加亲密感,受礼者应以同样的方式回礼。

五、鞠躬礼仪

鞠躬礼是在东南亚一些国家较为传统、普遍使用的一种礼节。人们"弯身行礼,以示恭敬",它既适用于庄严肃穆、喜庆欢乐的仪式,也适用于一般的社交场合。

施鞠躬礼是在优雅站姿的基础上实现的。行礼者以站立的姿势,自腰以上向下前倾,视线随身体自然下移。男士双手自然下垂,贴放于身体两侧裤线处,女士的双手下垂搭放在腹前。鞠躬时,弯腰速度适中,之后抬头直腰,动作宜慢做。全过程约3~4秒。

鞠躬下弯的幅度可根据施礼对象和场合来决定。弯腰的程度表达不同含义。如弯腰15°左右,表达问候;弯腰30°左右,表示诚恳、感谢;弯腰90°,表示深切的忏悔、尊敬等。一般情况下,鞠躬为30°,而90°大鞠躬常用于特殊情况。

一般而言,晚辈对长辈、学生对老师、下级对上级、表演者对观众都宜先行鞠躬礼。

知识拓展

中西方的见面礼仪

(一)握手礼

握手是大多数国家见面和离别时相互致意的礼仪。握手既是人们见面相互问候的主要礼仪,还是祝贺、感谢、安慰或相互鼓励的适当表达。如对方取得某些成绩与进步时,对方赠送礼品,以及发放奖品、奖状、发表祝词后,均可以握手来表示祝贺、感谢、鼓励等。

（二）鞠躬礼

在与日本、韩国等东方国家的外国友人见面时，行鞠躬礼表达致意是常见的礼节仪式。鞠躬礼分为15°、30°和45°的不同形式；度数越高向对方表达的敬意越深。基本原则：在特定的群体中，应向身份最高、规格最高的长者行45°角鞠躬礼；身份次之行30°角鞠躬礼；身份对等行15°角鞠躬礼。

（三）名片礼

初次相识，往往要互呈名片。呈名片可在交流前或交流结束、临别之际，可视具体情况而定。递接名片时最好用双手，名片的正面应朝着对方，接过对方的名片后应致谢。一般不要伸手向别人讨名片，必须讨名片时应以请求的口气，如"您方便的话，请给我一张名片，以便日后联系。"

（四）脱帽礼

见面时男士应摘下帽子或举一举帽子，并向对方致意或问好。若与同一人在同一场合前后多次相遇，则不必反复脱帽。进入主人房间时，客人必须脱帽。在庄重、正规的场合应自觉脱帽。

（五）拥抱礼

拥抱礼多用于官方、民间的迎送宾客或祝贺致谢等社交场合。两人相对而立，上身稍稍前倾，各自右臂偏上、左臂偏下，右手环拥对方左肩部位，左手环拥对方右腰部位，彼此头部及上身向右相互拥抱，最后再向左拥抱一次。

（六）亲吻礼

行亲吻礼时，往往伴有一定程度的拥抱，不同关系、不同身份的人，相互亲吻的部位不尽相同。在公共场合和社交场合，关系亲近的女子之间可以吻脸，男子之间是拥肩相抱，男女之间一般是贴面颊，晚辈对尊长是吻额头，男子对尊贵的女宾可以吻手指或手背。在许多国家的迎宾场合，宾主往往以握手、拥抱、左右吻脸、贴面的连续动作，表示最真诚的热情和敬意。

任务二　介绍礼仪

任务导入

案例一：这位是×××公司的人力资源部张经理，他可是实权派，路子宽，朋友多，需要帮忙可以找他。

案例二：约翰•梅森•布朗是一位作家兼演说家。一次，他应邀去参加一个会议并进行演讲。演讲开始前，会议主持人将布朗先生介绍给观众，下面是主持人的介绍语：先生们，请注意了。今天晚上，我给你们带来了不好的消息。我们本想要求伊塞卡•马克森来给我们讲话，但他来不了，病了。（下面嘘声）后来我们要求参议员布莱德里奇前来，可他太忙了。（嘘声）最后，我们试图请堪萨斯城的罗伊•格罗根博士，也没有成功。（嘘声）所以，结果我们请到了——约翰•梅森•布朗。（掌声）

案例三：我给各位介绍一下：这小子是我的铁哥们儿，开小车的，我们管他叫"黑蛋"。

思考： 1. 以上三个案例中介绍的过程中都存在什么问题？

2. 在交际场合中进行介绍应注意哪些规范？

一、自我介绍

在交际礼仪中，介绍是一个非常重要的环节。是人际交往中与他人进行沟通、增进了解、建立联系的一种最基本、最常规的方式。通过介绍，可以缩短人们之间的距离，帮助扩大社交的圈子，促使彼此不熟悉的人们更多的沟通和更深入的了解。

（一）自我介绍的方式

从某个角度来说，自我介绍是顺利进行社交的一把钥匙。运用得好，可助一臂之力；反之，则可能带来种种不利。因为能否善于推销自我是至关重要的。一般情况下，自我介绍可分为以下几种方式。

▶ 1. 寒暄式

寒暄式又称为应酬式，适用于某些公共场合和一般性的社交场合。这种自我介绍最为简洁，往往只报姓名一项即可，如"你好，我是李四"。

▶ 2. 公务式

公务式是在工作之中、正式场合的自我介绍，一般包括本人姓名、供职单位及其部门、职务或从事的具体工作。一个训练有素的人自我介绍时应将此四要素一气呵成，如"你好，我叫张强，是金恩电脑公司销售部的业务经理"。

▶ 3. 社交式

在社会交往中，当希望与交往对象有进一步交流与沟通时，会使用到内容较丰富的自我介绍。它大体应包括介绍者的姓名、工作、籍贯、学历、兴趣及与交往对象的某些熟人的关系。

（二）自我介绍应注意的问题

自我介绍作为一种推销自身形象和价值的方法手段，在施行时需要注意以下几个问题。

▶ 1. 注意时间

要抓住时机，在适当的场合进行自我介绍，要趁对方有空闲，而且情绪较好，又有兴趣时，这样就不会打扰对方。自我介绍时应根据实际需要、不同的交往目的来决定介绍的繁简，一般而言要简洁。为了节省时间，进行自我介绍时还可以用名片、介绍信加以辅助。

▶ 2. 注意态度

进行自我介绍，态度一定要自然、友善、亲切、随和，应落落大方，彬彬有礼。如果自我介绍模糊不清，含糊其辞，自己流露出羞怯自卑的心理，且体态语言使用不当，会使人感觉你不能把握自己，因此也会影响彼此间的进一步沟通。

▶ 3. 真实诚恳

进行自我介绍要实事求是，真实可信，不可自吹自擂，夸大其词。自我评价一般不宜用"很""第一"等表示极端赞颂的词，也不必有意贬低，关键在于把握分寸。

▶ 4. 注意顺序

跟外人打交道时,介绍的标准化顺序,一般是所谓的位低者先行,即地位低的人先做介绍。

自我介绍时根据目的确定自我介绍的方式,自我介绍宜简短(除应聘)。充满自信、落落大方、笑容可掬、态度诚恳、自然、亲切、友好、随和,要敢于正视对方的双眼、胸有成竹、实事求是、富有特色,忌夸夸其谈。

若想提高自我介绍的成功率,还需特别留意介绍时机。一般而言,在下面四种情况下,做自我介绍是比较容易成功的,别人容易记住你。一是目标对象有空之时,你想认识的那个人往往有空的时候才会对你的自我介绍比较关注;二是没有外人在场时,若目标对象忙着应付外人可能记不住你说的话;三是周围环境比较幽静时,在嘈杂的环境做自我介绍,目标对象往往扭头就忘;四是较为正式的场合,如写字楼、会客室等比较正式的场合,自我介绍的氛围比较好,容易令人关注。

二、介绍他人

介绍他人是指在社交场合,自己作为介绍人为他人做介绍。介绍他人时应注意以下几点。

(一)先后有序

在为他人做介绍时,必须遵循尊者优先的原则,即把年轻的介绍给年长的;把职务低的介绍给职务高的。如果介绍对象双方的年龄、职务相当,就要遵从"女士优先"的原则,即把男士介绍给女士;对于同性,可以根据实际情况灵活掌握,如把与你熟悉的介绍给予你不熟悉的。

进行集体介绍的顺序可参照介绍他人的顺序,也可酌情处理。越是正式、大型的交际活动,越要注意介绍的顺序。

(1)"少数服从多数。"当被介绍者双方的地位、身份大致相似时,应先介绍人数较少的一方。

(2)强调地位、身份。若被介绍者双方的地位、身份存在差异,即使尊贵的一方人数较少或只一人,也应将其放在最后加以介绍。

(3)单向介绍。在演讲、报告、比赛、会议、会见时,往往只需要将主角介绍给广大参加者。

(4)人数较多一方的介绍。若一方人数较多,可采取笼统的方式进行介绍,如"这是我的家人""这是我的同学"。

(5)人数较多各方的介绍。若被介绍的不止两方,需要对被介绍的各方进行位次排列,排列的方法有以其负责人身份为准、以其单位规模为准、以单位名称的英文字母顺序为准、以抵达时间的先后顺序为准、以座次顺序为准、以被介绍者的距离远近为准。

(二)时机适宜

遇到下列情况时,要进行介绍:

(1)与家人外出,路遇家人不相识的自己的同事或朋友。

(2)本人的接待对象遇见了其不相识的人士,而对方又跟自己打了招呼。

(3) 在家中或办公地点，接待彼此不相识的客人或来访者。

(4) 打算推介某人加入某一方面的交际圈。

(5) 受到为他人做介绍的邀请。

(6) 陪同上司、长者、来宾时，遇见了其不相识者，而对方又跟自己打了招呼。

(7) 陪同亲友前去拜访不相识者。

(三) 分寸恰当

为别人介绍之前，不仅要征求一下被介绍双方的意见，在开始介绍时还要再打一下招呼，不要上去开口即讲，让被介绍者措手不及。介绍时，应注意实事求是、掌握分寸，切忌刻意吹捧，使交往双方处于尴尬境地。如果同时介绍几个人与对方相识，通常应一视同仁，不偏重任何一方，但对其中身份高者或年长者可以做适度的重点介绍。

(四) 姿态文雅

为他人介绍时，手势动作要文雅。手心朝上，五指并拢，自然伸直，指向被介绍一方，眼神也要随着手势指向被介绍对象。伸出食指指指点点，手眼不协调，心不在焉都是不礼貌的。

三、他人介绍

商务社交场合互不相识的人，介绍常常是通过第三者进行的。每个人都有可能充当被介绍者或者为他人介绍的角色。为他人做介绍应遵循以下基本礼仪原则。

(1) 在向他人介绍时，首先了解对方是否有结识的愿望。最好不要向一位有身份的人介绍他不愿认识的人。

(2) 在不同的场合应是不同的人当介绍人。例如，家里来了客人，社交的场合，宴会、舞会、家庭聚会，介绍人一般应该是女主人，这是女主人的天职。在一般性公务活动中，则由办公室主任、领导的秘书、前台接待、礼仪小姐、公关人员等专业人士充当介绍人。还有一种特殊情况，是由本单位地位、身份最高者来充当介绍人的。

(3) 注意介绍次序。按国际惯例，应该先把年轻者、身份地位低者介绍给年长者、身份地位高者；先把年轻的职务相当的男士介绍给女士；先把年龄低、未婚者介绍给已婚者。

任务三　握手礼仪

知识拓展

判断正误

案例一：张先生和王女士是两位老朋友，好久不见，一天突然在街上遇到，张先生很高兴的与王女士打招呼，并且伸出手和王女士握手。

案例二：王女士和吴先生都是李小姐的朋友，但他们互不认识，李小姐为两人做了介绍，王女士伸出左手来准备和吴先生握手。

思考：这两个案例中，王女士的做法合适吗？

分析：握手需要掌握先后顺序，不然会让别人和自己尴尬。

一、握手顺序

商务人员握手讲究"尊者为先"的顺序，即应由主人、女士、长辈、身份或职位高者先伸手，客人、男士、晚辈、身份或职位低者方可与之相握。

男女之间握手，男方要等女方先伸手后才能握手，如女方不伸手，无握手之意，方可用点头或鞠躬致意；宾主之间，主人应向客人先伸手，以示欢迎；长幼之间，年幼的要等年长的先伸手；上下级之间，下级要等上级先伸手，以示尊重。多人同时握手切忌交叉，要等别人握完后再伸手。握手时精神要集中，双目注视对方，微笑致意，握手时不要看着第三者，更不能东张西望，这都是不尊重对方的表现。军人戴军帽与对方握手时，应先行举手礼，然后再握手。

具体来说，握手时应注意以下几点。

（1）已婚者与未婚者握手，应由已婚者首先伸出手来。

（2）年长者与年幼者握手，应由年长者首先伸出手来。

（3）社交场合的先至者与后来者握手，应由先至者首先伸出手来。

（4）主人应先伸出手来，与到访的客人相握。

（5）客人告辞时，应首先伸出手来与主人相握。

二、握手方式

行握手礼时，不必相隔很远就伸直手臂，也不要距离太近。一般距离约一步左右，上身稍向前倾，伸出右手，四指齐并，拇指张开，双方伸出的手一握即可，不要相互攥着不放，也不要用力使劲。男士和女士握手时，不要满手掌相触，轻握女士手指部位即可。

握手礼还可以表示向对方进行鼓励、赞扬、致歉等。正确的握手方法是：时间宜短，要热情有力，要目视对方。女子同外国人握手时，手指与肩部要自然放松，以备男宾可能要行吻手礼。

支配式握手也称"控制式"握手，用掌心向下或向左下的姿势握住对方的手。以这种样式握手的人想表达自己的优势、主动、傲慢或支配地位。

谦恭式握手也称"顺从式"握手。用掌心向上或左上的手势与对方握手。用这种样式握手的人性格软弱，处于被动、劣势地位。

对等式握手也是标准的握手样式。握手时两人伸出的手心都不约而同地向着左方。这样握手多见于双方社会地位都不相上下时，一种单纯、礼节性的、表达友好的方式。

双握式握手，美国人称之为"政客式握手"。在用右手紧握对方右手的同时，再用左手加握对方的手背、前臂、上臂或肩部。使用这种握手样式的人是在表达热情真挚、诚实可靠，显示自己对对方的信赖和友谊。从手背开始，对对方的加握部位越高，其热情友好的程度也就越高。

指握式握手不是两手的虎口相触对握，而是有意或无意地只捏住对方的几个手指或手指指尖部。女性与男性握手时，为了表示自己的矜持与稳重，常采用这种样式。如果是同性别的人之间握手，就显得有几分冷淡与生疏。

"死鱼式"握手，握手时伸出一只无任何力度、质感，不显示任何信息的手。给人的感觉就好像是握住一条三伏天腐烂的死鱼。这种人的特点如不是天性懦弱，就是对人冷漠无情，待人接物消极傲慢。假如你握到这样一只手，一般不要指望手的主人会热情地为你办事。

三、握手禁忌

一忌不讲先后顺序，抢先出手；二忌目光游移，漫不经心；三忌不脱手套，自视高傲；四忌掌心向下，目中无人；五忌用力不当，敷衍鲁莽；六忌左手相握，有悖习俗；七忌"乞讨式"握手，过分谦恭；八忌握时过长，让人无所适从；九忌滥用"双握式"，令人尴尬；十忌"死鱼式"握手，轻慢冷漠。

握手时间的长短反映了双方的亲密程度。初次见面者，握手时间不可太长，一般以三秒钟左右为宜；切忌握住异性的手久久不松开；即使握同性的手时，也不宜过长。老朋友、关系亲近的人或敬慕已久的人握手的时间则可以长些。但握手时间也不宜过短，如果两手稍触即分，会给人敷衍的感觉，也是不合礼仪的。

握手时用力要适度，可握得紧一些，以表示热情，但不可用力过大，把对方的手握疼。亲朋旧友相见时，用力可稍微大些、猛些，表示激动之情。但握手也不宜太轻，否则会使人感到缺乏热情。

任务四　名片礼仪

任务导入

如此对待名片

某公司王经理约见一个重要的客户方经理。见面之后，客户就将名片递上。王经理看完名片就将名片放到了桌子上，两人继续谈事。过了一会儿，服务人员将咖啡端上桌，请两位经理慢用。王经理喝了一口，将咖啡杯子压在了名片上，自己没有感觉，客户经理皱了皱眉头，没有说什么。

思考：客户方经理为什么皱了皱眉头？王经理哪点做得不妥？

分析：名片在商务交往中是一个人的化身，是名片主人"自我的延伸"。王经理看完对方名片没有将其认真收起来而是随意放在了桌子上，甚至将咖啡杯压在名片上，看似不经意的小动作，其实表达了对交往对象的不尊重，客户方经理当然难以接受。恰当运用名片礼仪等一系列交际礼仪是对商务人员的基本要求。

一、索取名片

在一般的社交场合中，年轻、资历浅者最好不要直接开口向他人索要名片。因为名片交换有一个基本规则就是身份地位较低者要先把名片给地位高者或年长者。

若想主动结识对方或者有其他原因有必要索取对方名片时，可相机采取下列办法：

（1）互换法，即以名片换名片。在主动递上自己的名片后，对方按常理会回给自己一枚他的名片。如果担心对方不回送，可在递上名片上时明言此意："能否有幸与您交换一下名片？"

（2）明示法，即明确表示。如"老王，好长时间没见了。我们交换一下名片吧？"但此举只适合在彼此较熟悉的情况下使用。

（3）谦恭法（暗示法），即用谦恭含蓄的语言暗示对方。例如，向尊长索要名片时可说："请问今后如何向您请教？"向平辈或晚辈表达此意时可说："请问今后怎样与您联络？"晚辈对长辈或有地位的人用谦恭法是比较妥当的。

知识拓展

我国古代名片的发展历史

名片是我国古代文明的产物。据清代学者赵翼在其著作《陔余丛考》中记载："古人通名，本用削木书字，汉时为之谒，汉末谓之刺，汉之后则虽用纸，而仍相言曰刺。"可见，名片的前身即我国古代所用的"谒""刺"。

《释名·释书契》载："谒，诣告也。书其姓名于上以告所至诣者也。"东汉时，谒又叫名刺。据《后汉书》载，祢衡曾身怀名刺求见于人。在挖掘的汉墓中发现，这种谒或名刺，系木简，长22.5厘米，宽7厘米。上有执名刺者名字，还有籍贯，与今名片大抵相似。

至唐代，木简名刺改为名纸。

元代易名刺为"拜帖"，明清时又称"名帖""片子"。内容也有改进，除了报姓名、籍贯，还书写了官职。清朝才正式有"名片"的称呼。

名片发展至今，已成为现代社会的自我介绍信和社交联谊卡，是人们交往中一种必不可少的联络工具，成为具有一定社会性、广泛性、便于携带、使用、保存和查阅的信息载体之一。名片像一个人简单的履历表，递交名片的同时，也是在告诉对方自己的姓名、职务、地址和联络方式。名片是政务人士、商务人士必备的沟通交流工具。

根据名片用途、内容及适用场合的不同，人们在日常生活中使用的名片可以分为社交名片和公务名片两类；而根据名片主人数量和身份不同，名片可分为个人名片、夫妇联名名片和集体名片三类。

二、递送名片

名片的使用是否恰当，会影响到交往双方后续的往来。一般来说，在递交名片时，要注意以下几个要点。

▶ 1. 足量携带

出席重大的社交活动，一定要记住带够名片。

▶ 2. 放置到位

训练有素的人会把名片放在标准位置，因为它是通行证，是交际的联络卡。一般名片应该放在名片包里，男士若穿西装，可以放在上衣口袋里；女性则放在手提袋里。不要把自己的名片和他人的名片或其他的杂物混在一起，以免用时手忙脚乱或掏错名片。

3. 观察意愿

除非自己想要主动与人结识，否则名片务必要在交往对方均有结识对方并有建立联系意愿的前提下发送。这种愿望往往会通过"幸会""认识你很高兴"等一类谦语以及表情、体姿等非语言形式表现出来。如果双方或一方并没有这种愿望，则无须发名片，否则会有故意炫耀、强加于人之嫌。

4. 把握时机

发送名片要掌握适宜时机，只有在确有必要时发送名片，才会令名片发挥功效。发送名片一般应选择初始之际或分别之时，不宜过早或过迟。不要在用餐、看戏剧、跳舞之时发送名片，也不要在大庭广众之下向多位陌生人发送名片。

5. 讲究顺序

双方交换名片时，应当首先由位低者向位高者发送名片，再由后者回复前者，如男士先递给女士、晚辈先递给长辈、下级先递给上级、主人先递给客人。但在多人之间递名片时，最佳方法是由近到远，按顺时针方向依次发送。

6. 先打招呼

递上名片前应先向接受名片者打个招呼，令对方有所准备，既可先做一下自我介绍，也可以说声"对不起，请稍后""可否交换一下名片"之类的提示语。

7. 表现谦恭

对于递交名片的过程，应当表现得郑重其事。要起身站立主动走向对方，面带笑容，上体前倾15°左右，以双手或右手持握名片，举止胸前，并将名片正面面对对方，同时说声"请多多指教""欢迎前来拜访"等礼节性用语。切勿用左手持握名片。递交名片的整个过程应当谦虚有礼，郑重大方。

三、接受名片

接受他人名片时，主要应当做好以下几点。

1. 态度谦和

接受他人名片时，不管你在吃饭、看电视或者跟别人交谈还是打电话，都要把手里的事当下起身站立双手接过，且面带笑容。

2. 表示谢意

接过名片时先向对方致谢，例如，双方说"多指教"，你应说"不客气"。寒暄语应当有所回应。

3. 认真阅读

接受名片时有一个重要问题就是一定要看，将其从头到尾默读一遍。这一方面表示对交往对象的重视；另一方面是为了了解对方的确切身份。遇有显示对方荣耀的职务、头衔轻读出声，以示尊重和敬佩。若对方名片上的内容有所不明，可当场请教对方。

4. 有来有往

接受了他人的名片后，一般应当即回给对方一枚自己的名片。没有名片，名片用完了或者忘了带时，应向对方做出合理解释并致以歉意，切莫毫无反应。

5. 精心存放

接到他人名片后，切勿将其随意乱丢乱放，乱揉乱折，而应将其谨慎地置于名片夹、公文包、办公桌或上衣口袋内，且应与本人名片区别放置。尤其是在商务交往中，朋友多，名片要及时地整理，按照姓氏、笔画、单位、门类输入电脑，放在名片包里，及时整理。特别强调对方给你的名片无论如何不要随意扔掉，特别是不要放在办公桌上或者随便给别人，这是非常不礼貌的。

四、名片的制作

▶ 1. 材料选择

名片通常应以耐折、耐磨、美观、大方、便宜的纸张作为首选材料，如白卡纸、再生纸等。选用布料、塑料、真皮、化纤、木材、钢材甚至黄金、白银、白金等材料制作名片是毫无必要的。将纸质名片烫金、镀边、压花、过塑、熏香，也是不合适的。在尺寸的选择上，现在最常用的名片规格是90mm×55mm。名片太大会放不进名片包、名片夹，太小的话也未必合适。

▶ 2. 名片的色彩

定制名片宜选用单一色彩的纸张，并且以米白、米黄、浅蓝、浅灰等庄重朴实的色彩为佳。切勿选用过多过杂的色彩，让人眼花缭乱，妨碍信息的接受。一般来讲，名片的色彩总体上要控制在三种颜色之内。

▶ 3. 名片内容

名片的内容一般我们可以称为"三个三"，即三大项，每项三个要点。第一大项是所在单位，一般把它放在名片左上角，三个要点是所在单位全名、所在部门、企业标志；第二大项是称谓，印在正中间，这是名片最重要的内容，三个要点是姓名、行政职务、学术技术职称；第三大项是联络方式，一般印在名片的右下角，三个要点是地址、邮政编码、办公室电话号码。

任务五 商务会谈礼仪

任务导入

一个旅游团队夜间涌入饭店，饭店公关销售部人员趋前迎接。在与领队和陪同的交谈中得知，因气候原因，原定明天的飞机改为火车，提早出发；原计划的早餐改为带盒饭上路。第二天清晨，领队去取盒饭，餐厅说不知道，根本没准备。把值夜班的经理找来，他说："有这么回事。公关部通知我是明天中午带盒饭。"客人极不满意地赶火车去了。事后，公关部经理与餐饮部经理为电话中到底说是"早餐"还是"午餐"争得面红耳赤。

思考： 上述产生差错的原因是什么？如何在商务接待过程中避免上述失误？

分析： 商务交往过程中，彼此交谈不但自己要表达清楚，更要弄清楚对方的意图，聆听更需要注重细节和礼貌。

在会谈过程时，要善于创造一个理想的谈话氛围，既要使谈话的主题不断深入，又要使交谈者处于一种精神放松的状态，这样双方才能从谈话中感受到愉悦，达到效果，而不是正襟危坐，勉强应付，期待谈话早点结束。要使双方都达到共同的预期效果，就要讲究交谈的礼仪和技巧。

一、会谈主题

好话题是初步交谈的媒介，是深入细谈的基础，是纵情畅谈的开端。话题的选择反映着谈话者品位的高低，选择一个好的话题，就找到了双方的共同语言，往往就预示着谈话成功了一大半。宜选的主题有以下五类。

（一）既定严肃的主题

既定的主题，即交谈双方已约定，或者其中某一方先期已准备好的主题。例如，求人帮助、征求意见、传递信息和讨论问题等都属于主题既定的交谈。选择此类主题交谈，最好双方商定或约定，至少也要得到对方的认可，适合正式交谈。

（二）格调高雅的主题

格调高雅的主题，即谈论内容文明，优雅，格调高尚、脱俗的话题，如文学、艺术、哲学、历史、考古、地理、建筑等，都属于高雅的主题，适合各类会谈，但要求面对内行时，不要不懂装懂或班门弄斧。

（三）轻松愉快的话题

轻松愉快的主题，即谈论令人轻松愉快，身心放松，饶有情趣，不觉厌烦的话题，如文艺演出、流行时装、美容美发、体育比赛、电影电视、休闲娱乐、旅游观光、名胜古迹、风土人情、名人逸事、天气状况等，适合非正式会谈，允许各抒己见，任意发挥。

（四）时尚流行的主题

时尚流行的主题，即以此时、此刻、此地正在流行的事物作为谈论中心。此类话题适用于各种交谈，但其变化较快，在具体把握上也有一定难度。

（五）对方擅长的主题

对方擅长的主题，在此特指交谈双方尤其是交谈对象有研究、有专长、有兴趣。例如，与学者交谈，宜谈治学之道；与医生交谈，宜谈健身之法；与作家交谈，宜谈文学创作等。它适用于各种交谈，但忌讳以己之长对人之短，否则"话不投机半句多"。交谈时意在交流的谈话，让交谈对象获得一个展示自己的机会，故不可仅有一家之言，否则难以形成交流。

二、商务会谈禁忌

（一）忌谈六不准

（1）不得非议党和政府，爱国守法是每个公民的基本职业规范，也是道德素养的问题。

（2）不可涉及国家秘密和行业秘密，违法的内容及泄密的内容是不能谈论的。

（3）不得非议交往对象的内部事务，在商言商、内外有别。

（4）不得背后议论领导、同事与同行，家丑不可外扬。

（5）不得涉及格调不高之事，否则会使人觉得素质不高、有失教养。

（6）不得涉及个人隐私之事，应该做到关心有度。

（二）忌谈私人问题

▶ 1. 不问收入

收入是一个较为敏感的话题，属于个人隐私。为什么不讨论收入？因为收入和个人能力以及单位的效益有关，谈论就要比较，有时痛苦就来自比较之中。所以亲人朋友可以问，外人不可以问。另外，在涉外交往中要尤其注意。

▶ 2. 不问年龄

随着生活水平的提高，每个人都注重健康和心理年龄，希望自己年轻，永葆青春。尤其是女士，对别人询问自己的年龄更加忌讳。一般情况下，两种人不问年龄，一是将近退休的人；二是白领丽人。

▶ 3. 不问婚否

与人见面交谈时，不要主动询问对方是否结婚，除非是对方主动提及婚姻，才可以展开话题，因为我们所处社会的价值观已逐渐多元化，要尊重对方的选择，保护对方的隐私，否则，在社交场合中将会成为一个不受欢迎的人。

▶ 4. 不问健康

在交谈中，若双方是初次见面，就问对方："您身体好吗?"对方嘴上回答道："好的，谢谢。"但在心里会不高兴，认为你是对他的健康产生怀疑，误解你的关心。因此，在与初次见面或不熟悉的人交流时，不要去关心对方的健康，以免引起对方的反感和不适。

▶ 5. 不问个人经历

每个人的人生经历各不相同，才会构成五彩斑斓的世界。但并不是每个人都愿意分享自己的人生经历，因为他的经历可能充满困惑、曲折和遗憾，这些都是他不愿提及的。例如，一位只有初中学历的成功企业家，通过自己的努力拥有了令人羡慕的事业，可是没有上大学却成为他的遗憾。在一次聚会中，有位硕士学位的陌生朋友与他聊天，问企业家："你是哪个大学毕业的?"企业家十分尴尬，说道："我没有上过大学。"硕士也有些不好意思，赶紧弥补自己的失言，"那有什么关系，看我研究生还不如你没上过大学的呢。"这话让人听起来更不舒服，双方在尴尬中结束了这次谈话。

此外，谈话时要注意对方的反应，话题要尽可能投人所好。在与他人交谈中，不但要善于表达自己的意思，还要善于聆听对方的谈话，这样才能使双方进行有效的交流。

三、聆听礼仪

成功的社交者，一定是一位优秀的听众。在人际交往中，聚精会神地聆听他人的谈话不仅可以满足对方的自尊心，使对方更有兴趣交谈，还可以及时了解对方的性格、爱好与真实意图，并为赢得对方的好感和信任打下良好的基础。

（一）聆听的重要性

▶ 1. 认真专注

专注能使对方感觉受到尊重，这是保持各方面感情融洽、建立良好关系的前提，同时还可以促使各方在和谐友好的气氛中交流思想、感情和信息。

▶ 2. 细心观察

善听是洞察他人内心世界的有效方法，特别是与人初次见面时，彼此相对比较陌生，只有通过聆听才能根据对方的为人、个性、兴趣以及对方对自己的印象等,来决定谈话的方向和方式。

▶ 3. 开拓思路

俗话说:"智者善听、愚者善说。"善听是获取更多信息的保障。善听不但可以提高说话者的兴致,鼓励对方更好地把话讲下去,还可以从对方的议论、意见和建议中吸取知识,拓展思路。

(二)聆听的礼仪

▶ 1. 忌漫不经心

要全神贯注地聆听,不要做无关的动作。对方谈话时,如果你东张西望,或低头只顾做自己的事情,或面露不耐烦的表情,这些都是不礼貌的,都会使对方对你产生反感。要使思考的速度与谈话相适应,思考的速度通常要比讲话的速度快若干倍,因此在聆听对方谈话时,大脑要抓紧工作,勤于思考分析。

▶ 2. 忌反客为主

不要表现自己,好像无所不知,只有自己才能给对方以启发。自以为是的人,往往最不会聆听对方的谈话。谈话的目的,是在于增进你我双方的了解。善于听别人的说话,就是深入、细致地了解对方的重要手段。

▶ 3. 忌太过挑剔

这种情形是指听话人总是喜欢摆出"检察官"的神态,威严地注视着说话者,或像一名考官总是试图从谈话者那里挑出毛病,找出漏洞,却忽视了别人谈话中所包含的有用信息。

▶ 4. 忌呆板僵硬

在聆听他人谈话时面无表情,毫无反应,或者自始至终只是一个表情,就会使谈话变得非常呆板,了无生气,使人失去交谈、沟通的兴趣。聆听对方的谈话要注意信息反馈,及时验证自己是否已经了解对方的意思。你可以简要地复述一下对方的谈话内容,并请他纠正,这样将有助于你对对方谈话内容的准确理解。

▶ 5. 忌过于激动

交谈时,反应要冷静。一个善于聆听的人,总能控制自己的感情。过于激动,无论对讲或听的人来说,都会影响表达或听取的效果。

四、会谈方式

(一)会谈方式

商务会谈时,一般有以下九种方式。

▶ 1. 直言

在交往中,坦诚沟通的话语能够获得信任,有时可能是逆耳之言,但沟通效果常常很好。直言是信任的表现,真诚的直言是一种美德。

直言也是自信的表现,那种过分顾忌别人反应的人,反而可能使人感觉无主见,因此不乐意与他交往。有些国家,人们不习惯太多的客套,提倡自然坦诚。如你是一位进修学者,当指导教授问及你的特长和主攻方向时,你自谦过分,那也许真的会失去机会。因此，客气谦逊也要适当，而且要看谈话的对象。

2. 委婉

人们的认识和情感有时并不完全一致，在交往中，有些话虽然完全正确。但对方却碍于情面而难以接受，直言不讳的沟通就达不到效果，有时甚至会造成误解。这时，委婉就派上用场了。委婉就是从侧面触及或以柔克刚，使对方在听你谈话的同时仍感到自己是被人尊重的，这样他就能既从理智上，又能在情感上接受你的意见。

3. 含蓄

有时因种种原因不便把某一信息表达得太清晰直露，而要靠对方从自己的话中揣摩，体会出里面所蕴含的真正意思。这种"只可意会，不可言传"的手段就是含蓄。

4. 模糊

交往中，有时因故不便或不愿把自己的真实思想暴露给别人，这时你可以把你的信息"模糊化"，既不伤人，又不使自己难堪。例如，答非所问，如有位小姐问你："我漂亮吗？"你可以回答："你很有特点。"又如，有人问你："你看我是否变老了。"你可以回答："一下子看不出来。"

5. 自言

社会场合，若大家都互不认识时，这时，一句"今天天气真热"之类的自言自语，往往能成为交谈开场的引子，使你和不相识的人攀谈起来。自言自语一般有助于人的自我表现。例如，一位著名话剧演员年轻时投考剧院，而报名时间已过，怎么办呢？他灵机一动，考试时在考场外自己引吭高诵，引起了主考老师的注意，最后竟考上了。因此，你不必看轻自言自语与自我表现，它在交往中常具有其他手段所没有的优点。

6. 沉默

沉默是金，有时候沉默比说什么话都好，这就是"此时无声胜有声"。例如，青年男女之间倾心相爱，含情脉脉，无言相对，比言语更能心灵相通。沉默可以表示赞许，也可以表示无声的抗议；可以欣然默认，也可以是保留己见；可以是威严的震慑，也可以是心虚的表现。

7. 反语

中国有句古语云："将欲取之，必先予之。"交谈中有时为达到某种目的，说话者口头说的意思和自己的真实意图恰恰相反，却反而成功。这就是反语的妙用。

8. 幽默

幽默具有许多妙不可言的功能，交往中要善于利用幽默语言。幽默能活跃气氛，也能缓冲紧张的空气。例如，在公共汽车上一位男士偶然站不稳踩了一位小姐，小姐表示不快，说了一声："德性！"男士忙说："这是惯性，不是德性。"一句幽默话使大家都宽容地笑了。

幽默还可以是对攻击和侮辱十分有效的反击武器。例如，德国作家和诗人歌德一天在公园散步，碰到了曾恶毒攻击他的批评家。那位批评家傲慢地说："我是从不给傻瓜让路的。"歌德立即回答："我却完全相反。"说完转到一边去了。

幽默可用于对别人的善良批评和自我解嘲。例如，一天杜邦先生到一家小旅馆，他问老板："一个单间多少钱一天？"老板回答："不同的楼层价格不同，二楼的房间是15马克一天；三楼是12马克；四楼是10马克；五楼是7马克。"杜邦听后转身要走，老板问："您觉得价格太高了吗?"杜邦说："是您的旅馆太低了。"杜邦的幽默，既含蓄批评了旅馆的价格太高，又对自己住不起高价客房做了自我解嘲。

▶ 9. 提问

提问是交谈的重要技巧，能够引导话题，调整思路，达到有效沟通。提问有三种功能：一是通过发问来了解自己不熟悉的情况；二是把对方的思路引导到某个要点上；三是打破僵局，避免冷场。提问要注意内容，不要问对方难以应对的问题，如高深的学术问题。更不应问人们的隐私及大家都忌讳的问题。

(二)会谈的注意事项

▶ 1. 不要独白

交谈讲究的是双向沟通，因此要多给对方发言的机会。滔滔不绝，使对方没有应答的机会。一般情况是你把一个意思说完了，就得让对方提问或答复。如果他连这个权利也被剥夺了，他就没有兴趣跟你谈话了。

▶ 2. 不要冷场

在交际场合里，很少说话的原因可能是个性比较内向、自卑，以为自己学位不如人或地位太低等，这种过于沉默的习惯大大妨碍了社交活动，而且也可能使别人误会你是个性情高傲的人。不论交谈的主题与自己是否有关、自己是否有兴趣，都应热情投入，积极配合。万一交谈中出现冷场，应设法打破僵局。常用的解决方法是转移旧话题，引出新话题。

▶ 3. 不要打断对方

他人讲话时，不要插嘴打断。即使要发表个人意见或进行补充，也要等对方把话讲完，或是得到对方同意后再说。有时，谈话并不是一下子就能抓住实质的，应该让对方有时间不慌不忙地把话说完，即使对方为了理清思路做短暂的停顿，也不要打断他的话，影响他的思路。尤其是对尊者、长者、陌生人的谈话是绝对不允许打断或插话的。

▶ 4. 不要纠正对方

交谈中，与人争辩、固执己见、强词夺理的行为是不可取的，应允许各抒己见、言论自由，一个真正有教养的人，是懂得尊重别人的人。尊重别人就是要尊重对方的选择，自以为是、无理辩三分、得理不让人的做法，有悖交谈的主旨。

▶ 5. 不要质疑对方

对别人说的话不随便表示怀疑。所谓防人之心不可无，质疑对方并非不行，但是不能写在脸上，这点很重要。如果不注意，就容易带来麻烦。质疑对方，实际是对其尊严的挑衅，是一种不理智的行为。人际交往中，这样的问题值得高度关注。如果表示出对对方的质疑，会使双方的谈话失去信任的基础。

▶ 6. 不要否定对方

交谈应当求大同，存小异。如果对方的谈话没有违反伦理道德、辱及国格人格等原则问题，就没有必要当面加以否定，让对方下不了台。另外，如果对方提到一些不便谈论的问题，不要轻易表态，可以借机转移话题，或微笑并保持稍许沉默，用以暗示对方，你不喜欢这样的言辞。

任务六 馈赠礼仪

任务导入

王艳和文军在同一个公司工作，两人是好朋友。王艳邀请文军参加自己的婚礼，为了表达心意，文军考虑要送给王艳一份特别的礼物。思来想去，文军觉得送鲜花既时尚又浪漫，最合适，而且要送红玫瑰，以表示对新婚夫妇甜蜜爱情的祝福。这天，文军捧了一大束红玫瑰参加婚礼，可当他将花束送给王艳时，王艳面部表情发生了急剧的变化，迟疑地不肯去接鲜花，王艳的新婚丈夫则脸色难看，令文军十分难堪。这件事引起了王艳丈夫的误解，破坏了他们新婚甜蜜的气氛，王艳做了多番的解释，才消除了丈夫的误会。

思考：请分析王艳夫妇不悦的原因是什么？

分析：送礼需要注重场合、时机，成功的馈赠可以恰到好处地向受赠者表达自己友好、尊敬和特殊的情感；反之，则会破坏彼此的感情和友谊。

人们相互馈赠礼物，是社会生活中不可缺少的交往内容。中国人一向崇尚礼尚往来，《礼记·曲礼上》说："礼尚往来，往而不来，非礼也；来而不往，亦非礼也。"馈赠，是与其他一系列礼仪活动一同产生和发展起来的。所谓馈赠，是指人们向其他人表达某种个人意愿，而将某种物品不求报偿、毫无代价地送给对方。馈赠也可以叫赠送。在现代人际交往中，馈赠礼物仍然是人们往来的有效媒介之一，它像桥梁和纽带一样直接明显地传递着情感和信息，寄托着人们的情意，无言地表达着人与人之间的真诚关爱，久远地记载着人间的温暖。

礼尚往来是商务活动中的社交形式之一，也是向对方表达心意的物质表现。在商务活动中，为了向宾客或对方表示恭贺、感谢或慰问，常常需要赠送礼物，以增进友谊和合作。馈赠不仅是一种礼节形式，更是人与人之间诚心相待、表达尊重和友情的见证。成功的馈赠可以恰到好处地向受赠者表达自己的友好、尊敬和特殊的情感，同时让对方满意、高兴，增进彼此的感情和友谊。

一、馈赠的原则

礼尚往来，是自己表达对友谊或亲情的珍惜及重视的机会，需要遵循以下原则。

（一）礼轻情重

商务交往多提倡"礼轻情意重"，馈赠礼物是表达情意的，礼品要突出纪念意义，无须过分强调礼品的价值，过分贵重的礼品会让受礼者产生"重礼之下，必有所求"的猜测。商务人员在选择礼物"轻重"时，应根据双方的关系、身份、送礼的目的和场合决定。一般情况下，礼物应小、巧、少、轻。

知识拓展

千里送鹅毛，礼轻情义重

唐朝贞观年间，西域回纥国是大唐的藩国。一次，回纥国为了表示对大唐的友好，便派使者缅伯高带了一批珍奇异宝去拜见唐王。在这批贡物中，最珍贵的要数一只罕见的珍禽——白天鹅。

缅伯高最担心的也是这只白天鹅，万一有个三长两短，可怎么向国王交代呢？所以，一路上，他亲自喂水喂食，一刻也不敢怠慢。这天，缅伯高来到沔阳湖边，只见白天鹅伸长脖子，张着嘴巴，吃力地喘息着，缅伯高心中不忍，便打开笼子，把白天鹅带到水边让它喝了个痛快。谁知白天鹅喝足了水，合颈一扇翅膀，"扑棱棱"一声飞上了天！缅伯高向前一扑，只捡到几根羽毛，却没能抓住白天鹅，眼睁睁看着它飞得无影无踪，一时间，缅伯高捧着几根雪白的鹅毛，直愣愣地发呆，脑子里来来回回地想着一个问题："怎么办？进贡吗？拿什么去见唐太宗呢？回去吗？又怎敢去见回纥国王呢！"随从们说："天鹅已经飞走了，还是想想补救的办法吧。"思前想后，缅伯高决定继续东行，他拿出一块洁白的绸子，小心翼翼地把鹅毛包好，又在绸子上题了一首诗："天鹅贡唐朝，山重路更遥。沔阳湖失宝，回纥情难抛。上奉唐天子，请罪缅伯高，物轻人义重，千里送鹅毛！"

缅伯高带着珠宝和鹅毛，披星戴月，不辞劳苦，不久就到了长安。唐太宗接见了缅伯高，缅伯高献上鹅毛。唐太宗看了那首诗，又听了缅伯高的诉说，非但没有怪罪他，反而觉得缅伯高忠诚老实，不辱使命，就重重地赏赐了他。

从此，"千里送鹅毛，礼轻情义重"，便成为我国民间礼尚往来、交流感情的写照或一种谦词。

资料来源：黄建武等. 现代商务礼仪[M]. 北京：北京邮电大学出版社，2013.

(二) 时机原则

就馈赠的时机而言，及时适宜是最重要的。中国人很讲究"雨中送伞""雪中送炭"，即十分注重送礼的时效性，因为只有在最需要时得到的才是最珍贵的，也才是最难忘的。因此，要注意把握好馈赠的时机，包括时间的选择和机会的择定。一般来说，时间的选择贵在及时，超前滞后都达不到馈赠的目的；机会的选择贵在事由和情感及其他需要的程度，"门可罗雀"和"门庭若市"时，人们对馈赠的感受会有天壤之别。所以，对于处境困难者的馈赠，所表达的情感就更显真挚和高尚。

(三) 效用性原则

同一切物品一样，当"礼"以物的形式出现时，礼物本身也就具有了价值和实用价值。就礼品本身的实用价值而言，人们经济状况不同、文化程度不同、追求不同，对于礼品的实用性要求也就不同。一般来说，物质生活水平的高低，决定了人们精神追求的不同。在物质生活较为贫寒时，人们多倾向选择实用性的礼品，如食品、水果、衣服、现金等；在生活水平较高时，人们则倾向于选择艺术欣赏价值较高、趣味性较强和具有思想性、纪念性的物品。因此，应视受礼者的物质生活水平，有针对性地选择礼品。

(四) 投好避忌的原则

就礼品本身带来的直接后果而言，由于民族、生活习惯、生活经历、宗教信仰以及性格、爱好的不同，不同的人对同一礼品的态度是不同的，或喜爱或忌讳或厌恶等，因此，我们要把握投其所好、避其禁忌的原则。在这里尤其要强调避其禁忌，禁忌是一种不系统的、非理性的、作用极大的心理和精神倾向，对人的活动影响巨大。当自己的禁忌被冒犯时，无论他人是有意的还是无意的，心中的不快不满，甚至愤恨都是不言而喻的。当我们冒犯了别人时，就会引起纠纷，甚至冲突。所以，馈赠前一定要了解受礼者的喜好，尤其是禁忌。例如,中国人普遍有"好事成双"的说法,因而凡是大贺大喜之事,送礼均好双忌单。广东人则忌讳"4"这个偶数,因为在广东话中,"4"听起来就像是"死",是不吉利的。再如,白色虽有纯洁之意,但中国人比较忌讳,因为在中国,白色常是悲哀之色和贫穷之色;同样,黑色也被视为不吉利,是凶灾之色、哀丧之色;而红色,则是喜庆、祥和、欢庆的象征,受到人们的普遍喜爱。另外,我国百姓还常常讲究给老人不能送"钟",给夫妻或情人不能送"梨",因为"送钟"与"送终"、"梨"与"离"谐音,是不吉利的。这类禁忌,还有许多需要我们去避讳。

二、馈赠目的

任何馈赠都是有目的的,或为结交友谊,或为祝颂庆贺,或为酬宾谢客,或为其他。

(一)以交际为目的的馈赠

这是一种为达到交际目的而进行的馈赠,有两个特点。

(1)送礼的目的与交际目的直接一致。无论是个人还是组织机构,在社交中为达到一定目的,针对交往中的关键人物和部门,通过赠送一定礼品,以达到交际目的。

(2)礼品的内容与送礼者的形象一致。礼品的选择,遵循的一个非常重要原则就是要使礼品能反映送礼者的寓意和思想感情倾向,并使寓意和思想倾向与送礼者的形象有机地结合起来。

(二)以巩固和维系人际关系为目的的馈赠

这类馈赠,即是人们常说的"人情礼"。在人际交往过程中,无论是个人还是组织机构之间,都会产生各类关系和各种感情。人与生俱来的社会性,要求人们必须重视这些关系和感情,围绕如何巩固和维系人际关系和感情,人们采取了许多办法,其中之一就是馈赠。这类馈赠,强调礼尚往来,以"来而不往非礼也"为基本行为准则。因此,这类馈赠,无论从礼品的种类、价值的轻重、档次的高低、包装的精美、蕴含的情义等方面,都呈现出多样性和复杂性。这在民间交往中尤其具有重要的特殊作用。

(三)以酬谢为目的的馈赠

这类馈赠是为答谢他人帮助而进行的,因此在礼品的选择上十分强调物质价值。礼品的贵贱厚薄,首先取决于他人帮助的性质。帮助的性质分为物质和精神两类。一般来说,物质的帮助往往是有形的,能估量的。而精神的帮助则是无形的,难以估量的,然而其作用又是相当大的。其次取决于帮助的目的。是慷慨无私的,还是另有所图的,还是公私兼顾的。只有那种真正无私的帮助,才是值得真心酬谢的。最后取决于帮助的时机。一般情况下,危难之中见真情,因此,得到帮助的时机是日后酬谢他人最重要的衡量标准。

(四)以公关为目的的馈赠

这种馈赠,表面上看来不求回报,而实质上其索取的回报往往更深地隐藏在其后的交往中,或是金钱,或是权势,或是其他功利。它是一种为达到某种目的而用礼品的形式进行的活动,多发生在对经济、政治利益的追求和对其他利益的追逐活动中。

三、馈赠礼品的选择

赠送礼品给亲朋好友,本是一件令人愉快的事。但若选择礼品不佳,或者触犯了某些禁忌，则可能好事变坏事，令对方感到不快。

在挑选礼品赠送给友人时，一般需要注意以下几个问题。

（一）重视礼品的情感性

馈赠礼品要重视其情感意义。选择礼品要认真、心诚，心存"敬重"之情，能够体现自己所倾注的时间、才智和努力。选择的礼品首先自己应该喜欢，因为自己看不上的东西，别人也不会喜欢。因此，可以通过仔细观察或打听了解受礼者的兴趣爱好，然后有针对性地精心挑选合适的礼品。尽量让受礼者感觉到馈赠者在礼品选择上是花了一番心思的，是真诚的。

（二）突出礼品的纪念性

目前在许多国家，都不时兴赠送过于贵重的礼品时，这会让受礼者产生受贿之感。另一方面，若受礼者的经济能力有限，当接到一份过于贵重的礼品时，其心理负担一定会大于受礼时的喜悦。

送人礼品，与做其他许多事情一样，最忌讳"老生常谈""千人一面"。选择礼品，应当精心构思，匠心独运，富于创意，力求使之新、奇、特。特别是赠送外国友人的礼物，具有民族特色的物品是深受欢迎的。

（三）明确礼品的针对性

送礼的针对性，是指挑选礼品时，应当因人、因事而异。因人而异，指的是选择礼品时，务必要充分了解受礼人的性格、爱好、修养与品位，尽量使礼品被受礼人所喜爱。因事而异，则指的是在不同的情况下，向受礼人所馈赠的礼品应当有所不同。一般而言，对家贫者，以实惠为佳；对富裕者，以精巧为佳；对恋人爱人，以纪念性为佳；对朋友，以趣味性为佳；对老人，以使用为佳；对孩子，以启智新颖为佳；对外宾，以特色为佳。

四、馈赠礼品的艺术性

即便是精心挑选的礼品，如果不讲究赠礼的艺术和礼仪，也很难达到馈赠的预期效果。

（一）注重包装

精美的包装不仅使礼品外观更具艺术性和高雅情调，而且还可以显示出赠送人的文化艺术品位。特别是对外国人而言，在国际交往中，包装是礼品的有机组成部分之一，它被视为礼品的外衣，送礼时不可或缺。否则，就会被视为随意应付受礼人，甚至还会导致礼品自身因此而"贬值"。鉴于此，送给友人的礼品，一定要事先进行精心的包装，对包装时所用的一切材料，都要尽量择优而用。

（二）讲究场合

当众只给一群人中的一个人赠礼是不合适的，给关系密切的人送礼也不宜在公开场合进行。只有象征着精神方面的礼品，如锦旗、牌匾、花篮等才可在众人面前赠送。

（三）明确方式

送出礼品时一定要大方自然，只有态度平和友善、动作落落大方并伴有礼节性的语言，才容易让受礼者接受礼品。把礼品不声不响地丢在某个角落然后离开是不适当的。为表达自己的诚意,双手送上为宜。若同时向多人赠送礼品,最好先长辈后晚辈、先女士男士、先上级后下级,按照次序,依次有条不紊地进行。

五、礼品接受礼仪

在社交场合,当他人赠送礼品时,作为受赠者也应该讲究接受礼品的礼仪,做到有礼、得体。

(一)欣然接受

在一般情况下,对他人诚心诚意赠送的礼物,只要不违法、不违规,一般应当大大方方、高高兴兴地接受下来。没有必要跟对方推来推去,过分地进行客套。当赠送者向受赠者赠送礼物时,应停止手中的事情,起身站立,双手接受,然后伸出右手,同对方握手,并向对方表示感谢。接过礼品后,如果条件允许,应该当场打开,这种做法是符合国际惯例的。

(二)表达感谢

在国际社会,特别是在许多西方国家中,受礼人在接受礼品时,通常大都习惯于当着送礼人的面立即拆启礼品的包装,然后认真地对礼品进行欣赏,并且对礼品适当地赞赏几句。这种中国人以前难以接受的做法,现在已经逐渐演化为受礼人在接受礼品时必须讲究的一种礼节。

(三)不宜拒收

一般情况下,只要不是贿赂性礼品,一般最好不要拒收。由于某种原因确实不能接受礼物时,要说明原因,婉言谢绝。拒收礼品,要讲究方式和分寸,态度不要过分坚决,方式要委婉,不要使对方难堪或产生误会。

(四)礼尚往来

若礼品是由他人代为转交的,最好在一周之内写信或打电话给送礼人,向对方正式致谢。或者是告诉对方,他送给自己的礼品,自己不仅十分喜欢,而且经常地使用。接受了他人的馈赠,如果有可能予以回礼。有礼有节的馈赠活动,有利于拉近双方的距离,增加合作的机会。

项目实训

本项目实训将模拟商务人员日常交际礼仪的内涵,如何问候对方、怎么与对方打招呼、如何递送名片、如何握手、如何进行商务馈赠等。

一、实训内容

1. 商务人员熟悉如何问候对方与打招呼。
2. 商务人员熟悉递送名片礼仪、握手礼仪、拨打与接听办公电话礼仪等。

二、实训要求

1. 分组模拟在复杂多变的商务场合如何提升个人交际能力。
2. 以书面报告的形式提交"商务人员见面礼仪素质报告"。
3. 重点分析商务人员如何熟练运用交际手段与技巧,提升个人交际能力。

项目小结

通过任务一的学习，帮助你正确称呼他人，并掌握知道致敬的方式和正确的行鞠躬礼。

通过任务二的学习，帮助你在商务场合进行得体的自我介绍和为他人做介绍。

通过任务三的学习，帮助你正确规范地行标准的握手礼，掌握握手礼的禁忌。

通过任务四的学习，帮助你在遇到不同对象的情况下，都能得体地索要对方名片、有礼地递送名片、规范地制作名片。

通过任务五的学习，帮助你正确把握交谈时机、交谈技巧、交谈禁忌和交谈的必要内容等。

通过任务六的学习，帮助你正确地选择礼品、合适的馈赠时间，达到馈赠的目的。

案例分析

7月15日是国能电力公司与美国PALID公司在多次谈判后达成协议，准备正式签字的日期。国能电力公司负责签字仪式的现场准备工作，国能电力公司将公司总部十楼的大会议室作为签字现场，在会计室摆放了鲜花，长方形签字桌上临时铺设了深绿色的台呢布，摆放了中美两国的国旗，美国国旗放在签字桌左侧，中国国旗放在右侧，签字文本一式两份放在黑色塑料的文件夹内，签字笔、吸墨器文具分别置放在两边，会议室空调温度控制在20℃。办公室陈主任检查了签字现场，觉得一切安排妥当，他让办公室张小姐通知国能电力公司董事长、总经理等我方签字人员在会议室等待，自己到楼下准备迎接客商。

上午九点，美方总经理一行乘坐一辆高级轿车，准时驶入国能电力公司总部办公楼，司机熟练地将车平稳地停在楼前，陈主任在门口迎候，他见副驾驶座上是一位女宾，陈主任以娴熟优雅的姿势先为前排女宾打开车门，并做好护顶姿势，同时礼貌地问候对方。紧接着，陈主任迅速走到右后门，准备以同样动作迎接后排客人，不料，前排女宾已经先于他打开了后门，迎候后排男宾，陈主任急忙上前问候，但明显感觉女宾和后排男宾有不悦之色。

陈主任一边引导客人进入大厅，来到电梯口，一边告知客人，董事长在会议室等待，电梯到达十楼后，陈主任按住电梯控制开关，请客商先出，自己后出，然后引导客人到会议室，在会议室等待的国能电力公司的签字人员在客人进入会议室时，马上起立鼓掌欢迎，刘董事长急忙从座位上站起，主动向对方客人握手，不料，美方客人在扫视了会议室后，似乎非常不满，不肯就座，好像是临时改变了主意，不想签字了，问题出在哪里呢？

思考：

1. 国能电力公司安排的这次签字活动有不当之处吗？请对其进行评判。
2. 陈主任在迎接礼仪的安排和自己的迎送过程中是否有不到之处？
3. 外方客人不悦和临时变卦的主要原因是什么？

项目四
商务接待拜访礼仪

每一次的拜访和问候，都是我们人生路上的给予，是缘分、是知音、是心灵的共鸣。

——佚名

学习目标

- 理解商务接待拜访的基本内涵。
- 掌握商务接待的礼仪常识。
- 熟悉商务拜访礼仪的言行举止。
- 掌握必要的商务接待拜访基本礼仪。
- 能够正确使用商务接待拜访礼仪。

接待与拜访是我们日常生活中很常见的社交形式。人们在拜访中、联络感情、增进友谊、扩大信息源、商讨事务。有的拜访让人由衷地心生愉悦，有的拜访则让人感到不快与尴尬，有的在送礼中美好的意愿并不能如愿实现，因此，要做一个受欢迎的客人，一个有礼的主人，要让送出的礼品能皆大欢喜，则需要我们掌握拜会待客的相关礼仪。通过本项目学习，应了解拜访待客的基本礼仪常识，掌握相关的技巧，明白不同操作方式的不同含义，并能将这些知识运用到日后的接待拜访工作中。

任务一　拜访礼仪

任务导入

麦克第一次拜访客户

麦克·贝柯具有丰富的产品知识，对客户的需要很了解。在拜访客户以前，麦克总是掌握了客户的一些基本资料。麦克经常以打电话的方式先和客户约定拜访的时间。

今天是星期四，下午4点刚过，麦克精神抖擞地走进办公室。他今年35岁，身高6英尺，深蓝色的西装上看不到一丝的皱褶，浑身上下充满朝气。从上午7点开始，麦克便开始了一天的工作。麦克除了吃饭的时间，始终没有闲过。麦克5点半有一个约会。为了利用4点至5点半这段时间，麦克便打电话，向客户约定拜访的时间，以便为下星期的推销拜访而预做安排。

打完电话，麦克拿出数十张卡片。卡片上记载着客户的姓名、职业、地址、电话号码资料以及资料的来源。卡片上的客户都居住在市内东北方的商业区内。

麦克选择客户的标准包括客户的年收入、职业、年龄、生活方式和爱好。麦克的客户来源有三种：一是现有的顾客提供的新客户的资料；二是麦克从报刊上的人物报道中收集的资料；三是从职业分类上寻找客户。

在拜访客户以前，麦克一定要先弄清楚客户的姓名。例如，想拜访某公司的执行副总裁，但不知道他的姓名，麦克会打电话到该公司，向总机人员或公关人员请教副总裁的姓名。知道了姓名以后，麦克才进行下一步的推销活动。麦克拜访客户是有计划的，他把一天当中所要拜访的客户都选定在某一区域之内。这样可以减少来回奔波的时间。根据麦克的经验，利用45分钟的时间做拜访前的电话联系，即可在某一区域内选定足够的客户供一天拜访之用。

麦克下一个要拜访的客户是国家制造公司董事长比尔·西佛。麦克正准备打电话给西佛先生，约定拜访的时间。

思考： 商务拜访的重要性在哪里？拜访前需要做好哪些准备工作？

分析： 在麦克的个案里，麦克利用不去拜访客户的时间，进行联系客户、约定拜访时间的工作。同时，他也利用这个时候整理客户的资料。麦克总是把拜访的对象集中在某一个区域内，以减少中途往返奔波，达到有效利用时间的目的。

拜访又叫拜见、拜会，是指前往他人的工作单位和住所会晤、探望对方，进行接触。无论是公务交往还是私人来往，拜访都是人们经常采用的一种社交方式。拜访活动是双向的。在拜访中，作为访问、做客的一方为客人，也叫来宾；作为待客、接待的一方为主人。在进行拜访活动过程中，只有主客双方都遵守礼仪规范，才能使拜访活动圆满成功。

一、预约礼仪

（一）预约时间

拜访者通常应与被拜访者约定拜访的时间，告诉对方将在什么时候去拜访。这应该是对方是否接受拜访的首要条件。如果是公务性拜访应该选择对方上班时间；如果是私人拜访，就应以不影响对方休息为原则，避开节假日、用餐时间、过早或过晚及其他一切对对方不方便的时间。一般情况，上午9～10点，下午3～4点或7～8点是最适宜的时间。拜访外国人时，切勿未经约定便不邀而至。做不速之客通常被认为是极不礼貌的。

（二）预约地点

通常上班时间会选在办公室、接待室等。私人拜访可能在家中，也可能在公共娱乐场所，如茶楼、咖啡厅等。在当代，我们应尽量避免前往其私人居所进行拜访。

（三）预约方式

可以用电话预约、当面预约或者书信预约等方式。无论是哪种预约，口气和语言一定是友好、请求、商量式的，而不能以强求命令的口气要求对方。

在商务交往中，未曾约定的拜访，属于失礼的表现，很不受欢迎。如果有要紧的事必须前往时，一定要表现歉意并解释清楚。

二、拜访礼仪

（一）做客的礼仪

在拜访、做客时，要想成为受欢迎的客人，除了要严格遵守做客的礼仪规范，最重要的是尊重主人，做到客随主便。

▶ 1. 有约在先

拜访主人时，切勿未经约定便不邀而至。尽量避免前往别人的私人居所进行拜访。约定的具体时间通常应当避开节日、假日、用餐时间、过早或过晚的时间，及其他一切可能给对方造成不便的时间。

▶ 2. 守时践约

守时践约不仅是讲究个人信用、提高办事效率，而且也是对交往对象尊重友好的表现。万一因故不能准时抵达，务必要及时通知对方。必要的话，可将拜访另行改期，并向对方郑重其事地道歉。

▶ 3. 登门有礼

切忌不拘小节，失礼失仪。当主人开门迎客时，要主动向对方问好，相互行见面礼节。倘若主人不止一人，则按先后顺序向对方问候与行礼，做法有二：其一，先尊后卑；其二，由近而远。在此之后，在主人的引导下，进入指定房间，切勿擅自闯入；在就座时，要与主人同时入座。倘若自己到达后，主人这边尚有其他客人在座，应当先问一下主人，自己的到来会不会影响对方。

▶ 4. 举止有方

在拜访主人时要注意自尊自爱，并且时刻以礼待人。与主人或其家人进行交谈时，要慎择话题，勿信口开河、出言无忌。与异性交谈时，要讲究分寸。对于主人家里遇到的其他客人要尊重并友好相待。不要无意间冷落对方，置之不理。若遇到较多客人，既要以礼相待，也要一视同仁。切忌表现出厚此薄彼或本末倒置地将主人抛在一旁。在主人家里，不要随意脱衣、脱鞋、脱袜，也不要不拘小节，动作夸张而放肆。未经主人允许，不要在主人家中四处乱闯，随意乱翻、乱动、乱拿主人家中的物品。

▶ 5. 适可而止

在拜访他人时，一定要注意在对方的办公室或私人居所里停留的时间长度。从总体上讲，应当具有良好的时间观念。停留的时间不宜过长，以免打乱对方既定的其他安排。一般情况下，礼节性的拜访，尤其是初次登门拜访，应控制在一刻钟至半小时之内，最长也不宜超过两小时。有些重要的拜访，往往需由宾主双方提前议定时间和长度。在这种情况下，务必要严守约定，绝不单方面延长拜访时间。自己提出告辞时，即便主人表示挽留，仍须执意离去，并向对方道谢，请主人留步，不必远送。在拜访期间，若遇到其他重要的客人来访，或主人一方表现出为难之意，应当机立断，知趣地告退。

（二）待客的礼仪

礼貌待客是中华民族的传统美德。讲究待客的礼仪，最主要是要待客有礼。待客分为迎客、敬茶、送客等基本环节。

▶ 1. 迎客

如果事先知道有客人来访，要提前打扫门庭，并备好茶具、饮料等以迎嘉宾，也可根据自己的家庭条件，准备好水果、糖、咖啡等。客人在约定时间到来，应提前出门迎接。

客人来到家中，要热情接待，提前换好便衣。客人进屋后，首先请客人落座，然后敬茶、端出糖果。端茶或送糖果盘时要用双手，并代客人剥糖纸、削果皮。

▶ 2. 敬茶

要事先把茶具洗干净。在倒茶时，要掌握好茶水量。常言道，待客要"浅茶满酒"。所谓浅茶，即将茶水倒入杯中三分之二为佳。

端茶也是应注意的礼节。按我国传统习惯，应双手给客人端茶。对有杯耳的杯子，通常是用一只手抓住杯耳，另一只手托住杯底，把茶水送给客人，随之说声"请您用茶"或"请喝茶"。切忌用手指捏住杯口边缘往客人面前送，这样敬茶既不卫生，也不礼貌。

▶ 3. 送客

客人告辞，一般应婉言相留。如果客人执意要走，应等客人起身后，主人再起身相送。不可客人一说要走，主人就站起来。送客一般应送到大门或弄堂口。有些客人常常会带礼物来，对此，送客时应有所反应，如表示谢意，或请客人以后来访不要带礼品了，或相应回谢一些礼物，决不能受之无愧地毫无表示。

(三) 拜访准备

当预约得到肯定答复后，要认真做好赴约的准备。准备充分与否，直接影响到拜访目的的实现。

▶ 1. 修正仪表

正式的公务拜访，穿着要整齐大方、干净整洁，和自己的职业相称。朋友间的拜访可以随意一些。

▶ 2. 备好资料

拜访前一定要充分准备好相关资料，以免措手不及，浪费时间，并且让对方感觉自己办事不踏实。拜访前，自己的名片一定要提前备好，放在容易取出的地方。准备商量什么事，拜访要达到什么目的，都应事先做打算，以免拜访时跑"马拉松"。如果是礼节性拜访，还应适当带些礼物以示敬意。

▶ 3. 按时到达

预定了会面的具体时间，作为访问者应该如期而至。在西方国家，准时赴约是判断对方可信度和可靠度的一个最基本的原则。迟到、失约会动摇一个人的信誉基础，因故不能赴约必须提前通知对方，以便别人安排其他事情。如果估计要迟到一定要及时通知对方，告诉对方自己预计到达的时间，并对自己的迟到表示歉意。到达时，不要再喋喋不休地解释原因。早到容易打乱别人的安排，提前3～5分钟赴约是最佳时间。

▶ 4. 举止文雅

无论是到办公室还是到寓所拜访，一定要做到彬彬有礼、衣冠整洁、谈吐得体。进入室内，应该先敲门或按门铃，待到有回音或有人开门相让，才可以进门，不要冒失地随意进入。作为商务拜访，要体现自己的职业感。入室前，有脚垫要先在脚垫上擦净鞋底，不要把脏物带进室内。入室后的"四除去"是指除去帽子、墨镜、手套和外套。

如果与拜访对象素不相识,应先进行自我介绍;如果以前认识,应相互问候或握手致意;如果主人家里有其他客人,无论是否熟悉,应礼貌地打招呼;如果主人是长者或有一定的地位,应等主人坐下或招呼坐下后方可落座。

对主人或主人委派的人送上的茶水,应从座位上起身、双手接过,并表示感谢。喝茶应慢慢品饮,不要一饮而尽。主人献水果,应等到年长者或其他客人动手后再取。不要随便将纸屑等污物扔在地上或茶几上。不要翻动别人的书信和工艺品。

与主人或其家人进行交谈时,要慎择话题,切勿信口开河,出言无忌。与异性交谈时,要讲究分寸。对于在主人家里遇到的其他客人要表示尊重,友好相待。不要有意无意地冷落对方,置之不理。若遇到客人较多的情况,一定要以礼相待,一视同仁。若是因公谈事,那么最好在进屋寒暄后,尽快转入正题,以免耽误对方过多的时间。要认真聆听对方讲话,并注意对方情绪的变化,适时而恰当地应付,不要用争辩和补充说明打断对方的话。

三、告辞礼仪

在拜访他人时,一定要注意在对方的办公室或私人居所里停留的时间长短。从总体上讲,应当具有良好的时间观念。不要因为自己停留的时间过长,从而打乱对方既定的其他日程。在一般情况下,礼节性的拜访,尤其是初次登门拜访,应控制在一刻钟至半小时之内。最长的拜访,通常也不宜超过两个小时。有些重要的拜访,往往需由宾主双方提前议定拜访的时间和长度,在这种情况下,务必要严守约定,绝不单方面而延长拜访时间。自己提出告辞时,虽主人表示挽留,仍须执意离去,但要向对方道谢,并请主人留步,不必远送。在拜访期间,若遇到其他重要的客人来访,或主人一方表现出来厌客之意,应当机立断,知趣地告退。

知识拓展

第一次拜访

做陌生拜访一定是带着目的性的,一般有两种目的:一是交朋友;二是开发。使被访者成为你的客户或成为你的事业伙伴是最高目的,相应地也有个最低目的,就是储备资源便于交朋友。所以,陌生拜访的基本要求是拿到被访者的联系方式。拿到了陌生人的联系方式,陌生拜访就算是达到目标了。

有了一个预期的目标,做陌生拜访的时候就不会觉得无从下手了。另外,要学会在谈话时把握好度。例如,和出租车司机聊天,和司机谈收入的时候,他如果流露出:现在工作已经很辛苦了,收入也比较满意,没有想要再增加额外收入的意思。你就要把握好自己谈话的分寸,不要再谈他现在不感兴趣的话题,不要再继续谈你的事业,你就要放弃最高目标(开发),此时要做的就是聊些别的,争取拿到他的联系方式,有了联系方式,以后就有机会继续和他沟通。

那么,做陌生拜访的时候要进行哪些准备呢?不打无准备的仗是常胜将军的秘诀。下面是一些拜访潜在合作伙伴时应做的准备工作。

1. 心态的准备,让自己处于工作的最佳状态。

2. 服饰的准备，根据交流的地方和具体时间可以适当做出必要的调整，有利于你处于最好的状态。

3. 工具的准备，两种名片（自己的，空白的）、笔、电脑（针对有光盘演示的公司）、公司资料册、计算器、价目表、申请表、公司小册子、做演示用的产品、记事本、有关公司的新闻简报等。

人是多样性的，千人千面，没有一个固定的技巧适合一个人去沟通所有的人。你只能自己学会去观察，去把握每个人的不同需求。明白一句话："人自己都不想改变的时候，凭谁也是改变不了的。"在做陌生拜访的时候，遇到那样的人，就不要多费力气了。让宝贵的精力和时间花到更有作为的地方才是明智之举。学会鉴别，才能使你的投入产出比最高。

任务二 接待礼仪

任务导入

泰国某机构为泰国一项庞大的建筑工程向美国公司招标。经过筛选，最后剩下 4 家候选公司。泰国人派遣代表团到美国亲自去各家公司商谈。代表团到达芝加哥时，那家工程公司由于忙乱中出了差错，又没仔细复核飞机到达时间，未去机场迎接泰国客人。但是泰国代表尽管初来乍到不熟悉芝加哥，还是自己找到了芝加哥商业中心的一家旅馆。他们打电话给那位急促不安的美国经理，在听了他们的道歉后，泰国人同意在第二天 11 时在经理办公室会面。第二天美国经理按时到达办公室等候，直到下午三四点钟才接到客人的电话说："我们一直在旅馆等候，始终没有人前来接我们。我们对这样的接待实在不习惯。我们已订了下午的飞机赴下一个目的地。再见吧！"

思考： 请结合所学内容对此案例进行分析。

分析： 接待工作要求细致认真，要充分表达出东道主的热情和周到，上述案例中的美国公司缺乏接待技巧。

接待迎送是商务活动中一项经常性的工作。公务人员在接待迎送中的礼仪表现，不仅关系到本人的形象，而且还涉及所代表的组织形象。因此，接待礼仪和迎送礼仪历来受到重视。

一、接待规则

接待是指个人或单位以主人的身份招待有关人员，以达到某种目的的社会交往方式。接待和拜访一样，同样可以起到增进联系、提高工作效率、交流感情、沟通信息的作用，是个人和单位经常运营的社会交往方式。

无论是单位还是个人在接待来访者时，都希望客人能乘兴而来满意而归。为达到这一目的，主方需遵循平等、热情、礼貌、友善的原则。

遵循这一原则，就要求我们在同一时间、同一地点、同一场所，接待来自不同单位、不同部门、不同地域的客人时，不能厚此薄彼，嫌贫爱富。在具体的接待过程中，即可借鉴别人的成功做法，参照惯例，又可依对方以往招待我们的做法，礼尚往来。

若接待多方客人，需排列礼宾次序，可根据具体情况依以下几种方法进行排列：按行政职务的高低排列；按照礼宾的所在单位，或者所在国家的字母顺序排序；按照先来后到的到场顺序进行排列；按照报名的先后顺序排列；或者不排列。

二、公务接待

（一）准备工作

接待工作首先应了解来访者的基本情况，弄清对方的国别、名称、成员名单、来访目的、到达的车次航班等内容，如果来访者是预先约定好的重要客人，则应根据来访者的地位、身份等确定相应的接待规格和程序。根据国际惯例，主要迎送人通常同来宾的身份相当。

掌握了以上情况后，再制定一份周密的（中外文）书面接待活动日程安排表，包括迎送、会见、会谈、签字仪式、宴请、参观游览、交通工具、餐饮时间、陪同人员等详细内容。日程安排应尽量事先征询来宾意见，还要考虑来宾的风俗习惯和宗教信仰。

遇到高层外宾来访，要按上级接待部门的通知要求安排党政领导人出面迎接，组织好迎送仪式、场地布置、献花、照相、拍电视、组织群众场面等内容。例如，飞机（车、船）抵离时间、献花人员的挑选和鲜花花束（花环）的准备、介绍宾主相见的方式、车辆顺序的编排、座次的安排、国旗的悬挂等，都要逐项落实。日程安排印制妥当后，来宾抵达后要及时发放，保证人手一份。

（二）迎接

主方接待人员应品貌端庄、举止大方，提前到达车站机场，恭候客人的到来，决不能迟到而让客人久等。若主人姗姗来迟，必定会给客人心里留下阴影，事后无论怎样解释，都无法消除这种失职和不守信誉的印象。若因某种原因，相应身份的主人不能前往，前去迎接的主人应向客人做出合理的解释。

接到客人后，应首先问候"一路辛苦了""欢迎您的到来"等，然后向对方做自我介绍，如果有名片，可送与对方。

主人应提前为客人准备好交通工具，不要等客人到了才匆匆忙忙应对。主人应提前为客人准备好住宿，帮客人办理好一切手续并将客人领进房间，同时向客人介绍住处的服务、设施，将活动的计划、日程安排交给客人，并把准备好的地图或旅游图、名胜古迹等介绍材料送给客人。

将客人送到住地后，主人不要立即离去，应陪客人稍做停留，热情交谈，谈话内容要让客人感到满意，如客人参与活动的背景材料，当地风土人情，有特点的自然景观、特产、物价等。考虑到客人一路旅游劳累，主人不宜久留，让客人早些休息。分手时，主人还要将下次联系的时间、地点、方式等告诉客人。

（三）商务接待应注意的问题

（1）微笑接待，礼貌周到。接待人员对来访者，一般应起身握手相迎，对上级、长者、客户来访，应起身上前迎候，鞠躬握手并口说欢迎词，例如，"欢迎光临，我们主任（经理）正在等候您，请跟我来。"或可以边说"欢迎光临"边用手势请客人入内。

(2) 守时。约见客人，主人应提前到达约定的场所，宁可自己等候客人，也不可让客人等候自己。约请客人，不但自己要守时，而且要求职员养成礼貌待客的习惯。

(3) 不能让来访者坐冷板凳。如果有事暂不能接待来访者，应安排秘书或其他人员接待客人，不能冷落了来访者。

(4) 要认真倾听来访者的叙述。公务往来是"无事不登三宝殿"，来访者都是为了谈事情而来，因此应尽量让来访者把话说完，并认真倾听。

(5) 对来访者的意见和观点不要轻率表态，应思考后再做答复。对一时不能作答的，要约定一个时间再联系。

(6) 对能够马上答复或立即能办理的事，应当场答复、迅速办理，不要让来访者无谓地等待，或再次来访。

(7) 正在接待来访者时，如有电话打来或有新的来访者，应尽量让秘书或他人接待，以避免中断正在进行的接待。

(8) 对来访者的无理要求或错误意见，应有礼貌地拒绝，不要让来访者尴尬。

(9) 如果要结束接待，可以婉言提出借口，如"对不起，我要参加一个会，今天先谈到这儿，好吗？"等，也可用起身的体态语言告诉对方就此结束谈话。

(10) 热情挽留。在一般情况之下，不论宾主双方会晤的具体时间长度有无约定，告辞均须由客人首先提出。如果主人首先提出送客，或是以自己的动作、表情暗示送客之意，都是极其不礼貌的。当来宾提出告辞时，主人通常应对其加以热情挽留，可告知对方自己"不忙"，或是请对方"再坐一会儿"。若来宾执意离去，主人可在对方率先起身后再起身相送。

（四）引导方法

接待人员带领客人到达目的地，应该有正确的引导方法和引导姿势。

▶ 1. 在走廊的引导方法

接待人员在客人两三步之前，配合步调，让客人走在内侧。

▶ 2. 在楼梯的引导方法

当引导客人上楼时，应该让客人走在前面，接待人员走在后面；若是下楼时，应该由接待人员走在前面，客人走在后面。

▶ 3. 在电梯的引导方法

引导客人乘坐电梯时，接待人员先进入电梯，等客人进入后关闭电梯门。到达时，接待人员按住按钮，让客人先走出电梯。

知识拓展

如何共乘电梯？

乘电梯时，先按电梯，让客人先进。若客人不止一人时，可先进电梯，一手按"开"，一手按住电梯侧门，对客人礼貌地说："请进！"

进入电梯后，按下客人要去的楼层数，侧身面对客人。如无旁人，可略做寒暄。如有他人，应主动询问去几楼，并帮忙按下。

到目的地后，一手按"开"，一手做请出的动作，说："到了，您先请！"客人走出电梯后，自己立即步出电梯，在前面引导方向。遵循先下后上的原则。

在商务活动中，按键是晚辈或下属的工作，电梯中也有上位，越靠内侧越是尊贵的位置。

电梯中绝对不可以抽烟，尽量避免交谈，除非电梯中只有两个人。不要打电话、抽烟。人多时不要在电梯中甩头发，以免刮人脸。进出电梯不要拥挤。

▶ 4. 客厅里的引导方法

当客人走入客厅，接待人员用手指示，请客人坐下。看到客人坐下后，才能行点头礼离开。

另外，我们需要注意的是，对于一般客人，引领人员走在前面。如果是重要的客人，单位领导宜亲自出面陪同引导，这意味着对客人的重视和尊重。

(五) 引领手势

规范的手势应该是：手掌自然伸直，掌心略内向上，手指并拢，拇指自然稍稍分开，手腕伸直，使手与小臂呈一直线，肘关节自然弯曲，大小臂的弯曲以 140°为宜。在出手时，要讲究柔美、流畅，做到欲左先右，避免僵硬死板、缺乏韵味。同时配合眼神、表情和其他姿态，使手势更显协调大方。

▶ 1. 横摆式

在表示"请进""请"时常用横摆式，如图 4-1 所示。做法是：五指并拢，手掌自然伸直，手心向上，肘微弯曲，腕低于肘。开始做手势应从腹部之前抬起，以肘为轴向一旁摆出，到腰部并与身体正面成 45°时停止。头部和上身微向伸出手的一侧倾斜。另一只手下垂或背在背后，目视宾客，面带微笑，表现出对宾客的尊重、欢迎。

资料来源：http://www.xuexila.com/liyi/yanxingjuzhi/2629464.html。

图 4-1 横摆式

▶ 2. 双臂横摆式

当来宾较多时，表示"请"可以动作大一些，采用双臂横摆式，如图 4-2 所示。做法是：两臂从身体两侧向前上方抬起，两肘微曲，向两侧摆出。指向前进方向一侧的臂应抬高一些，伸直一些，另一只手稍低一些，也可以双臂向一个方向摆出。

资料来源：http://fanwen.yjbys.com/shouze/291876.html。

图 4-2　双臂横摆式

▶ 3. 斜摆式

请客人落座时，手势应摆向座位的地方，如图 4-3 所示。做法是：手要先从身体的一侧抬起，到高于腰部后，再向下摆去，使大小臂呈一斜线。

资料来源：http://fanwen.yjbys.com/shouze/291876.html。

图 4-3　斜摆式

▶ 4. 直臂式

需要给宾客指方向时，用直臂式，如图 4-4 所示。做法是：手指并拢，掌伸直，曲肘从前抬起，向指引的方向摆去，摆到臂的高度时停止，肘关节基本伸直。注意指引方向时，不可用一个手指，这样显得不礼貌。

（六）会见礼仪

会见前，主人应在门口迎候客人，可以在大楼正门迎候，也可以在会客厅迎候。如果主人不到楼门口迎候，则应由工作人员在大楼门口迎接，引入会客厅。会见结束，主人应送客人至车前或在门口握别，目送客人离去。

项目四 商务接待拜访礼仪

资料来源：http://jpkc.glit.cn/lbly/kj/cp2/02.html。

图 4-4　直臂式

领导人之间的会见，除陪见人和必要的译员、记录员外，其他工作人员在安排就绪后均应退出。谈话过程中，旁人不要随意进出。

安排宾主座次时，主宾坐在主人的右边，译员、记录员安排坐在主人和主宾的后面。其他外宾按礼宾顺序在主宾一侧就座，主方陪见人在主人一侧就座，座位不够时可在后排加座。

三、家庭接待

有客人来访时，主人应提前做好准备。主人的服饰要整洁，家庭布置要干净美观，必要时还需要对孩子做些交代叮嘱，水果点心、烟酒饮料、菜肴等要提前准备好。接待前搞好个人卫生和室内外的清洁卫生，是对客人的尊重。

客人在约定时间到达，主人应提前到门口迎接，不宜在房中静候，最好是夫妇一同前往。

对待客人的来访，主人不能只顾忙自己的，出现把客人晾在一边的现象。若无法奉陪客人交谈，可安排身份相当者代陪或提供报纸杂志，打开电视供客人消遣。总之，家庭接待要本着"亲切、自然"的原则，让客人感觉到温暖自在，营造良好的氛围。

知识拓展

唐朝的接待礼仪

在唐朝的礼仪制度中，有一种是专门为唐朝接待边疆民族使者而设立的礼仪，即所谓"宾礼"。

《新唐书》卷16《礼乐六》载："宾礼，以待四夷之君长与其使者。"就是说该礼是针对"蕃国主"，也就是边疆民族的统治者或其所派使者而设立的，同书又载"若蕃国遣使奉表币，其劳及戎见皆如蕃国主"即言此。这套礼仪包括：迎劳，即唐朝派遣官员至驿馆慰问边疆民族使者；戒建，即唐朝派遣官员通知边疆民族使者接受皇帝接见的日期；封建，即边疆民族使者觐见皇帝；受"蕃国"使表及币；唐朝皇帝设宴款待边疆民族使者等，《通典》卷

131《宾礼九》对这套礼仪制度记载颇详。此外，在史书的记载中可以见到有关唐朝接待边疆民族使者的一些实例和其他一些具体规定。

（一）唐朝派遣使者迎接

唐朝对边疆民族使者的迎接，从史书的记载看，似乎分为两种不同的迎接方式。一是唐朝派遣使者到边疆民族所在地迎接，即迎接使者；一是派遣官吏在边州或京城郊外迎接。诸如贞观十四年（640年）十二月，"高丽长子桓权来朝，遣职方郎中陈大德迎劳于柳城。"贞观二十二年（648年）十二月，新罗国相伊赞干金春秋与王子文王来朝，"帝遣光录卿柳亨持节郊劳之"。圣历二年（699年）十月，吐蕃遣其首领赞婆来朝，"遣羽林飞骑郊外迎之"。开元十九年（731年）八月，吐蕃遣其相论尚他脺来朝，"命鸿胪少卿李琪至界首宣劳，申命中官路次宜慰"。

（二）有关机构接待边疆民族使者

诸如元和五年（810年）五月，吐蕃遣使论思频热来朝请和，并归郑舒矩，路泌之枢，及叔矩男武彦等唐使随从13人。"六月，宰相与吐蕃使语中书令厅，蕃使拜阶下，宰相阶还半礼。"真元四年（788年）十月，"回纥使宰相等率众千余人及其妹骨咄录毗柳公主等凡五十六妇人来迎公主，凡遣人千余，纳聘马三千匹。令朔州及太原分留七百匹，其宰首领皆至分管鸿胪、将作。"

（三）唐朝皇帝接见和赏赐边疆民族使者

诸如贞观二十一年（647年）正月，"铁勒回纥矣利炫等诸姓并同诣阙朝见。皇帝亲箕其俳黄瑞金及票领袍，铁勒目睹而惊骇，以为未尝闻见，捧戴拜谢盘叫于尘埃中。及还蕃，帝御天成殿陈十部乐而遣之。"开元十年（723年）正月，"帝御含元殿受朝贺，是日诸蕃国各献方物"。乾元元年（758年）正月，回纥使多乙亥阿波等80人来朝，"黑衣大食店长闹文等六人并朝见，至阁门争长。通事舍人乃分左右从东西门并入"。至德二年（757年）正月，回纥大首领葛罗志来朝，耻其位在武臣之下，他日皇帝引上殿，赐即慰其意，以遣之。上元元年（760年）九月，"回纥使二十人至延英殿通褐"；同年十月，"回纥使近支伽裴罗等七人与延英殿朝见。"大力八年（773年）四月，渤海遣使来朝，并献方物。回纥使啊德俱裴罗来朝，"引见于石银台门"。新罗遣使贺正，"见于延英殿，并献金银、牛黄、鱼牙绸、朝霞绸等方物"。六月，回纥遣使罗仙阙等来朝，"引见于石银台门。渤海遣使贺正、新罗遣使谢恩，引见于延英殿"等。

（四）唐朝皇帝设宴款待和赏赐边疆民族使者

皇帝对边疆民族使者的赏赐经常见诸史书记载，如贞观十六年十月，"帝宴诸蕃使于两仪殿……宴摆赐帛各有差"。贞观二十二年（648年），回纥菩萨遣使入贡，以破薛延陀有功赐宴内殿。长安元年（701年）六月，突厥默遣大臣移力贪汗人朝献马千匹及方物以谢许和亲，"则天宴之于宿羽亭，太子相王及朝集使三品以上并预会重赐以遣之"。景龙二年（708年）六月，吐蕃使宰相尚钦藏来献方物，"帝御承天门楼，命有司引见，置酒于殿内享之"。

（五）派遣官员送别边疆民族使者

如《册府元龟》卷974《外臣部·煲异一》载：贞观二十二年（648年）十二月，新罗国相伊赞干金春秋与王子文王来朝，"二十三年二月，特近新罗金春秋还国，令三品已上宴饯之，优礼甚备"。

资料来源：李大龙. 唐代使者接待礼仪考[J]. 黑龙江民族丛刊, 2000.

项目实训

本项目实训将模拟商务人员在纷繁复杂的交际中如何拜访他人,怎样接待宾客,日常馈赠礼仪的内涵,如何选择礼品、选择合适的时机赠送等。

一、实训内容

1. 商务人员熟悉如何拜访他人的基本礼仪。
2. 商务人员熟悉如何接待宾客的基本礼仪。
3. 商务人员掌握馈赠礼品的相关礼仪。

二、实训要求

1. 分组模拟在复杂多变的商务场合如何提升个人交际能力。
2. 以书面报告的形式提交"商务人员接待拜访礼仪素质报告"。
3. 模拟商务人员如何熟练运用交际手段与技巧,进行商务接待与拜访的情景。

项目小结

通过任务一的学习,帮助你如何有礼貌地拜访他人,注意拜访中的言行举止。

通过任务二的学习,帮助你熟悉商务接待的具体流程,掌握公务接待、家庭接待的礼仪常识。

案例分析

一次并不成功的拜访

在组建销售队伍时,我请来一位老朋友,他一直在销售同类的产品,我对他寄予厚望。他进入公司后,业绩很不稳定,遇到大订单就可以完成任务,否则就完不成。我决定和他一起去拜访客户,看看到底是怎么回事。我们计划拜访 A 省公路局的赵主任,当我们如约来到客户办公室后,我发现客户的桌子上摆着我们的产品,旁边的机房内堆有不少我们产品的包装箱,而且客户对我们很热情。这些都是很好的兆头。由于我希望观察销售人员是怎么进行销售的,决定尽量让他独自与客户交谈。以下是他们的对话。

"赵主任,我们的产品您用得好吗?"

"不错,我们以前用的都是其他公司的,现在都改用你们的了。"

"对,我们采用按订单生产的模式,每一台都按照客户的要求配置生产,经过测试以后直接交付客户,按照客户的要求上门安装。在整个过程中,质量得到严格的控制和保证。以前我做分销的时候,先从厂家采购大批产品。当客户要的和我们订的标准配置不同时,我们就在市场上抓一些兼容的零件拼装上去。"

"是吗?我一直不知道经销商这样改变配置的。"

"这也不是经销商的问题,他们的经营模式决定他们只能这样做。很多产品故障就是因为经销商在改变配置时,没有佩戴防静电手套造成的。"

"是吗？你们产品的质量确实不错。我们最近要启动全省高速公路的项目，我就建议用你们的。"

"不止质量不错，我们还提供三年上门服务，只需一个电话，如果是硬件问题，我们的工程师会在第二个工作日上门维修。"

"上门服务对我们很重要，我们的收费站分布在全省各地，机器一出问题，他们就打电话给我，我就要派人立即去修，我们的技术人员很辛苦。"

"如果您采购了我们的产品，就不用这么辛苦了。目前我们公司的市场份额已经是全球第一，虽然只有17年的历史，取得这么大的成功是因为我们独特的直销模式，我来给您介绍我们的直销模式吧。"时间过得很快，客户听得津津有味，但客户开会的时间到了。"赵主任，您要去开会了吗？今天谈得很投机，我就不耽误您的时间了，告辞。"

销售人员高高兴兴地离开了客户的办公室，我询问他对这次拜访的体会，他说："很好啊，客户很喜欢我们公司。"

思考：

1. 请分析销售人员的这次拜访成功吗？
2. 如果你是这位销售人员，会如何做这次拜访？

5 项目五
商务宴请礼仪

衣食以厚民生，礼义以养其心。

——许衡

> **学习目标**
> - 掌握中西餐宴请桌次、座次的排序。
> - 熟练掌握西餐餐具的正确使用，了解西餐饮食禁忌。
> - 熟悉社交舞会的基本礼仪规范。
> - 掌握中、西餐宴请赴宴、进餐、离席等环节的礼仪要求。
> - 熟练掌握中餐与西餐、自助餐就餐礼仪的差别。
> - 熟悉茶、酒、咖啡文化。

"夫礼之初，始于饮食。"中华饮食源远流长。在这礼仪之邦，讲究民以食为天的国度里，饮食礼仪自然成为饮食文化的一个重要部分。宴请作为人们社交与联谊的重要形式，在各种政务商务活动中，宴请能拉近人际关系，增进人们之间的交流与情感。要充分利用宴请开展交际活动，就必须了解和掌握宴请的有关礼仪。饮食礼仪因宴席的性质、目的、地区等的不同也千差万别。

任务一　中餐宴请礼仪

任务导入

小王为答谢好友李先生一家，夫妻两人在家设宴。女主人的手艺不错，清蒸鱼、炖排骨、烧鸡翅……李先生一家吃得津津有味。这时，有肉丝钻进了李先生的牙缝。于是，李先生拿起桌上的牙签，当众剔出滞留在牙缝中的肉丝，还将剔出来的肉丝吐在烟灰缸里。

看着烟灰缸里的肉丝，小王夫妇一点胃口也没有。

思考：

1. 李先生不文明行为表现在哪里？
2. 假如你是李先生，你会如何处理？

分析： 餐饮礼仪需要注意个人形象，当众剔牙本来就不雅，而且将牙缝里的残渣丢在公众视线中更加不合适。

一、宴请形式

宴会为正餐，坐下进食，由招待员顺次上菜。宴会有国宴、正式宴会、便宴之分。按举行的时间，又有早宴(早餐)、午宴、晚宴之分。其隆重程度，出席规格以及菜肴的品种与质量等均有区别。一般来说，晚上举行的宴会较之白天举行的更为隆重。

(一) 国宴

国宴是国家元首或政府为招待国宾、其他贵宾或在重要节日为招待各界人士而举行的正式宴会。国宴菜是国家主席或国务院总理等国家领导人为招待外宾，以及以政府的名义招待外国援华人员，以及为国家做出突出贡献人士的菜肴。每年国庆时，国务院总理举行的招待会，都称国宴。

我国的国宴一般都设在人民大会堂和钓鱼台，人民大会堂承担要多一些，这里的宴会厅能同时容纳5 000人。国宴制定的菜谱一般以清淡为主，荤素搭配。基本上固定在四菜一汤，这还是当年周总理定的标准，一直延续至今。

(二) 正式宴会

除不挂国旗、不奏国歌以及出席规格不同外，正式宴会的其余安排大体与国宴相同，有时亦安排乐队奏席间乐。宾主均按身份排位就座。许多国家正式宴会十分讲究排场，在请柬上注明对客人服饰的要求。外国人对宴会服饰比较讲究，往往从服饰规定体现宴会的隆重程度。对餐具、酒水、菜肴道数、陈设，以及服务员的装束、仪态都要求很严格。通常，菜肴包括汤和几道热菜(中餐一般用四道，西餐用两三道)，另有冷盘、甜食、水果。外国宴会餐前上开胃酒，常用的开胃酒有雪莉酒、白葡萄酒、马丁尼酒、金酒加汽水(冰块)、苏格兰威士忌加冰水(苏打水)，另上啤酒、水果汁、番茄汁、矿泉水等。席间佐餐用酒一般多用红、白葡萄酒，很少用烈性酒，尤其是白酒。餐后在休息室上一小杯烈性酒，通常为白兰地。我国在这方面的做法较简单，餐前如有条件，在休息室稍事叙谈，通常上茶和汽水、啤酒等饮料，如无休息室也可直接入席，席间一般用两种酒：甜酒和烈性酒。餐后不再回休息室座谈，亦不再上饭后酒。

(三) 便宴

便宴即非正式宴会，常见的有午宴、晚宴，有时也有早上举行的早餐。这类宴会形式简便，可以不排席位，不做正式讲话，菜肴道数亦可酌减。西方人的午宴有时不上汤，不上烈性酒。便宴较随便、亲切，宜用于日常友好交往。

(四) 家宴

家宴即在家中设便宴招待客人。西方人喜欢采用这种形式，以示亲切友好。家宴往往由主妇亲自下厨烹调，家人共同招待。

（五）招待会

招待会是指各种不备正餐较为灵活的宴请形式，备有食品、酒水饮料，通常都不排席位，可以自由活动。

冷餐会（自助餐）是常见的招待会。这种宴请不排席位，菜肴以冷食为主，也可用热菜，连同餐具陈设在菜桌上，供客人自取。客人可自由活动，可以多次取食。酒水可陈放在桌上，也可由招待员端送。冷餐会在室内或在院子里、花园里举行，可设小桌、椅子，自由入座，也可以不设坐椅，站立进餐。根据主、客双方身份，招待会规格隆重程度可高可低，举办时间一般在中午12时至下午2时、下午5时至7时左右。这种形式常用于官方正式活动，以宴请人数众多的宾客。

我国举行的大型冷餐招待会往往采用大圆桌，设座椅，主宾席排座位，其余各席不固定座位，食品与饮料均事先放置桌上，招待会开始后，自动进餐。

（六）酒会

酒会又称鸡尾酒会。这种招待会形式较活泼，便于广泛接触和交谈。招待品以酒水为主，略备小吃。不设座椅，仅置小桌（或茶几），以便客人随意走动。酒会举行的时间亦较灵活，中午、下午、晚上均可，请柬上往往注明整个活动延续的时间，客人可在其间任何时候到达和退席，来去自由，不受约束。

鸡尾酒是用多种酒配成的混合饮料。酒会上不一定都用鸡尾酒，但通常用的酒类品种较多，并配以各种果汁，不用或少用烈性酒。食品多为三明治、面包托、小香肠、炸春卷等各种小吃，以牙签取食。饮料和食品由招待员用托盘端送，或部分放置小桌上。

近年，国际上举办大型活动多采用酒会的形式。庆祝各种节日、欢迎代表团访问，以及各种开幕、闭幕典礼，文艺、体育招待演出前后往往举行酒会。自1980年起，我国国庆招待会也改用酒会形式。

（七）茶会

茶会是一种简便的招待形式。举行的时间一般在下午4时左右（亦有上午10时举行）。茶会通常设在客厅，不用餐厅。厅内设茶几、座椅，不排席位，但如是为某贵宾举行的活动，入座时，有意识地将主宾同主人安排坐到一起，其他人随意就座。茶会，顾名思义是请客人品茶。因此，茶叶、茶具的选择要有所讲究或具有地方特色，一般用陶瓷器皿，不用玻璃杯，也不用热水瓶代替茶壶。外国人一般用红茶，略备点心和地方风味小吃。亦有不用茶而用咖啡者，其组织安排与茶会相同。

知识拓展

赴宴礼仪知多少

作为被邀请的宾客，应注意以下礼仪。

（一）应邀

1. 接到宴会邀请，无论是请柬还是邀请信，都要对能否出席尽早答复对方，以便主人安排。一般来说，对注有"请答复"字样的，无论出席与否，均应迅速答复。注有"不能出席请回复"字样的，应在不能出席时给予回复，但也应及时回复。经口头约妥再发来的请柬，上面一般注有备忘字样，只起提醒作用，可不必答复。答复对方，可打电话或复以便函。

2. 在接受邀请之后，不要随意改动。万一遇到特殊情况不能出席，尤其是主宾，应尽早向主人解释、道歉，甚至亲自登门表示歉意。

3. 应邀出席一项活动之前，要核实宴请的主人、活动举办的时间地点、是否邀请了配偶以及主人对服装的要求。活动多时尤应注意，以免走错地方，或主人未请配偶却双双出席。

4. 出席宴请活动，抵达时间迟早、逗留时间长短，在一定程度上反映了对主人的尊重程度，应根据活动的性质和当地的习惯掌握。迟到、早退、逗留时间过短都是失礼或有意冷落的表现。身份高者可略晚到达，一般客人宜略早到达，主宾退席后再陆续告辞。出席宴会，根据各地习惯，应正点或晚一两分钟抵达，在我国应正点或提前两三分钟或按主人的要求到达。出席酒会，应在请柬上注明的时间到达。确实有事需提前退席，应向主人说明后悄悄离去，也可事前打招呼，届时离席。

（二）抵达

抵达宴请地点，先到衣帽间脱下大衣和帽子，然后前往主人迎宾处，主动向主人问好，如是节庆活动，应表示祝贺。

（三）赠花

参加别国的庆祝活动，可以按当地习惯以及两国关系，赠送花束或花篮。参加家庭宴会，可酌情给女主人赠一束鲜花或送一瓶红酒。

（四）入座

应邀出席宴请活动，应听从主人安排。参加宴会，在进入宴会厅之前，先了解自己的桌次和座位，入座时注意桌上座位卡是否写着自己的名字，不要随意乱坐。如邻座是年长者或妇女，应主动帮助他们先坐下。

（五）进餐

入座后，主人招呼，即开始进餐。

1. 取菜时，不要盛得过多。盘中食物吃完后，如不够，可以再取。如由招待员分菜，需增添时，待招待员送上时再取。如果本人不能吃或不爱吃的菜肴，当招待员上菜或主人夹菜时，不要拒绝，可取少量放在盘内，并表示"谢谢，够了"。对不合口味的菜，勿显露出难堪的表情。

2. 吃东西要文雅。闭嘴咀嚼，喝汤不要啜，吃东西不要发出声音。如汤、菜太热，可稍待凉后再吃，切勿用嘴吹。鱼刺、骨头不要直接外吐，用餐巾掩嘴，用手（吃中餐可用筷子）取出，或轻轻吐在叉上，放在菜盘内。

3. 吃剩的菜、用过的餐具和牙签，都应放在盘内，勿置桌上。

4. 嘴内有食物时，切勿说话。

5. 剔牙时，用手或餐巾遮口。

（六）交谈

无论主人、陪客或宾客，都应与同桌的人交谈，特别是左右邻座。不要只同几个熟人或一两个人说话。邻座如不相识，可先自我介绍。

（七）祝酒

作为主宾参加宴请，应了解对方的祝酒习惯，即为何人祝酒、何时祝酒等，以便做必要的准备。

1. 碰杯时，主人和主宾先碰，人多时可同时举杯示意，不一定碰杯。

2. 祝酒时注意不要交叉碰杯。

3. 在主人和主宾致辞、祝酒时，应暂停进餐，停止交谈，注意倾听，也不要借此机会抽烟。

4. 涉外宴请，奏国歌时应肃立。

5. 主人和主宾讲完话与贵宾席人员碰杯后，往往到其他各桌敬酒，遇此情况应起立举杯。

6. 碰杯时，要目视对方致意。

7. 宴会上相互敬酒是为了表示友好、活跃气氛，但切记喝酒过量。喝酒过量容易失言，甚至失态，因此必须把酒量控制在本人酒量的三分之一以内。

（八）宽衣

在社交场合，无论天气如何炎热，都不能当众解开纽扣脱下衣服。小型便宴，如主人请客人宽衣，男宾可脱下外衣搭在椅背上。

（九）喝茶（咖啡）

喝茶、喝咖啡，如加牛奶、白糖，可自取加入杯中，用小茶匙搅拌后，茶匙仍放回小碟内，通常牛奶、白糖均用单独器皿盛放。喝时右手拿杯把，左手端小碟。

（十）水果

吃梨、苹果，不要整个拿着咬，应先用水果刀切成四瓣或六瓣，再用刀去皮、核，然后用手拿着吃，削皮时刀口朝内，从外往里削。如西瓜、菠萝等，通常都去皮切成块，吃时可用水果叉取食。

（十一）纪念物品

有的主人为每位出席者备有小纪念品或一朵鲜花。宴会结束时，主人招呼客人带上。此时，可说一两句赞扬小礼品的话，但不必郑重表示感谢。除主人特别示意作为纪念品的东西外，各种招待用品，包括糖果、水果等，都不要拿走。

（十二）致谢

有时在出席私人宴请活动之后，往往致以便函或名片表示感谢。

（十三）冷餐会、酒会取菜

冷餐会、酒会中招待员上菜时，不要抢着去取，待送至本人面前再拿。周围的人未拿到第一份时，自己不要急于去取第二份。勿围在菜桌旁边，取完即退开，以便让别人去取。

（十四）遇到意外情况

宴会进行中，由于不慎发生异常情况，例如用力过猛，使刀叉撞击盘子，发出声响，或餐具摔落地上，或打翻酒水等，应沉着不必着急。餐具碰出声音，可轻轻向邻座或主人说一声"对不起"。餐具掉落可由招待员另送一套。酒水打翻溅到邻座身上，应表示歉意，协助擦干；如对方是女士，只要把干净的餐巾或手帕递上即可，由她自己擦干。

二、中餐餐具

中国人传统进餐过程中是非常注重礼仪的。文献记载表明，最迟在周代，我们国家的饮食礼仪已初具大型，自成体系。这些礼仪日臻成熟与完善，它们在古代社会发挥过重要的作用，对现代社会仍然产生着影响，成为文明时代的重要行为规范。

中餐的餐具相较于西餐比较简单，但是使用起来也不可忽视一些礼仪细节。

筷子是中餐最主要的餐具，几乎是所有中国人必不可少的餐具之一。使用筷子时，有用筷八忌。

一忌半途筷：夹住一种菜肴后感到不如意，放下来去夹另一种；

二忌游动筷：在菜碗时乱挑乱翻，犹豫不定；

三忌刺筷（也称插筷）：拿筷子当叉子用；

四忌签筷（也称剔筷）：拿筷子剔牙；

五忌泪筷：让筷子头上的卤汁在持筷途中滴个不停；

六忌吮筷（也称舔筷）：用嘴吮筷上的卤汗或饭粒；

七忌跨筷：当别人在夹菜时，自己拿筷子跨过别人的筷子去夹菜；

八忌窥筷（也称迷筷）：手握筷子感觉无从下手，目光在餐桌上瞄来瞄去四下"侦察"。

勺子的主要作用是舀取菜肴、食物。使用勺子取食时，不要过满，或者可以在原处停留片刻免得溢出来弄脏餐桌或自己的衣服。暂时不用时应放在自己的碟子上，不要把它直接放在餐桌上。如果取用的食物太烫，不宜用嘴对着吹，可以先舀回放到自己的碗里，等放凉以后再吃，避免反复吮吸舔食勺子。

食碟的主要作用是用来暂放从公用的菜盘里取来享用的菜肴。用食碟时，一次不要取放过多的菜肴，不吃的残渣，如骨、刺等不要吐在地上或桌上，而应轻轻放在食碟前端，放的时候不能直接从嘴里吐在食碟上，要用筷子夹放到碟边。如果食碟放满了，可以让服务员换一个。

碗主要是用来盛放食物、羹汤的，不宜双手端起碗来进食，不宜向碗里乱扔废弃物，也不宜将碗倒扣在桌上。

三、中餐桌次

在宴会上，倘若所设餐桌不止一桌，必须正式排列桌次。排列桌次时，要注意以下三点，如图 5-1 所示。

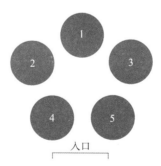

图 5-1 排列桌次

（1）以右为上。即右手边餐桌位次高于左手边餐桌位。

（2）以远为上。当餐桌距离餐厅正门有远近之分时，通常以距门远者为上。

（3）居中为上。各桌围绕在一起时，居于中间的为主桌。

在大多数情况下，以上桌次排次的常规往往是交叉使用的。餐桌的具体摆放还应依宴会厅的地形条件而定。各类宴会餐桌摆放与座位安排都要整齐统一，给人以整体美感。

四、中餐座次

在宴会上，座次具体是指同一张餐桌上席位的高低。中餐宴会上席次的安排要注意如下。

（1）面门为主。即主人之位应当面对餐厅正门。有两位主人时，双方则可对面而坐，一人面正，一人背门。

（2）右高左低。即主位右侧的位次高于左侧的位次。

（3）好事成双。根据传统习俗，凡吉庆宴会，每张餐桌上就座之人应为双数。

（4）各桌同向。通常，宴会上的每张餐桌上的排位均大体相似。

（5）观景为佳。在一些高档餐厅就餐时，外面有比较好的景致或演出，供就餐者观赏。此时应以观景角度最佳为上座。在某些中低档餐馆用餐时，通常以靠墙的位置为上座，靠过道的位置为下座。

如夫人出席，通常与女方排在一起，即主宾坐在男主人右上方，其夫人坐在女主人右上方。

知识拓展

中西餐文化比较

随着我国改革开放的深入，外事活动空前活跃起来。中华民族是一个热情好客的民族，所以餐桌也就成为外事活动中的一个重要舞台。中国是一个礼仪之邦，如何在餐桌上体现礼仪之邦的风范，值得认真探讨。

（一）餐桌礼仪所采用的跨文化传通总体原则

跨文化的传通（传播与沟通）要从某一文化情境中进行，由此形成对某一文化相对有利或不有利的情况。在本族跨文化情境中的跨文化传通对于其交际者而言乃是"主文化"（host culture），相反则是"客文化"（guest culture）。一般来说，作为主文化一方在跨文化传通中往往居于有利地位，即客随主便，但在主文化较弱而客文化较强的特殊环境下，则会产生相反的交际效果，即反客为主。

中国文化无论是从历史角度还是从经济角度上来讲，都是一种有着重要国际地位和深远影响力的文化。所以在中国国内的外国友人，一般会对中国文化充满好奇，由此产生更多的客随主便的情况。但同时国人的谦让传统，十分照顾来客的家乡文化，于是，餐桌变成了以中国文化为主，主客文化交替表演的舞台。

（二）中外座次思想的异同及其在座次安排中的运用

1. 中西方不同的座次观念

在中国的大部分地方，国人对座次有着较强的观念。身份不同、地方不同的人是有明确规定的。现在，中国的大型餐桌多为圆形，主陪坐在面对门的位置，以便招待到来的客人。主陪的对面是副主陪的位置，负责帮助主陪招待客人。主陪的左右两边分别是第二客人和第一客人的位置。副主陪左右两边分别是第四客人和第三客人的位置。有时为了使客人吃喝尽兴，会在第一客人的右边安排第三主陪。熟谙中国餐桌文化的人会通过对自己角色的衡量，可以熟练确定应当属于自己的座次，因为他有很强的级别意识和尊老爱幼的观念等传统国文化指导。

由于受人人平等，天赋人权观念的长期熏陶，西方人的上下级观念较为薄弱，加上对个人主义的推崇和餐桌形状（西方的餐桌一般为长方形）的影响，座次安排较为灵活。只有在非常传统的家庭中，可能会这样进行安排：主人夫妇坐两端，客人一般坐两边。面对门的离门最远的位置是女主人的，与之相对的是男主人的座位。女主人右边的座位是第一宾席，一般是先生；男主人右边的座位是第二主宾席，一般是主宾的夫人；女主人左边的座位是第三主宾席，男主人的左边是第四主宾席。所以，在西方家庭宴会的安排中，夫妻的座位是分开的，这与我国的安排不一样。但是，外事就餐一般属于公务活动，在西方商务餐桌礼仪中，一般是采取比较灵活的座次。西方人对客人的尊敬主要体现在把客人安排在方便观看风景的座位上和男士帮助女士入座的细节之中。

2. 外事餐桌座的安排

在作为主体文化的中国文化中对安排座次有较多规则的情况下，可以采取"客随主便"的策略，按中国的座次方法安排座次。但是为了弱化等级关系和方便外国客人入座，可以把事先打印好的桌签放在相应的座位上。若客人较多，可以分开多使用几张桌子，但是为了方便客人之间及客人与主人之间的交流，我们应尽量把同级别、有共同语言的客人安排在一张桌子上，并根据需要配备翻译人员。若用餐双方级别不是很高且非重大政治场合，主人可以安排翻译人员就座用餐，这样做会使气氛更加轻松一些。

（三）点餐中的文化及点餐的方法

我们点餐时应首先考虑以下问题：客人对食物方面有什么禁忌；客人喜欢吃什么；客人没有吃过什么，会不会对当地的食物产生兴趣。对于食物的禁忌，大多是由其信奉的宗教决定的，这个必须得事先进行了解。因为若是点了客人宗教所禁忌的食物，会是一个非常不尊敬客人的表现。但是对于非宗教原因而来的食物禁忌也需要进行考虑，如对方是不是素食主义者，是不是由于身体和感情原因而不能吃某种食物等。但是，客人对主人的食物可能知之甚少，所以，主人在询问时，可以以询问客人不吃或不爱吃什么食物为切入点，然后发挥主体文化优势，为客人推荐几种菜品。然而，中国的菜名往往是写意型的，有着丰富的文化内涵，如佛跳墙、龙凤斗等，主人应告诉客人菜品的主要材料和作料，以方便外宾决定是否食用。同时，在菜点完了以后，勿忘提醒饭店方做菜时少放些味精，因为有较多的西方人对味精过敏，会出现头疼或全身乏力的症状。最后，再要求饭店为每个菜边上放置一副公筷或公勺，便于主人为客人夹菜之用。如果主人要按照中国礼仪为客人夹菜，使用公筷或公勺是比较合适的，因为在西方文化中，拿接触过自己嘴唇的餐具为别人夹菜是被认为是不卫生的行为。

（四）敬酒中的文化及敬酒的方式

1. 西方不同的饮酒文化

在中国，饮酒时喝得越多，越被认为饮酒者有更大的能力和更多的诚意。所以，在中国，若一个人（特别是男士）对于别人所敬之酒推推搡搡，会被理解为没有男子汉气概或者不实在，于是，中国人喝酒还是比较凶的，讲究要达到"一醉方休"的境界。在崇尚集体主义的中国，为了使大家尽兴，往往会出现不能喝的人勉强多喝而醉酒的情况或者主方成员集体灌客人喝酒的情况。而在西方，酒是一种高雅的社交工具，讲究要细品慢酌。同时，在崇尚个性主义的西方，喝酒是个人自己的事情，一个人能喝多少由自己掌握，一般不会出现灌别人喝酒的情况。

2. 酒点到为止，勿强人所难

在进餐中，若客人不能饮酒，可用客人喜欢的饮料代替。首先敬酒可以按照中国的习惯，由主陪开始，并配以适当的祝酒词，但勿强求客人一饮而尽，而应充分尊重客人自己保持的饮酒节奏。主人敬酒之后，可以按照我国的敬酒次序来进行，但是也不能要求客人喝多少。同时，如果中间出现了客人要敬酒的情况，主人应全力支持，但也不必每饮必干，要量力而行。外事规章制度中，对于外事人员的饮酒额度有具体规定，中方人员要认真遵守，切不可因为贪酒而出丑。

如果所选饮用的酒是红酒的话，即可采用"主随客便"的策略，按照西方的饮用红酒的文化进行，因为红酒文化就是由西方传来的，对于在中国饮用红酒，西方人有着本质的主体文化优势。这要求主人对于客人的文化要有充分了解，以在外事场合中收放自如。

跨文化传统中，参与各方都应尊重其他各方的文化和传统。在餐桌礼仪上，主方应充分发挥自己的文化特长，在尊重客人文化传统的基础上，在安排座次、点餐和敬酒各个方面尊重客体文化，并善于给客体文化一个施展的舞台，使跨文化传统顺利高效地进行。

任务二 西餐宴请礼仪

任务导入

宴请上的失误

王先生是国内一家大型外贸公司的总经理，为一批机械设备的出口事宜，携秘书韩小姐一行赴伊朗参加最后的商务洽谈。王先生一行在抵达伊朗的当天下午就到交易方的公司进行拜访，然后正巧遇上他们的祷告时间。主人示意他们稍做等候再进行会谈，以办事效率高而闻名的王先生对这样的安排表示出不满。东道主为表示对王先生一行的欢迎，特意举行了欢迎晚会。秘书韩小姐希望以自己简洁、脱俗的服饰向众人展示中国妇女的精明、能干、美丽、大方。她上穿白色无袖紧身上衣，下穿蓝色短裙，在众人略显异样的眼光中步入会场。为表示敬意，主人向每一位中国来宾递上饮料，当习惯使用左手的韩小姐很自然地伸出左手接饮料时，主人立即改变了神色，并很不礼貌地将饮料放在了餐桌上。令王先生一行不解的是，在接下来的会谈中，一向很有合作诚意的东道主没有再和他们进行任何实质性的会谈。

思考： 王先生此行参加宴会的失误在哪里？我们从中应该吸取哪些经验？

分析： 通过案例我们看出王先生和他的秘书这次会谈是很不成功的，因为他们不了解伊朗的禁忌，伊朗是信奉伊斯兰教，伊斯兰教教规要求每天做五次祷告，祷告时工作暂停，这时客人绝不可打断他们的祈祷或表示不耐烦。王先生对推迟会晤表示不满，显然是不了解阿拉伯国家的这一商务习俗。伊朗人的着装比较保守，特别是妇女，一般情况下会用一大块黑布将自己包裹得严严实实，只将双眼露在外面，即便是外国妇女也不可以穿太暴露的服装。韩小姐的无袖紧身上衣和短裙，都是伊朗人所不能接受的。在伊朗左手被视为不洁之手，一般用于洁身之用，用左手递接物品或行礼被公认为是一种蓄意侮辱别人的行为。

目前西餐进入我们的生活是越来越广泛了，许多人吃西餐是喜欢那种格调，还有一些是业务的需要。因为西餐并不是我们就餐的传统方式，所以关于西餐的礼节很多人并不是太清楚。西餐其实在西方国家还是有些差异的，比如美式吃法和英式吃法就有不少相异之处。另外，在其他一些西方国家也不是绝对按照某一种固定的模式的。但正宗的西餐礼节还是来源于欧洲，而像澳大利亚、美国、非洲、南美洲、东南亚等国家和地区要么是从欧洲迁移过去的，要么曾经受到过欧洲国家的长期占住，所以基本上西餐礼仪还是以欧式为主，只是在各国发生了一些变化而已。

除了在正式的场合，平常西方人家庭或朋友聚会上也不一定会有那么严格的礼仪限制，但基本的行为规范还是比较普及的。

一、西餐宴请6M原则

（一）第一个M（menu，菜单）

走进西餐馆，服务员先领客人入座，客人坐稳，首先送上来的便是菜单。菜单被视为餐馆的门面，老板也一向重视，用最好的面料做菜单的封面，有的甚至用软羊皮打上各种美丽的花纹。在这里称为"菜单"似有不妥，应称之为"菜谱"。

一般来讲，在国内外西餐馆吃饭，如果点以店名称命名的菜式，往往点的菜又好吃又便宜，因为无论哪个餐厅都不会拿自己的店名开玩笑。中国人吃饭有时不看菜单，这在西方人很难理解。在法国，就连总统吃西餐也得看菜单点菜。因为看菜单、点菜已成了吃西餐的一个必不可少的程序，是一种生活方式。

（二）第二个M（music，音乐）

豪华高级的西餐厅要有乐队，演奏一些柔和的乐曲，一般的小西餐厅也播放一些美妙的乐曲。但是这里最讲究的是乐声的"可闻度"，即声音要达到"似听到又听不到的程度"，就是说，要集中精力和友人谈话就听不到，要想休息放松一下就听得到，这个火候要掌握好。

（三）第三个M（mood，气氛）

西餐讲究环境雅致，气氛和谐。一定要有音乐相伴，有洁白的桌布，有鲜花摆放，所有餐具一定洁净。如遇晚餐，要灯光暗淡，桌上要有红色蜡烛，营造一种浪漫、迷人、淡雅的气氛。

（四）第四个M（meeting，会面）

也就是说和谁一起吃西餐，这要有选择的，一定要是亲朋好友，趣味相投的人。吃西餐主要为联络感情，很少在西餐桌上谈生意，所以西餐厅内，少有面红耳赤的场面出现。

（五）第五个M（manner，礼俗）

接下来会有对西餐礼节的详细描述。

（六）第六个M（meal，食品）

一位美国美食家朋友曾这样说："日本人用眼睛吃饭，料理的形式很美，吃西餐，是用鼻子的，所以我们鼻子很大；只有你们伟大的中国人才懂得用舌头吃饭。"中餐以"味"为核心，西餐是以营养为核心。

二、西餐餐前礼仪

在欧洲，人们非常重视西餐礼节，吃西餐在很大程度上讲是在吃情调。用餐时酒、菜的搭配，餐具的得体使用，优雅的进食，调整和放松的心态等都是进行美食的先修课。

在西方去饭店吃饭一般都要事先预约，在预约时，有些要特别注意说清楚：首先要说明人数和时间；其次要表明是否要吸烟区或视野良好的座位。如果是生日或其他特别的日子，可以告知宴会的目的和预算。在预定时间到达是基本的礼貌，有急事时要提前通知，取消订位一定要道歉。

参加宴会之前要精心装扮一番，以整洁大方的外表给人留下良好的印象。上餐厅吃饭时穿着得体是欧美人的常识，去高档的西餐厅时，男士要穿着整洁；女士要穿晚礼服或套装，同时还须化妆。

若是私人餐会，入座时应以女士优先；而公事餐会时，则应让上司或长辈先入座。入座时必须从左侧入座。就餐时身体要端正，手肘不要放在桌面上，不可跷足，与餐桌的距离以使用餐具为佳。餐台上已摆好的餐具不要随意摆弄。餐巾应对折轻轻放在膝上。

三、西餐餐具的使用

刀、叉又分为肉类用、鱼类用、前菜用、甜点用，而汤匙除了前菜用、汤用、咖啡用、茶用之外，还有调味料用汤匙，如图 5-2 所示。在宴会中，每吃一道菜用一副刀叉。摆在面前的刀叉，是从外侧依次向内取用，因为刀叉摆放的顺序正是每道菜上桌的顺序。刀叉用完了，上菜也结束了。

图 5-2　西餐餐具

使用刀叉进餐时，右手用刀，左手用叉。切东西时左手拿叉按住食物，右手执刀将其锯切成小块，然后用叉子送入口中。使用刀时，刀刃不可向外。

切菜时，注意不要用力过猛以致撞击盘子而发出声音。中途放下刀叉，应将刀叉呈"八"字形分别放在盘子上。如果把刀叉放在一起，表示用餐完毕。与他人谈话时，可以不放下刀叉，但不可拿着刀叉在空中摇晃手舞足蹈。用餐时，不要一手拿餐巾擦嘴；也不可一手拿酒杯，另一只手拿叉菜。任何时候，都不可将刀叉的一端放在盘上，另一端放在桌上。

取餐巾是为用餐时防止衣服弄脏而准备的。一般点完餐后再打开，对折后放置于膝上。最好不要把餐巾塞入领口。可用餐巾的一角擦去嘴上或手指上的油渍，但决不可用餐巾擦拭餐具。暂时离开或吃完离席后，不宜把餐巾挂在椅背上，或是揉成一团放在桌子上。用餐完毕要站起来，首先要将腿上的餐巾拿起，随意叠好，再把餐巾放在餐桌的左侧然后起身离座。

四、西餐就餐礼仪

就餐时，应等全体客人面前都上完菜，在女主人示意后用餐才开始。

吃东西要文雅。闭嘴咀嚼，喝汤不要啜，吃东西不要发出声音。如汤、菜太热，可待凉后再吃，切勿用嘴吹。喝时用汤勺从里向外舀。

嘴里的鱼刺、骨头不要直接外吐，用餐巾掩嘴轻轻吐在叉上，放在餐盘内。面包一般掰成小块送入口中，不要拿着整块面包去咬。抹黄油或果酱时也要先将面包掰成小块再抹。

吃鸡时，欧美人多以鸡脯肉为贵。吃鸡腿时应先用力将骨去掉，不要用手拿着吃。吃鱼时不要将鱼翻身，吃完上层后用刀叉将鱼骨剔掉再吃下层吃肉，要切一块吃一块，不能切的过大，或一次将肉都切成块。

如果不知道该不该用手拿着吃，就跟着主人做。记住：食物用浅盘上来时，吃前先放入自己的盘子内。可以用手拿着吃的食物有带芯的玉米、肋骨、带壳的蛤蚌和牡蛎、龙虾、三明治、干蛋糕、小甜饼、某些水果，以及脆熏肉、蛙腿、鸡翅和排骨（非正式场合）、土豆条或炸薯片、小萝卜、橄榄和芹菜等。进餐时，始终保持沉默是不礼貌的，应该同身边的人有所交谈。但是在咀嚼食物时不要讲话，即使有人同你讲话，也应咽下口中食物后再回答。

宴会进行时，如果不慎发生异常情况，例如用力过猛，使刀叉撞击盘子，发出声响，或餐具摔落在地上，或打翻酒水等，应沉着不必着急。餐具碰出声音，可轻轻向邻座（或主人）说一声"对不起"。餐具掉落可由招待员再拿一副。酒水打翻溅到邻座身上，应表示歉意，协助擦干。如对方是女士，只要把干净餐巾或手帕递上即可，由她自己擦干。

另外，不要在餐桌前擤鼻涕或者打嗝。在饭桌上不要剔牙，若确有需要，须用手或餐巾遮口。吃剩的菜，用过的餐具、牙签，都要放在盘内，勿置桌上。用餐完毕，客人应等女主人从座位上站起后，再一起随着离席。在进餐中或宴会结束前离席都不礼貌。起立后，男宾应帮助女士把椅子归回原处。

图 5-3　长桌

五、西餐座次安排

在用西餐，人们所用的餐桌有长桌、方桌和圆桌。有时，还会将之拼成其他各种图案。不过，最常见、最正规的西餐桌当属长桌（见图5-3）。以长桌排位，一般有两个方法。一是男女主人在长桌中央对面而坐，餐桌两端可以坐人，也可以不坐人；二是男女主人分别就座于长桌两端。某些时候，如用餐者人数较多时，还可以参照以上办法，用长桌拼成其他图案，以便安排大家一道用餐。

西餐宴会上席次安排的具体规则如图5-4和图5-5所示。

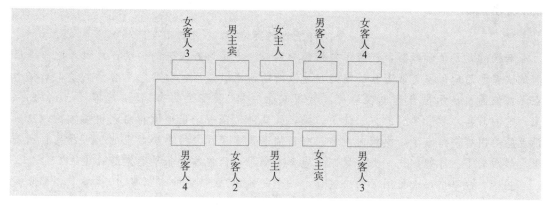

图5-4　西餐宴会上的席次安排之一

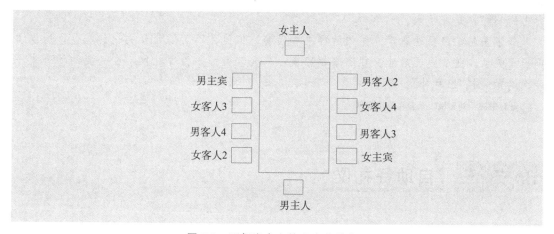

图5-5　西餐宴会上的席次安排之二

（1）恭敬主宾。在西餐中，主宾极受尊重。即使用餐的来宾中有人在地位、身份、年纪方面高于主宾，但主宾仍是主人关注的中心。在排定位次时，应请男、女主宾分别靠着女主人和男主人就座，以便进一步受到照顾。

（2）女士优先。在西餐礼仪里，女士处处备受尊重。在排定用餐位次时，主位一般应请女主人就座，而男主人则须退居第二主位。

（3）以右为尊。在排定位次时，以右为尊依旧是基本指针。如应安排男主宾坐在女主人右侧，女主宾坐在男主人右侧。

（4）面门为上。即面对餐厅正门的位子，通常在序列上高于背对餐厅正门的位子。

（5）距离定位。一般来说，西餐桌上位次的尊卑，往往与其距离诸位的远近密切相关。在通常情况下，离主位近的位子高于距主位远的位子。

（6）交叉排列。西方人喜欢结交朋友，并视之为一种能力。所以西方人就餐与中国人不一样,中国人喜欢扎堆,认识的人或关系好的人往往坐在一起,而西方人把吃饭当成认识新朋友的机会,所以在就餐中规定男女要分开坐,认识的人也要分开坐。男主人和女主人一般分隔在距离最远的桌头和桌尾。男主人的右侧是第一女主宾,左侧是第二女主宾。女主人的右侧是第一男主宾,左侧是第二男主宾。

知识拓展

洋媳妇的宴请

老张的儿子留学归国,还带了位洋媳妇回来。为了讨好未来的公公,这位洋媳妇一回国就诚惶诚恐地张罗着请老张一家到当地最好的四星级饭店吃西餐。用餐开始了,老张为在洋媳妇面前显示出自己也很讲究,就用桌上一块"很精致的布"仔细地擦了自己的刀、叉。吃的时候,学着他们的样子使用刀叉,既费劲又辛苦,但他觉得自己挺得体的,总算没丢脸。用餐快结束了,吃饭时习惯了喝汤的老张盛了几勺精致小盆里的"汤"放到自己碗里,然后喝下。洋媳妇先一愣,紧跟着也盛着喝了,而他的儿子早已是满脸通红。

在这个故事中,老张闹了两个笑话,一个是他用"很精致的布"(餐巾)擦餐具,那只是用来擦嘴或手的,不能用来擦脸或是餐具,用餐巾来擦餐具是很不礼貌的;二是"精致小盆里的汤"是洗手的,而不是喝的。西餐里的汤是在主菜之前上,而案例中在用餐快结束时上的"汤",是洗手水。

老张虽然已经很注意学儿媳妇的样来吃西餐,但他并不了解西餐文化和礼仪,所以才闹出了笑话。随着我国对外交往越来越频繁,只有掌握一些西餐礼仪,在必要的场合才不会像老张一样"出意外"。

资料来源:刘奕敏. 西餐礼仪小案例.

任务三 自助餐礼仪

任务导入

刘小姐、张先生在一家自助餐厅就餐,张先生拿了几大盘海鲜,刘小姐则点了烤羊排,两人的话匣子也打开了,小张边听刘小姐聊起童年往事,一边吃着海鲜,心情愉快极了,正在陶醉的当口,他发现有根鱼骨头塞在牙缝中非常不舒服。张先生心想,用手去掏太不雅了,所以就用舌头舔,舔也舔不出来,还发出啧啧喳喳的声音,好不容易将它舔吐出来,就随手放在餐巾上。之后他在吃虾时又在餐巾上吐了几口虾壳。刘小姐对这些不太计较,可这时男士想打喷嚏,拉起餐巾遮嘴,用力打了一声喷嚏,餐巾上的鱼刺、虾壳随着风势飞出去,其中的一些正好飞落在刘小姐的烤羊排上,这下刘小姐有些不高兴了。接下来,刘小姐话也少了许多,饭也没怎么吃。

思考:请指出本案例中张先生的失礼之处。

分析:自助餐形式比较散漫自然,但就餐过程中也要注意个人形象,不能当众出现不雅动作,更不能做出一些幅度太大的举止。

一、自助餐礼仪

在欧美国家,最常规的叫法是冷餐,因其提供的食物以冷食为主,只适量地提供一些热菜,或是提供一些半成品由用餐者自己进行加工。

冷餐会是目前国际上所通行的一种非正式的西式宴会,在大型的商务活动中尤为多见。它的具体做法是,不预备正餐,就由就餐者在用餐时自由选择食物、饮料,然后或立或坐,自由地与他人在一起或是独自一人用餐。若其以鸡尾酒为主角,又称为鸡尾酒会。其基本特点就是不排座次,不讲上菜的次序,大家在现场自由地取菜。

自助餐有明显的好处:其一,可以避免座次;其二,可以节省费用;其三,可以各取所需;其四,可以招待多人。

参加自助餐会需要到自助餐厅就餐,其礼规与西餐宴会有所不同,要注意以下几点。

(1) 形象自然。赴自助餐宴时,无须穿晚礼服、旗袍或西服革履,只要干净整洁就行了,没必要刻意地修饰。

(2) 排队取菜,轮到自己取菜时,应以公用的餐具将食物装入自己的食盘之内,然后即应迅速离去。切勿在众多的食物面前犹豫再三,让身后的人久等。

(3) 循序取菜。吃自助餐时,比较科学的进食顺序是:冷菜、汤、热菜、点心、甜品和水果。因此在取菜时,最好先在全场转上一圈,了解一下情况,然后再去取菜。

(4) 量力而行。在享用食物时,多吃是允许的,而浪费则绝对不允许。"多次少取"是自助餐中最重要的原则之一。

(5) 送回餐具。在自助餐上强调自助,不但要求就餐者取用菜肴时以自主为主,而且还要求其善始善终。在用餐结束之后,要自觉地将餐具送至指定位置。

(6) 照顾他人,在参加自助餐时,除了对自己用餐时的举止表现要严加约束之外,还需与他人和睦相处,多加照顾,积极交际。一般来说,参加自助餐时,商务人员必须明确,吃东西往往属于次要之事,而与其他人进行适当的交际活动才是自己最重要的任务。

课堂讨论:周小姐有一次代表公司出席一家外国商社的周年庆典活动。正式的庆典活动结束后,那家外国商社为全体来宾安排了丰盛的自助餐。尽管在此之前周小姐并未用过正式的自助餐,但是她在用餐开始之后发现其他用餐者的表现非常随意,便也就"照葫芦画瓢",像别人一样放松自己。让周小姐开心的是,她在餐台上排队取菜时,竟然见到自己平时最爱吃的北极甜虾,于是,她毫不客气地替自己满满地盛了一大盘。当时她的主要想法是:这东西虽然好吃,可也不便再三再四地来取,否则旁人就会嘲笑自己没见过什么世面了。再说,它这么好吃,这会不多盛一些,保不准一会儿就没有了。

然而令周小姐脸红的是,她端着盛满了北极甜虾的盘子从餐台边上离去时,周围的人居然个个都用异样的眼神盯着她。有一位同伴还用鄙夷的语气小声说道:"真给中国人丢脸呀!"事后一经打听,周小姐才知道,自己当时的行为是有违自助餐礼仪的。

思考:请问周小姐错在哪儿?

二、自助餐主办方礼仪规范

自助餐的主办者在筹办自助餐时,要注意以下几点。

（一）备餐的时间

在商务交往中，依照惯例，自助餐大都被安排在各种正式的商务活动之后，作为其附属的环节之一，而极少独立出来，单独成为一项活动。其具体的举行时间受到正式的商务活动的限制，但一般不予正式限定，且很少被安排在夜间举行。

（二）就餐的地点

自助餐的就餐地点，既要能容下所有的就餐之人，又要能为其提供足够的交际空间。通常，它大多选择在主办单位所拥有的大型餐厅、露天花园之内进行。有时亦可外租、外借与此相类似的场地。

（三）食物的准备

在自助餐上，为就餐者提供的食物既有共性，又有个性。为了便于就餐，以提供冷食为主。为了满足就餐者的不同口味，应当尽可能地使食物在品种上丰富而多彩。具体来讲，一般的自助餐上所供应的菜肴大致应该包括冷菜、汤、热菜、点心、甜品、水果以及酒水等几大类型。在不同的时间或是款待不同的客人时，食物可在具体品种安排上有所侧重。为了方便就餐者进行选择，同一类型的食物应被集中在一处摆放。另可酌情安排一些时令菜肴或特色菜肴。

（四）客人的招待

在自助餐会进行过程中，不能自顾自地就餐。特别是主人，招待好客人是自助餐主办者的责任和义务。

知识拓展

自助餐的小故事

20世纪80年代末，那时自助餐只在少数星级宾馆里招待外宾或港澳台同胞，一般大陆公民绝少光顾甚至压根儿不知道自助餐这个词。大约是1989年的一天，我在家接到台湾《小鹰日报》主编蔡先生的电话，《小鹰日报》日前开始连载我的作品。这次主编趁来北京的机会，要会会作者，增进感情，期望双方进一步合作。住在台湾饭店的蔡先生约我次日到台湾饭店对面的一家五星级饭店一边共进早餐一边谈买卖著作权事宜。

次日清晨，当我和蔡先生走进那家饭店的餐厅时，我看到与寻常餐厅不一样的场面：不同的食物放在不同的器皿里，依次开架摆放在长桌上任人自取。这是我第一次见自助餐。见我略显踌躇，蔡先生对我说："这是自助餐，请随意。"我不知道怎么随意，特怕给大陆作家丢人，只有看蔡先生随意后我再模仿。大概是出于礼节，蔡先生执意要我先"随意"，而我坚持要他先"随意"。只见蔡先生从一摞盘子的最上端拿了一个盘子，然后走到一个个开放的食物盆前从中取食物。我先模仿蔡先生的动作，也拿了一个盘子，跟在他后边比葫芦画瓢，他拿什么我拿什么，生怕一步棋走错导致满盘皆输出洋相。蔡先生将手中的盘子装满后放到临窗的一张餐桌上，我也跟着他放。他对我说："再去拿点水果。"蔡先生说完折返回去再取了盘子再拿食物，这时的我认为自己已经自助餐毕业了，应该单独行动了。我取了一个空盘子后，离开蔡先生，开始随意。我看见几个盆里盛放着一种我从未见过的食品，像点心，有的是巧克力色，有的是金黄色。一贯勇于尝试新生事物的我对这种食物产生了兴趣和食欲，我从几个不同的盆里分别取了满满一盘这些我没见过的食品端回餐桌。我和蔡先生面对面坐下,我们一边用餐一边谈版权交易。我开始吃那一盘"点心"。那食物进了嘴我才感觉不对头,干燥如麻,味同嚼蜡。我控制住自己没将它们吐出来,我想这可能是国外的高级食品,我曾在报纸上看过美国越是有钱人越吃黑面包的文章。我说服自己将那食物咽进肚里,我看了蔡先生一眼,见他没什么反应,我又吃了第二口。后来我才知道,我吃的那东西叫麦片和玉米片,是国外流行的一种早餐食品,正确的食用方法是泡牛奶或果汁吃,不能干吃。现在回想起来,我惊讶当时我从哪儿获得的毅力将那一整盘麦片干咽了下去。我同时想不明白蔡先生为什么不制止我干吃麦片。后来我读到这样一则故事,我才晓得蔡先生可能是一位绅士。

那则故事大意如下:一位享誉全球的著名球星应邀到英国上流社会赴宴,席间,侍从给每人端上一盆洗手水。球星以为是喝的水,于是一饮而尽。同桌的英国贵族们为了表示对球星的尊重和礼貌,都争先恐后地痛饮洗手水。试想倘若贵族们在球星喝洗手水时向他指出这水不是喝的,场面肯定尴尬。由此想来,那位蔡先生一定是出于礼貌才未制止我干吃麦片。细细琢磨,也因为我们彼此也不是很熟的朋友,所以才有此礼节。不过我想当时蔡先生可能因为大陆作家干吃麦片这个细节,以为我比他预想的还要贫困,从而使他决定再度降低付给大陆作家的版税。回忆那次我们商定的版税权标准,实在不算高。假设当时我将牛奶浇在了麦片上,保守估计,我得到的版税最起码多1个百分点。后来我再同台湾出版商谈版权交易时,条件是我的版税率必须高于台湾作家的出版率,否则免谈。奇怪的是我竟然屡战屡胜。我认定这是由于我当着他们将大杯大杯的牛奶倒在大碗大碗的麦片上的缘故。

任务四 饮酒礼仪

任务导入

小李是一名刚刚毕业的大学生,进入××局工作,小李工作积极,领导颇为喜欢。某天,该局局长王局和小李去某地区视察,中午,地区领导请王局和小李吃饭,出席饭局的共有10人。小李认为自己地位不太重要,所以就找了个离门口比较远的地方,自己认为是角落的地方坐了下来,如图5-6所示的10号位。

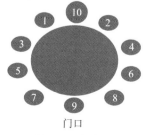

图5-6 座次图

最后的座次是主人坐1号位,王局坐3号位,小李坐10号位。开始点餐及酒水时,请客之人让王局和小李点餐及酒水,王局随便点了几个家常菜,推托不喝酒,因此没有点酒水。随后小李点餐,小李认为是王局不好意思点餐,那自己就替他点,所以点了澳洲龙虾、鲍鱼等大菜,另外点了一瓶国外的拉菲庄园的红葡萄。主人在询问客人及其他人之后又点了一瓶五粮液。

开餐之后,主人敬第一杯酒,举杯庆祝大家相聚,随后主人分别敬了王局和小李酒。平时王局对小李很是器重,因此小李就想借这次宴请的机会,借花献佛,感谢王局对他的照顾,所以小李端起酒杯单独敬王局。饭局一直在延续,在中间时小李觉得其他人都是领导并且一直很照顾他,所以又端起酒杯敬酒,说:"多谢领导们的照顾,我来敬大家一杯。"

饭局还没有结束时,小李就把酒杯中的酒喝完,不再喝酒。待宴请要结束时,主人端起酒杯喝最后一杯酒。

思考:大家认为小李在这次宴请中做得对吗?请指出不对的地方。

分析:小李在整个宴请过程中,错误连篇,完全不懂酒桌礼节,失去了很好的自我表现机会。

一、中餐白酒礼仪

(一) 斟酒敬酒

在聚会或宴会上,朋友宾客之间会一起喝酒,作为主人会主动给客人斟酒。这个简单的动作,也蕴含了一些学问讲究。一般情况下,斟酒时要注意三点:其一是要面面俱到,对来宾一视同仁,切勿只为个别人斟酒;其二是要注意顺序,可以依顺时针方向,也可以先为尊长、嘉宾斟酒;其三是斟酒要适量,白酒与啤酒可以斟满,而其他洋酒则无此讲究,七分满即可。

在主人亲自来斟酒时,客人必须端起酒杯致谢,必要时,还需起身站立,或欠身点头为礼。在侍者斟酒时,也勿忘道谢。斟酒的顺序,在家宴中先为长辈,后为小辈;先为客人,后为主人。而国际上比较流行的服务顺序是先女宾后主人,先女士后先生,先长辈后幼者,女士处于绝对的领先地位。若要致祝酒词,宜在宾主入席后、就餐前开始,有时也可以在吃过主菜之后、甜品上桌之前进行。不管是致正式的祝酒词,还是在普通情况下祝酒,均应内容越短越好,不宜让他人等候良久。在他人敬酒或致辞时,其他在场者应一律停止用餐或饮酒,面向对方认真聆听。敬酒时,可以多人敬一人,但不可一人敬多人(领导除外)。若友人来敬酒,端起酒杯,右手扼杯,左手垫杯底,自己杯子的高度宜低于他人。

对于虔诚的穆斯林不允许敬酒,甚至不能上酒,因为穆斯林饮酒是违背教规的。不应当在餐桌上摆放一大堆酒瓶。正式宴会中主人皆有敬酒之举,会饮酒的人应当回敬一杯。

敬酒时,上身挺直,双腿站稳,以双手举起酒杯,待对方饮酒时,再跟着饮,敬酒的态度要热情而大方。在规模盛大的宴会上,主人将依次到各桌上敬酒,而每一桌可派遣一位代表到主人的餐桌上去回敬一杯。

敬酒可以随时在饮酒的过程中进行。要是致正式祝酒词,就应在特定的时间进行,并不能因此影响来宾的用餐。祝酒词适合在宾主入座后、用餐前开始,也可以在吃过主菜后、甜品上桌前进行。

在饮酒特别是祝酒、敬酒时进行干杯，需要有人率先提议，可以是主人、主宾，也可以是在场的人。提议干杯时，应起身站立，右手端起酒杯，或者用右手拿起酒杯后，再以左手托扶杯底，面带微笑，目视其他特别是自己的祝酒对象，嘴里同时说着祝福的话。

人提议干杯后，要手拿酒杯起身站立。即使是滴酒不沾，也要拿起杯子做做样子。将酒杯举到眼睛高度，说完"干杯"后，将酒一饮而尽或喝适量。然后，还要手拿酒杯与提议者对视一下，这个过程就算结束。

（二）饮酒

在正式隆重的宴席上，举杯同庆时切忌贪杯，不可见酒而忘乎所以贪杯好酒是失礼的。与会者不要竞相赌酒、强喝酒，猜拳行令，吵闹喧嚣，喝酒如拼命，劝酒如打架，这样只会把文明礼貌的交际变成粗俗无礼的行为。

"舍命陪君子"是饮酒者的不自量力，而不是有礼行为，劝酒不成而恼羞成怒则是劝酒者的无礼无德。

二、西餐酒水礼仪

一般来讲，吃西餐时，每道不同的菜肴要搭配不同的酒水，吃一道菜便要上一种新的酒水。饮不同的酒水，要用不同的专用酒杯。在正式的西餐宴会中，主要有餐前酒、餐后酒，而它们又各自拥有许多具体种类。取用酒杯时，可依次由外侧向内侧进行，亦可紧跟女主人的选择。在这些酒杯之中，香槟杯、红葡萄酒杯、白葡萄酒杯以及水杯，往往必不可少。

餐前酒，别名开胃酒。显而易见，它是在开始正式用餐前饮用，或搭配开胃菜饮用。一般情况下，人们喜欢在餐前饮用的酒水有鸡尾酒、味美思和香槟酒。

佐餐酒，又叫餐酒。西餐里的佐餐酒均为葡萄酒，而且大多数为干葡萄酒或半干葡萄酒。

在正餐或宴会上选择佐餐酒，有一条重要的讲究不可不知，即"白酒配白肉，红酒配红肉"。这里所说的白肉，即鱼肉，海鲜，鸡肉，须以白葡萄酒搭配。红肉，即牛肉，羊肉，猪肉，则应以红葡萄酒搭配。

餐后酒，指用餐之后，用来助消化的酒水。最常见的餐后酒是利口酒，又叫香甜酒。最有名的餐后酒则是有"洋酒之王"美称的白兰地酒。

喝洋酒时，还需留意以下礼仪：第一，先喝白酒后喝红酒，这里指的白酒和红酒都是葡萄酒；第二，先喝浅色的酒，后喝深色的酒；第三，先喝年份短的酒，后喝年份长的酒，相对而言，存放时间越长酒就越名贵，酒味越醇厚；第四，先喝味淡的酒，后喝味甜的酒，像白兰地酒、威士忌酒、金酒，这种味道和烈度比较重的酒一般都是压轴的，最后喝；第五，先喝味酸的酒，后喝味甜的酒，原因很简单，甜酒易饱易腻，宜放在后面喝。

三、茶礼仪

茶礼有缘，古已有之。以茶待客历来是最普及、最具平民性的日常生活礼仪。早在3 000多年以前的周朝，茶已被奉为礼品与贡品。到两晋、南北朝时，客来敬茶已经成为人际交往的社交礼仪。颜真卿《春夜啜茶联句》中有"泛花邀坐客，代饮引清言"。唐代刘贞亮赞美"茶有十德"，认为饮茶除了可健身外，还能"以茶表敬意""以茶可雅心""以茶可行道"。

直到现在，宾客至家，总要沏上一杯香茗。喜庆活动，也喜用茶点招待。开个茶话会，既简便经济，又典雅庄重。所谓"君子之交淡如水"，也是指清香宜人的茶水。茶与礼仪已紧紧相连，密不可分，例如沏茶，不仅是对客人、朋友的尊重，也能体现自己的修养。

(一) 奉茶

客来宾至，清茶一杯，可以表敬意、洗风尘、叙友情、示爱情、重俭朴、弃虚华。在给客人奉茶时，就需注意以下几点。

茶具要清洁。客人进屋后，先让座，后备茶。冲茶之前，一定要把茶具洗干净。在冲茶、倒茶之前最好开水烫一下茶壶、茶杯。这样，既讲究卫生，又显得彬彬有礼。

泡茶时应留意茶水不要太满，以七分为宜。茶叶一般要适量，不要过多，也不宜过少。水温不宜太烫，以免客人不小心被烫伤。有两位以上的访客时，用茶盘端出的茶色要均匀。

奉茶时，要左手捧着茶盘底部，右手扶着茶盘的边缘。上茶时应以右手端茶，从客人的右手奉上，并面带微笑，眼睛注视对方。对有杯耳的茶杯，通常是用一只手抓住杯耳，另一只手托住杯底，把茶端给客人。

如有茶点，应放在客人的右前方，茶杯应摆在点心右边。以咖啡或红茶待客时，杯耳和茶匙的握柄要朝着客人的右边，此外要为客人准备一包砂糖和奶精，将其放在杯子旁或小碟上，方便客人自行取用。

给客人的杯子里添茶水不宜频繁，一般不要超过三次。添茶时要先给客人添茶，然后再给自己添。

(二) 喝茶

喝茶的客人要以礼还礼，双手接过，点头致谢。品茶时，讲究小口品饮，一苦二甘三回味，其妙趣在于只可意会不可言传，并适时称赞主人好茶。壶中茶叶可反复浸泡3～4次，客人杯中茶饮尽，主人可为其续茶，客人散去后，方可收茶。

四、咖啡礼仪

(一) 端杯手指不从杯耳过

餐后饮用的咖啡，一般都用袖珍型杯子盛出。这种杯子的杯耳很小，手指是无法穿过的，所以无须担心在众目睽睽下"出丑"。如果使用大杯子，千万要记得，不要用手指穿过杯耳来端杯子，正确姿势是用拇指和食指捏住杯把端起杯子。

(二) 加糖后不用用力搅拌

加糖时，砂糖可用咖啡匙舀取，直接加入杯内；也可先用糖夹子把方糖夹在咖啡碟的近身一侧，再用咖啡匙把方糖加进杯子里。不直接用糖夹子或手把方糖放入杯内，是为避免咖啡溅出，弄脏衣服或台布。加糖后，不需用力搅拌咖啡，因为糖和牛奶溶化速度很快。不喜欢加糖和奶的，可把杯耳转向自己的右侧。

（三）咖啡匙不为舀咖啡

加糖和搅咖啡是咖啡匙的"专职"，用它舀着咖啡一口一口喝是件失礼的事，也不要用它"帮忙"捣碎杯中的方糖。饮用时将它从杯中取出，放在碟子上。

（四）用嘴吹凉咖啡不够文雅

咖啡趁热喝才好，如果太热，可用咖啡匙轻轻搅拌使之冷却，或者等待自然冷却后再饮用。试图用嘴吹凉咖啡是不文雅的动作。

（五）饮用时仅需端着咖啡杯就好

一般而言，喝咖啡时只需端起杯子。如果端起碟子或托住杯底喝咖啡，都是失礼行为。除非是在没有餐桌可以依托的情况下，可以用左手端碟子，右手持咖啡杯耳慢慢品尝。还要注意的是，不能满把握杯、大口吞咽，也不要低头去就咖啡杯。添加咖啡时不要把咖啡杯从碟子中拿起来。

（六）喝咖啡吃点心"错时"进行

饮咖啡时可以吃点心，但是不能一手端咖啡杯，一手拿点心，吃一口喝一口地交替进行。而是应该饮咖啡时放下点心，吃点心时则放下咖啡杯。

任务五　舞会礼仪

任务导入

在一个商务活动的社交舞会上，A男士想邀请他的营销对象——某公司老总的夫人，A男士急匆匆走到夫人面前，微笑着弯着90°腰，点头双手覆盖着膝盖上，毕恭毕敬地低着头说："我可以请你跳舞吗？"夫人望了望身边的丈夫，停顿片刻说："对不起，我累了……"这时又来了一位B男士，姿态端庄，微笑着，彬彬有礼地走到夫人面前说："夫人，您好啊？"然后又转向夫人的丈夫说："你好，先生，我可以邀请您的夫人共舞吗？"丈夫微笑着看了看身边的夫人说："你请便吧！"然后B先生转向夫人同时伸出右手掌心向上，手指向舞池并说："我可以请您跳舞吗？"夫人欣然同意，共同步入舞池……

思考：上述案例中，两位男士为什么有不同的结果？

分析：优雅的举止、合理的邀舞往往能让交往对象愉快又轻松。

舞会又叫交际舞会，亦称交谊舞会，是一种世界性的群众活动。它既是一种被广泛采用的社交活动形式，也是一种有益健康的文体活动形式。在幽雅的环境、优美的舞曲、美妙的灯光相互衬托下，会使人消除疲劳，给人以艺术享受。经常参加舞会，可以陶冶情操、锻炼身体、广交朋友，达到社交、休闲、娱乐的目的。

一、舞会的组织礼仪

要使舞会举办成功，取得好的效果，在举办前要精心做好各项组织准备工作。

（一）确定适当时间

舞会一般在周末、节假日或重大活动开幕式、闭幕式的晚上举行。这些时间没有工作压力，便于大家尽情地娱乐而不会影响第二天的工作，所以这些时间邀请客人也容易成功。

(二) 选择好场地

舞会的场地要考虑人数多少，做到大小适中。过小拥挤不堪，空气不好，难以使人尽兴；过大显得空空荡荡，气氛不够热烈，情绪会受影响。地面要清洁平整，舞会前可以打一遍蜡，使之光滑。灯光要稍暗，光线柔和，最好有彩灯、彩条加以装饰。舞会一般应有乐队伴奏，营造隆重、热烈的气氛。单位舞会也可播放舞曲伴舞，并指定专人负责。舞池边要准备休息的椅子，必要时，可准备茶水、点心。

(三) 发出请柬

单位之间的舞会应发请柬和门票。请柬要写明开始时间、地点及结束时间。对身份特殊的贵客应专门发请柬。邀请客人应男女人数相当，尽量避免同性共舞。

二、参加舞会的基本礼仪

(一) 注重仪容和服饰

参加舞会的服装要整洁、大方，仪表要修饰，女子可以化淡妆，穿得漂亮些。男子也应适当讲究，一般穿西服，显得大方、文雅。头发要梳整齐。检查一下口腔、身上有无蒜味、酒气。可适当地洒些香水。

(二) 进入舞场

进入舞场后，要先坐下来，观察一下全场情况，适应一下气氛。没有带舞伴的，更应当坐下来，慢慢寻找合适的舞伴，最好邀请同样没有带舞伴的人。正式的舞会，第一场由主人夫妇、主宾夫妇首先共舞，第二场主宾夫妇交换共舞，第三场才开始自由邀舞。

(三) 邀舞

一般都是男子邀请女子共舞，邀人跳舞时应彬彬有礼，姿态端庄，走至女方面前，微笑点头，以右手掌心向上往舞池示意，并说："可以和你跳个舞吗？"或"可以吗？"对方同意后即可共同步入舞池。如果对方婉言谢绝，不必介意，更不应勉强。女士被人邀舞是别人对自己的尊重，一般不应拒绝。确实不想跳时，应当有礼貌地婉言谢绝。

一般情况下，邀请没有同伴的女子或两位女伴在一起时，不容易被拒绝。如果女子丈夫或父母在场，要先向其丈夫或父母致意："你好。"得到同意后再邀女方跳舞。最好不要向热恋中的青年女子邀舞，那十有八九要碰壁的。

如何邀请女性舞伴是个很微妙的心理过程，要学会观察分析，要大胆还要心细。选择舞伴要注意与自己年龄、气质、身材、舞技相当。舞伴选好了，不必心虚胆战，畏首畏尾，而应当充满自信，大大方方地走上前去。越是大方，越不易被拒绝。同时一定要心细，要观察动静，分析所选中的舞伴。还要观察其他情况，如有自己熟悉的女舞伴、有朋友向你招呼、舞池中有女士注目看你，这都可以为邀请舞伴创造条件。

(四) 舞姿风度

进入舞池后，就可跟随舞曲和节奏起舞，姿态要端正，身体要正直、平稳，切勿轻浮，但也不要过分严肃。眼睛自然平视，目光从对方右上方穿过。不可面面相向，不要摇摆身体，不要凸肚凹腰，不要把头伸到对方肩上。一般男舞伴的右手搭在女舞伴脊椎位置，不要揽过脊椎，高低可以根据双方身材而定。男子高的，可以揽得高一些，女子这时应把左手搭得低一些，甚至搭在大臂中下部。不要把女舞伴的右臂架起来，既不雅观也不舒适。男子右手不要揽得过紧，以力量大小变化来领舞，切莫按得太紧太死，甚至把女方的衣服揪起，显得很不雅观。

跳舞时，踩了对方的脚，要说一声："对不起，踩着你了。"旋转的方向应是逆时针行进，这才不致碰着别人。万一碰了别人，要道歉或微微点一下头致歉。

（五）致谢

一曲终了，男子要对女舞伴致意，可以说："你的舞跳得真好。"或者"你的反应很快，和你跳舞很轻松，谢谢。"并把女舞伴送回原来的位置。休息时，不要抽烟、乱扔果皮，不要大声喧哗，不要在场内来回走动，不要拉住朋友长谈不止。

（六）时间要求

出席舞会，在时间上不像出席会议那样有整齐划一的要求，相对来说比较自由灵活。允许晚到一会儿，也可以中途退场等，这些都是正常现象。

项目实训

本项目实训将帮助你理解商务人员日常宴请中的中餐、西餐、自助餐宴请礼仪。

一、实训内容

1. 商务人员熟悉中餐宴请礼仪。
2. 商务人员熟悉西餐、自助餐宴请礼仪。
3. 商务人员熟悉酒水、茶礼仪。

二、实训要求

1. 分组讨论在复杂多变的商务场合如何提升个人交际能力。
2. 以书面报告的形式提交"商务人员宴请礼仪素质报告"。
3. 重点分析商务人员如何熟练运用交际手段与技巧，提升个人交际能力。

项目小结

通过任务一的学习，帮助你熟悉正确的中餐宴请礼仪，了解和掌握宴请中的禁忌等。

通过任务二的学习，帮助你在商务场合自如地运用西餐宴请礼仪。

通过任务三的学习，帮助你熟悉自助餐宴请礼仪，如何正确地进行自助餐。

通过任务四的学习，帮助你在中餐与西餐就餐环境中掌握正确的饮酒方式、敬酒方式，茶礼仪，咖啡礼仪等。

通过任务五的学习，帮助你在社交舞会中掌握必要的礼仪。

案例分析

一次成功的宴请

李云在一家著名跨国公司的北京总部做总经理秘书工作，中午要随总经理和市场总监参加一个工作午餐会，主要是研究未来一年市场推广工作的计划。这不是一个很正式的会议，主要是利用午餐时间彼此沟通一下。李云知道晚上公司要正式宴请国内最大的客户张总裁等一行人，答谢他们一年来给予的支持，她已经提前安排好了酒店和菜单。午餐是自助餐的形式，与总经理一起吃饭，李云可不想失去身份，在取食物时，她选择了一些都是一口能吃下去的食物，放弃了她平时喜爱的大虾等需要用手帮忙才能吃掉的美食。她知道自己可能随时要记录老板的指示，没有时间去补妆，而总经理是法国人，又十分讲究。

下午回到办公室，李云再次落实了酒店的宴会厅和菜单，为晚上的正式宴请做准备。宾主双方共有8位，李云安排了桌卡，因为是熟人，又只有几个客人，所以没有送请柬，可是她还是不放心，就又拿起了电话，找到了对方公关部李经理，详细说明了晚宴的地点和时间，又认真地询问了他们老总的饮食习惯。李经理告诉说他们的老总是山西人，不太喜欢海鲜，非常爱吃面食。李云听后，又给酒店打电话，重新调整了晚宴的菜单。

李云还是决定提前半个小时到酒店，看看晚宴安排的情况并在现场做点准备工作。到酒店后李云找到了领班经理，再次讲了重点事项，又和他共同检查了宴会的准备。宴会厅分内外两间，外边是会客室，是主人接待客人小坐的地方，已经准备好了鲜花和茶点，里边是宴会的房间，中餐式宴会的圆桌上已经摆放好各种餐具。

李云知道对着门口桌子上方的位子是主人位，但为了慎重从事，还是征求了领班经理的意见。从带来的桌卡中先挑出写着自己老板名字的桌卡放在主人位上。再将对方老总的桌卡放在主人位子的右边。想到客户公司的第二把手也很重要，就将他放在主人位子的左边。李云又将自己的顶头上司市场总监的桌卡放在桌子的下首正位上，再将客户公司的两位业务主管，分放在他的左右两边。为了便于沟通，李云就将自己的位子与公关部李经理放在了同一方向的位置。

应该说晚宴的一切准备工作就绪了。李云看了看时间还差一刻钟，就来酒店的大堂内等候。提前10分钟看到了总经理一行到了酒店门口，李云在送他们到宴会厅时简单地汇报了安排。李云随即又返身回到了酒店大堂，等待着张总裁一行人的到来。几乎分秒不差，她迎接的客人准时到达。

晚宴在李云的精心安排下顺利进行，宾主双方笑逐颜开，客户不断夸奖菜的味道不错，正合他们的胃口。这时，领班经理带领服务员像表演节目一样端上了山西刀削面。客人看到后立即哈哈大笑起来，高兴地说道，你们的工作做得真细致。李云的总经理也很高兴地说，这是李云的功劳。

看到宾主满意，李云心里暗自总结着经验，下午根据客人的口味调整菜单，去掉了鲍鱼等名贵菜，不仅省了钱，还获得了客人的好感。

思考：

1. 李云这次宴请是否达到了预期效果？
2. 根据此案例，请讨论在商务活动中的宴请事宜。

6 项目六
办公室礼仪

夫君子之行，静以修身，俭以养德，非淡泊无以明志，非宁静无以致远。

——诸葛亮

> **学习目标**
>
> - 熟悉办公室礼仪规范。
> - 掌握办公室礼仪的注意事项。
> - 掌握办公室电话礼仪的要求。
> - 熟悉求职面试礼仪的内涵。
> - 学会正确在办公室与人相处。
> - 掌握求职面试基本礼仪规范。
> - 学会接听、拨打办公室电话。

办公室是社会组织成员工作的地方，同时也是接待各位来访者的场所。在当代社会的一切办公场所，人们都期望有效地处理事务性的工作。一个成功的社会组织，其办公场所必然是礼仪规范严格的地方。每位办公室工作人员要做好办公室工作，必须遵循办公室礼仪。所谓办公室礼仪，是指工作人员在从事办公室工作中尊敬他人，讲究礼节的规范和程序。尽管政务和商务不同，行业、企业的情况亦有差别，但办公室礼仪基本是相通的。办公室礼仪适用于办公室工作人员的一切上班时间和办公地点之内，是任何办公室工作人员均应恪守不怠的。办公室是一个单位的形象窗口，办公室礼仪直接影响到办公室的形象和工作效率。

任务一　办公室礼仪

任务导入

小杨的失误

小杨在一家单位工作，由于工作性质，经常和老板一起外出公干。每次和老板一起外出工作时，小杨都特别卖力，竭尽所能地展示自己的公关才干，总是没等老板搞清楚情况就结束了谈判。新的工作让小杨有了掌握且使用各种办公设备的机会。他经常趁同事不在时复印一些自用资料，或是给远在异乡的家人打电话。有时将公用的设备如数码相机带回宿舍，和其他室友一起摆弄，借以炫耀自己获得的工作特权。一次，小杨的朋友来公司找小杨，小杨就在办公室里和朋友高谈阔论起来。恰巧老板经过这里，小杨既没有停止聊天去和老板打招呼，也没有向朋友引荐自己的老板，因为他认为自己和老板很熟，不需要客套。一个月后，由于工作上的一个小失误，小杨就被开除了。

思考：小杨工作能力很强，为什么会因为一点小失误而被开除了？

分析：小杨平时工作能力固然很强，但是忽视了办公室是一个公共场所，办公物品不是自己的私人物品。跟上级领导一起出差，应首先考虑领导的要求和意见，没有充分的尊重领导，其实礼仪的根本就是尊重。最终，小杨被开除了，根本原因是因为对于办公礼仪理解和运用的不当。

一、办公室环境礼仪

办公室既是公共场合，又是办公场所。如果办公室内创造并保持一个整洁、明亮、舒适的工作环境，容易使人产生积极的情绪，很快进入工作角色，效率就会提高；反之，容易使人情绪低落，工作效率也会随之降低。

（一）办公室环境

办公室环境首先是一种无声的语言，向空间内的人传递出某种信息，可营造出文明、友善、积极、奋进的氛围。办公室的合理布置和规划能使置身其中的人自觉提升职业素养，提高工作效率。因此，在日常工作中，应注意以下几点。

▶ 1. 要保持办公室环境干净、整洁，物品摆放井然有序

在通常情况下，办公桌上应当只摆放手头正在处理的与工作有关的资料，与工作无关的物品要一律清除。如果工作人员暂时离开座位，应将文件覆盖起来，保密的资料更应该注意随时收存。办公室里的计算机桌面和屏幕保护图片应当以山水风景画为主，风格健康向上，不要使用与本人工作岗位和职业风格不符的图片。

▶ 2. 要保护利用好办公设备

要充分考虑他人的需要，不要霸占公用的传真机、复印机、打印机，并爱护这些设备。如果对这些设备不熟悉，则应当先阅读使用说明书或者向同事请教。千万不可随意乱用，或者粗暴地对待这些设备。在设备使用的高峰时间内不要长时间占用。设备使用完毕

后应当调整至常规状态。

(二)办公室人文环境

办公室人文环境是指影响工作人员工作心理的环境因素,包括同事关系、上下级关系、异性关系、客户关系等。

▶ 1. 同事关系

与同事相处的好坏直接影响工作质量和个人、集体的事业发展。同事之间要相互尊重和支持。

同事之间应注意以下几点。

(1)要注意团结合作,主动关心和帮助同事。

(2)要宽宏大量,尽量谅解同事的错误,产生误会时要及时化解。

(3)不要评论同事、指责他人。

(4)不要背后议论,中伤他人。

▶ 2. 上下级关系

与下级共事的礼仪强调平等对待,不可颐指气使、高高在上。应做到以下几点。

(1)要指示明确,领导有方。

(2)要言行一致,以身作则。

(3)要宽容下属,培养下属的工作能力。

(4)要知能善任,多多赞赏。

(5)要言而有信不轻易允诺。

与上级相处的礼仪有很多,核心要义是体现尊重,应做到以下几点。

(1)要服从领导,执行上级的工作指示,维护上级的领导地位。

(2)要及时汇报,多接受上级的指导和批评建议。

(3)要礼遇相待,不可熟视无睹,甚至避而远之。

(4)要公私分明,不可混淆工作和社交之间的关系,胡乱攀认。

(5)要懂得分寸,在上级忙碌或不方便时不要打扰。

(6)要多做请示,不可越俎代庖,行使领导权责。

(7)要知情重义,在领导给予关怀和帮助时要及时致谢。不可受之当然、心安理得。

(8)要自尊自爱,面对上级不可盲目屈从、无原则地妥协而丧失自我。

▶ 3. 异性关系

在当今这个男女平等的社会里,男女共事已是司空见惯的事情。由于男女性别差异的天性,在性格、能力、心理上形成互补之势。在工作中容易相互平衡、互相帮助,发挥各自的优势,以弥补不足,达到事半功倍的效果。但各位职场人士既是工作人员,同时又是社会人,各自都有其他社会角色。故而男女同事在交往中要把握好尺度,不可交往过度,混淆了角色身份,引发家庭和社会的矛盾。

男女同事应避免在隐蔽空间或私密空间里单独共处。在办公室环境中,应注意不穿暴露或不雅服饰,如夏天女性不能穿透明或者布料少的衣物,男士不着背心短裤等。不做非分无礼的举动,如男士不可随便接触女性身体任何部位,女性和男同事不可打打闹闹等,不说带"色"的话题,不谈论各自的隐私,不共用私人财物,如借款、借物要说明,并且要及时归还。

在办公室与异性相处，需要把握好以下原则。

（1）衣着原则。办公室不是约会场所，也不是家中居室，更不是显示性别魅力的地方。如果男性把衬衫敞开，穿着短裤，是对在场女性的不尊重。女性更要注意自己的穿着，千万不能张扬自己的性感，如穿着超短裙和太露的衣服。

（2）语言原则。男性和女性在办公室均要注意交谈的分寸。男性私下常会冒出一些粗话，有人甚至会开黄色玩笑，但不允许在办公室中发生，尤其是有女同事在场时，否则女性会认为这是对她们的侵犯。男性在恭维女性时，也要避免挑逗性。

（3）动作原则。如果你是男性，当女同事在场时，不能把松了的皮带再扣紧，或者把衬衣塞入裤子中，否则会引起误会，使女性产生不愉快。

女性也不能做一些挑逗性动作，尤其是体态语。例如，在男性面前摆弄头发，触摸男性的衣服，用头发垂打男人的面颊等。尽管无意，但其结果是让对方误会。

（4）交际原则。办公室中，要注意把握自己和异性同事交往时的分寸。如果是要好的同事当然可以多些交流，但最好不要把自己的私生活带入。特别是如果在婚姻上不如意，对异性同事不宜过多倾诉，否则会被对方认为你有移情的想法。如果同事把你当成听众时，你不妨向对方多谈谈自己婚姻生活中美好的一面，使对方尽早避免对你情感上的投入。

即使是极为默契的两性同事，也只应当在工作上更好地配合，多给对方提出良好的建议，而在交往中不要"亲密无间"。

▶ 4. 客户关系

在办公室内与客户相处，待客必须是热情而有效率的。当客户来访时，应热情的微笑问候，语言和态度都显示出诚恳、友好之意。当客户以电话告知将要来访时，接听的声音也应该真诚而愉悦。会客区域内应随时保持整洁，同时置放单位的一些参阅资料，如产品目录、简报等。无论对方是其他单位的主管人员或是普通工作人员，都应以礼相待，让客人有宾至如归的感觉。

二、办公室服饰礼仪

和其他场合相比，办公服饰要求显得传统、保守，甚至非个性化。办公着装的目的应该是体现权威、声望或精明干练。办公人员的服饰不仅涉及个人形象问题还涉及组织形象问题。给人的总体印象应该是严肃认真、积极努力，这样才能获得周围人的尊重与认可。

商务活动中，办公服饰的要求根据行业性质而有所不同，但不管是统一服饰，还是各自着装，都应注意以下几点。

（1）男女着装都要庄重大方、整洁文雅。有工服的统一工装，且要整套穿着，不可随意搭配。

（2）男士以西服为主，且遵循西服穿着要领；也可以着商务休闲夹克类，颜色应以黑、灰、蓝、白为主色调，可配以少量颜色搭配、镶嵌，但不要花哨，也不要另类。质地要好，避免因面料差而发生衣服变形、褶皱、残破等问题。运动装、旅游鞋等功能装不可用于商务办公场合。男士在办公场所不能随意脱衣物，不能戴帽子和墨镜，也不能穿背心、短裤、凉鞋，更不适合赤膊甚至赤脚出现在办公场所。

（3）女士一般着装套装、套裙、连衣裙或长裙，裙长应当讲究。年轻女性的短裙底边距膝盖不超过5厘米为宜；中老年女性的短裙以盖住膝盖为宜。不宜穿过于艳、透、短、小的衣；内衣不可外现，否则很不雅观。在办公室里工作，佩戴首饰不宜过多。走起路来摇来摇去的耳环、叮当作响的手镯等会分散他人的注意力，故均不适宜佩戴。服饰颜色也不宜过于艳丽。指甲长度不可以超过2厘米，指甲油以淡色为宜。

（4）服饰要经常换洗，讲究卫生，注意整洁。

三、工作语言礼仪

（一）语言得体

工作语言的礼仪规范讲究得体，办公人员的语言是否得体可以反映其精神面貌，体现其文化教养。办公场合中，什么话可以讲、对什么人讲、讲到什么程度等都有火候和分寸的问题，需符合得体的原则。语言得体主要指语言的礼貌性、恰当性和技巧性。

▶ 1. 礼貌性

讲究语言的礼貌性就是指在任何场合与人见面都应礼貌的与人交谈。语言的礼貌性反映一个人对社会文明的认知程度。要注意尊称、敬辞、敬语以及其他礼貌用语的得体使用，并辅之以相应的声调、语气等。将"您""请""谢谢""对不起""打扰"等礼貌词语组合于自己的口语表达，做到规范、标准。

▶ 2. 恰当性

讲究语言的恰当性是指说话用词准确恰当。虚浮夸张的言辞很难让人产生信任感，所要表达的真诚情感也就大打折扣了。为了讲情意，用热情过火的词语就显得肉麻。和上级对话时，过分夸赞就会演变成"拍马屁""阿谀奉承"。

▶ 3. 技巧性

讲究语言的技巧性是指在言语交流中，应用一些语言的技巧处理。得体的语调、语气变换可以使所讲内容更加生动有趣、友善可亲。如上级批评下级时应该语气柔和、情理交融，不能粗暴谩骂、作威作福。同事间讨论问题发生争议时，语气要中肯得当，选词要委婉，声音要适中。多使用征询口气来表述，如"我可不可以这样修改你的方案？""你认为我这样做行吗？"

（二）办公室语言礼仪

▶ 1. 学会听别人讲话，切记随意打断

如果自己一个人滔滔不绝、夸夸其谈，毫不理会旁人的感受，只顾抢尽风头，不给别人说话的机会，硬要别人听自己自以为是的说教，那么，不管你说得多精彩，总会让对方感觉处于被动接受的状态。学会让别人说话，倾听对方发表意见，有利于同事间的相互理解和沟通。在别人说话的时候切勿打断诸如抢说、争辩等，若确实需要中断别人的谈话，也该首先表示歉意，并告知对方理由，求得对方的谅解后才开口。不要忽视必要的礼节而贸然开口。当别人谈兴正浓时被你忽然打断，对方可能顿时兴致全无；或者他们正在谈的话题不方便公开，你却强要参与，弄得大家无言以对，造成尴尬的局面。如果有人想跟你交谈，你可以先主动询问，打消别人的疑虑，帮助他打开话题。

▶ 2. 有条有理、清晰明了的表达

工作交流的目的是做好工作，最有效的语言是"一清二白"。说起话来如摆迷魂阵，使人捉摸不定，就会让人难以理解你的真实意图，那么你的工作效率就大打折扣了。所以让对方明白你说的"是什么意思？"比让对方知道你是个"懂得运用辞藻的人"更重要。在说话时，少用"我"字，多用"您"字。即使是熟悉的同事，语言交流同样要体现尊重。经常说"您认为呢？"而不是"我想怎样就怎样"。

▶ 3. 多一些赞美、少一些批评，多一些讨论、少一些争辩

赞美令人感到愉快，生活中没有赞美是不可想象的。工作中应恰当地给同事一些赞美，如"您的观点很独到""您的计划很有趣""您的工作值得称赞"，这样的话语能把你和同事的关系拉得很近。像"你的想法太愚蠢""你的工作能力太差""你要改改你的缺点"这类的语言会让人觉得很刺耳。美国著名演讲家戴尔·卡耐基说"矫正对方错误的第一个方法——批评前先赞美对方"。如果在批评前先抓住对方的长处给以真诚的赞美而后批评，就能化解被批评者的对立情绪，使批评在和谐的气氛中进行，达到非同一般的效果。在工作中只要语言得当，讨论也就等于是谈话。工作中交流不同的观点时，采用相互探讨的语言易于被接受。相反，愤怒的表情、激烈的争执、咄咄逼人的腔调会让人怀疑你的修养，而且过激的言辞很可能会暴露你致命的弱点。

▶ 4. 学会调动对方参与谈话的积极性

巧妙得体的提问是调动谈话积极性的好方法。如"你不觉得我的想法很特别吗？""能给我介绍你的经验吗？"此外，还可以向对方虚心请教某个问题，来调动其谈话的积极性。

▶ 5. 学会聆听

任何谈话都是说与听双向循环、说与听地角色互换。听不仅是接收信息的主要手段，还是反馈信息的必经渠道。有资料表明，日常语言活动中，听占45％、说占30％、读占16％、写占9％，不难看出听在日常交际活动中的重要性。目视对方、时而点头、报以微笑、适当提问，做个忠实而感兴趣的听众，会让你赢得别人的尊敬、喜爱和接纳。

▶ 6. 学会委婉拒绝

工作中，同事之间应当互相帮助，答应别人可以直接说"好的""我愿意""没问题"。但有的要求是没办法满足的，就需要得体地拒绝，打破进退两难的僵局。

一般情况下，婉言拒绝的方式有以下几种。

（1）以旁借理由拒绝，如"你能来参加我的宴会吗？""谢谢你的好意，我已经有约会了。"

（2）先肯定后否定，如："你愿意帮我做吗？""我很愿意，可真抱歉，我实在没有时间。"

（3）阐明后果再拒绝，如"你把这个给我吧。""真对不起，如果我把它给您，就影响工作了"。

（4）拒绝之后另寻办法，如"这件事我要这样办。""照您的意思办大概不行，我想您可以试试另一种办法。"

四、办公室礼仪禁忌

办公室人员相对集中、成员性格各异。在现实的办公室生活中，一定要注意以下礼仪禁忌。

（一）严禁相互推诿、推卸责任

每个人都有可能会犯错，上级应该容忍下属犯错，同事之间也应该相互体谅。无论犯了什么样的错，通常只要勇于承认、愿意负责，都能博得大家的谅解甚至尊敬。重要的是能否由错误中归纳出对的方法，下次不再重蹈覆辙。

（二）严禁情绪不佳、牢骚满腹

工作是应该保持积极的情绪状态，即使遭到挫折、受些委屈，也要积极地调整自己，而不要牢骚满腹、怨气冲天。这样做的结果只会适得其反。

（三）严禁零食与香烟不离口

工作时要注意场合，尤其在和他人谈话或接听电话时，嘴里不可嚼东西。而一些以吸烟为享受的男士，在公共场合尤其是办公室也应注意尊重他人，不能不顾他人的感受随意吸烟。

（四）严禁拉帮结派、互散小道消息

办公室内切忌私自拉帮结派，形成小圈子，这样容易破坏办公室团结，引起他人的对立情绪。更不应该充当消息灵通人士，四处散布小道消息，这样会失去他人信任，进而影响工作。

（五）严禁高声喧哗、旁若无人

同样，在办公室每个人都要注意维护自己的公众形象，可以带动他人一起维护文明的环境。

（六）严禁用势力的眼光看待他人

在办公室，大家都乐于与光明正大、诚实正派的人相处。那种人前人后两张面孔，领导面前办事积极主动、充分表现自己，而在同事或下属面前推三阻四、拒人千里之外的人是最不受欢迎的。

（七）严禁穿着奇装异服

办公室内不要穿过于休闲、运动或奇特的服装。在办公场合，无论穿衣还是言谈举止都要与周围的环境和谐、融洽。

任务二 通信礼仪

任务导入

某经理有事外出，不在办公室，由秘书张小姐代接电话。恰好有人打电话来找经理，张小姐拿起听筒先问一问："请问您是哪一位?"对方回答后，再说一句："我们经理不在。"说完便挂断了电话。张小姐作为秘书是否尽到了职责？

思考：怎样做才是符合礼貌礼节的规范要求？

分析：接听电话是讲究一定技巧的，张小姐这种做法较为不专业，不仅有损个人形象，更是有损公司形象。

商务交往中，通信行为非常普遍。电话、传真、手机、电子邮件、QQ、MSN、微信等通信方式，既大大提高了商务沟通的效率，又节省了沟通成本。但由于使用通信工具是间接沟通，不注重礼仪就比较容易带来误会。通信工具的使用，既是重要的职场技能，又能体现个人修养和素质，是商务礼仪的重要组成部分。

一、电话礼仪

（一）接听电话礼仪

▶ 1. 及时、礼貌地接听电话

电话铃响了，要及时去接，不要怠慢。我们提倡"铃响不过三"的原则，接听电话以铃响三声之内接最恰当。不可接了电话就说"请稍等"，搁下电话半天不理人家。如果确实很忙可表示歉意，说："对不起，请过10分钟再打过来，好吗？"接听电话是否及时，实际上反映着一个人待人接物的真实态度。

在正式的商务交往中，接电话时拿起话筒所讲的第一句话，也有一定的要求，常见的有以下三种形式。

（1）以问候语加上单位、部门的名称以及个人的姓名。这种形式最为正式，如"您好！大地公司销售部刘翔。请讲。"

（2）以问候语加上单位、部门的名称，或是问候语加上部门名称。它适用于一般场合，如"您好！大地公司销售部。请讲。"

（3）以问候语直接加上本人姓名。它仅适用于普通的人际交往。如"您好！余文。请讲。"

自报家门是一个与人方便、与己方便，且节约时间、提高效率的好方式。声音清晰、悦耳、吐字清脆，会给对方留下好的印象。特别是公务电话，对方对其所在单位也会有好印象。因此要记住，接电话时，应有"我代表单位形象"的意识。

▶ 2. 认真倾听，积极应答

接电话时应当认真听对方说话，而且不时有所表示，如"是""对""好""我听着呢"等，或用语气词"嗯""嗨"等，让对方感到你是认真听。语调宜平和平稳。应答时，除了表示在听之外，还具有促使对方尽快讲出重点的效果，而且还可留给对方一个好印象。漫不经心、答非所问，或者一边听一边同身边的人谈话，都是对对方的不尊重。

▶ 3. 认真清楚做好记录

在电话中传达有关事宜，应重复要点，对于号码、数字、日期、时间等，应再次确认，以免出错。随时牢记5W1H技巧，即 when（何时），who（何人），where（何地），what（何事），why（为什么），how（如何进行）。在工作中，这些资料都是十分重要的，对打电话、接电话具有相同的重要性。这个技巧能使电话记录既简洁又完备。

▶ 4. 特殊情况的处理

（1）对方打错电话，应耐心告知，不要讽刺挖苦，更忌斥责埋怨。与之核对号码，以免再次拨错。若有必要，可适当提供帮助找到对的通话号码。

（2）接电话时有谈话对象在现场，首先向谈话对象表示歉意，如"不好意思我接个电话"，然后再开始通电话。亦不可使谈话对象等太久，如果电话可能较长，应提前告知谈话对象做出方便的选择。

（3）通话中需向第三方核实情况。一般打电话时与第三方讲话是不礼貌的，因为给对方造成等待。但如为了回答对方的提问而向第三方请教时，可先说"请稍等，我核实（帮您问）一下"。

（二）拨打电话礼仪

▶ 1. 未打电话先准备

拨打电话前的准备工作。首先核对电话号码、公司及单位名称及接电话人的姓名、称呼，准备好纸和笔，以及必要的资料和文件。内容不多的电话，应理清思路，明确电话沟通的原因、目的以及主要沟通的关键点。对于重要电话或者内容较多的电话会谈，已提前在纸上列好要点或提纲，以避免思路被打断和说漏要点。拨打电话前应考虑对方可能的反应并想好应对方案，以免感到意外而自乱阵脚。做好打电话的准备工作，努力在电话沟通中树立头脑敏捷、办事干练的职场形象。

通话前也要把自己的情绪调整好。人们往往以为在电话里讲话，谁也看不见谁讲起话来就不注意带表情带动作，其实这是不对的。微笑或者其他的情绪，对方是可以感受得到的。

▶ 2. 选择合适的通话时机

打公务电话，尽量要公事公办，不要在别人私人时间，特别是节假日里麻烦对方。如果能有意识地避开对方的通话高峰时间、业务繁忙时间、生理厌倦时间，打电话的效果会更好。若万不得已打电话影响了别人，不仅要讲清楚原因，而且要记得致歉。

商务电话的拨打时机非常有讲究，主要有四个方面的要求，即"四不打"，分别是休息时间不打、节假日不打、临下班不打和高峰期不打。休息时间不打，指的是工作日里吃饭和睡觉的时间，包括有午休习惯的人的午休时间，都不宜打电话，占用的是对方的私人时间。节假日不打，指的是国家规定的法定节假日以及对方休假的时间，尽量不因为工作的事情去打扰对方。临下班不打，指的是快要下班的半个小时里最好不要打，尤其是节假日前一天的临下班不要打电话，因为对方可能已经做好了下班准备。高峰期不打，指的是电话网络常常有个使用高峰，在此高峰期拨打电话可能会有打不通或者难以给受访者留下深刻印象，无法获得较好的通话效果。这种情况尤其适用于一些较为热门的客服电话，在高峰时段常遇到坐席忙、无法接通的情况，而且电话的高峰期常常不是固定的时间段，可能每天都有差别，有一定的随机性。

▶ 3. 通话礼仪

（1）使用礼貌用语。打电话的双方应使用礼貌用语，如"您好""请""谢谢""对不起""再见"等应常常出现，尤其在需要表达歉意和谢意时的"对不起"和"谢谢"应当常用，以免引起不必要的误会。

（2）态度友好，并带有善意。打电话时，虽然双方无法看见，但会通过声音信号在头脑中想象对方是否认真通话和表达尊重。好的情绪能够带来愉快的沟通体验，而不好的态度如冷漠、粗鲁甚至污言秽语会使对方极度反感导致沟通失败。

（3）注意语速、语调、语气和音量。电话沟通语速应适中，需要考虑对方的信息接受状况并适时调整。通话时语调应保持理性和客观，不要给人有不认真不尊重的感觉。语气上尽量使用征询和陈述的语气，少用命令的祈使语气和质问语气，不让对方感觉到压力和紧张。音量方面不宜太小，以免对方接听困难。

（4）吐字要清晰，内容要简洁，表述有条理。吐字清晰是电话语言的基本要求，商务电话交往应正确使用普通话。电话用语要简明扼要，将自己的意思简单明了地表达出来，避免使用易产生歧义的词汇和语句。表述要注重条理性，应将自己的意思分条分层地表达，及时总结归纳，重要信息还应适当重复和强调，以做到真正的有效沟通。

▶ 4. 礼貌的结束语

打完电话,应当有礼貌地寒暄几句"再见""谢谢""祝您成功"等恰当的结束语。

(三) 代接电话礼仪

替他人接电话时,要询问清楚对方姓名、电话、单位名称,以便在转接电话时为受话人提供便利。在不了解对方的动机、目的是什么时,请不要随便说出指定受话人的行踪和其他个人信息。总之,代接电话要注意尊重隐私、记忆准确、传达及时、礼尚往来。

(四) 挂断电话礼仪

挂电话也是体现尊敬和礼貌的一个环节,谁先挂电话要根据情况而定。

▶ 1. 一般请尊者先挂电话

与领导、客户、年长者通话,可以等待对方先挂电话。

▶ 2. 打电话的人先结束通话

打电话的人通常有明确的通话目的,沟通内容完成后,打电话的人可以说"没有其他事了,谢谢您"或者"有事再联系您"等客气结束通话,道别"再见"。如果是接电话的人,可以问打电话的人是否还有其他的事,引导对方结束通话。

▶ 3. 挂电话要轻

对方是可以听到挂电话的声音的,因此挂电话应保持礼貌,轻轻放下。

课堂讨论:春运期间的12306客服中心大本营是最为典型的电话礼仪标本。春运期间,很多人买不到票,心情不好。他们中有的人破口大骂,还不停地问客服人员"你在听吗?"按照规定,客服人员必须要在客户挂电话之后才能挂电话,所以只能问他们,还有什么需要帮助的。许多客服人员承受了巨大的心理压力。在北京铁路客服中心,设立了"发泄墙",为的是能够缓解工作人员的心理压力。在上海的客服中心,一些工作人员在桌子上放镜子提醒自己注意仪态,还有人在电脑屏幕上贴小纸条写上"不生气",积极进行心理调节。春运售票高峰期,上海铁路局12306客服热线日均呼入量约35 000个。但无论旅客如何责骂,客服人员在电话里只能以微笑对待,以耐心解释来化解。对这些平均年龄只有25岁左右的年轻人来说,并不容易。

除了被当作"出气筒",12306客服人员还要面临长时间、高重复率问询的"轰炸"。客服杨骏告诉记者,最多每天要接将近300个电话。特别是订票高峰期,几乎一刻不停。其中有许多问题都很雷同,甚至同样的话每天要说几十遍。铁路运能有限,特别在高峰时段,成都、重庆、贵阳等一些旅客需求集中的方向,确实很难买到车票。想想辛苦工作一年的旅客,还要为一张火车票奔波发愁,特别是有的人已经几年没有回家,今年想回家却回不了家。大家都吃团圆饭,一个人孤单在外面,这种心情我们还是能理解的。无奈是,火车票实在是供不应求。

铁路售票高峰结束后,紧接着,春运乘车高峰又将到来,12306客服中心忙碌的工作仍将持续。一个铁路售票工作人员表示,连着第二年轮到了除夕夜当班,她和她的伙伴们已经商量好了,即使在岗位上过年,也要高高兴兴的。

资料来源:新浪上海. 探访12306上海大本营:高峰期客服1天接300个电话.

思考:12306客服中心的做法有什么意义?

(五)手机使用礼仪

随着手机的日益普及，无论是在社交场所还是工作场合，旁若无人地使用手机已经成为礼仪的最大威胁之一。在公共场所，也许你常常会听到："喂，你能听到吗?"或大聊特聊自己私事的声音。这种做法会影响周围的人，是不礼貌的行为。

▶ 1. 手机放置位置规范

在公共场合，手机在没有使用时，应注意放置位置的规范。一是可以放在公文包的手机袋里，这是最规范的做法，公文包内的其他物品要井然有序。二是可以将手机放在衣服口袋里，一般可放在上衣口袋或内袋。三是放在不起眼的地方，如手边、身后、座位上等，但不要放在桌子上，因为可能会影响他人。职场上比较忌讳手机一响四处找手机的做法，应放置在自己容易拿到的地方。

▶ 2. 手机使用讲究场合

以下场合不适合打手机。

(1)开会。开会应提前将手机调成振动或者静音，会议中接打电话是不礼貌的。

(2)开车。即使配备蓝牙耳机或车载电话，打电话依然面临较高安全风险。许多国家对开车打手机惩罚力度非常大。

(3)飞机上。手机关机或调至飞行模式。

(4)剧院。

(5)课堂上。

(6)图书馆。

(7)医院病房里。

(8)加油站和加气站。

(9)其他公共场合如楼梯、电梯、路口、人行道、人流量大的门口等。

现在有许多"低头族"，尤其是大学生群体对手机的依赖程度很高，以至于连过马路都要看手机，这是非常危险的，需要引起特别注意。

▶ 3. 拨打手机考虑对方

准备给对方打手机时，首先想到的是，这个时间他(她)方便接听吗?并且要有对方不方便接听的准备。尤其当知道对方是身居要职的忙人时更是如此。在给对方打手机时，注意从听筒里听到的回音来鉴别对方所处的环境。如果很静，应想到对方在会议上，有时大的会场能感到一种空阔的回声;当听到噪音时对方就很可能在室外，开车时的隆隆声也是可以听出来的。有了初步的鉴别，对能否顺利通话就有了准备。但不论在什么情况下，是否通话还是由对方来定为好，所以"现在通话方便吗?"通常是拨打手机的第一句问话。其实，在没有事先约定和不熟悉对方的前提下，我们很难知道对方什么时候方便接听电话。所以，在有其他联络方式时，还是尽量打办公电话。

▶ 4. 手机接听妥善处理

手机接听妥善处理主要有两方面的要求:一是不要大声喧哗以免影响他人;二是如有必要接听手机要回避他人。在公共场合，接听手机应主动降低音量，以接打双方能正常沟通为准，如果确实需要提高音量，应用手遮挡或改变通话环境。商务电话有涉及商业秘密或私密内容，应向通话对方说"请稍等一下"，然后向周围人表示歉意"对不起，我出去接个电话"。

▶ 5. 手机应当保证畅通

使用手机就是为了保持自己与外界的信息沟通畅通，商务人员应当保证手机正常开机和使用。如果因为开会等原因暂时使手机静音，应当有意识地在会后把手机调整至正常工作状态。

▶ 6. 不宜长时间看手机

由于手机功能越来越强大，因此"低头族"越来越多。无论是开会、听音乐剧，还是会客和聚会，都不宜长时间沉溺于手机，这对演讲者、表演者和其他参与人都是不礼貌的。

▶ 7. 手机短信礼仪要注意

编辑手机短信宜短不宜长。短信的意思要表达清晰，发送前检查不要有错别字和标点错误，如不确定对方是否知道发短信的是谁，应主动署名。

收到短信及时回。与熟人朋友及客户之间，回复短信是基本的礼貌，因为发送方并不知道你是否收到，何时收到，有可能在等待你的回复反馈。

及时处理无用短信。手机短信应及时查阅及管理，垃圾短信及时清理，保持手机有空间接收新的短消息。

群发短信慎重使用。短信群发是短信功能的优势，但如果使用不当也会带来不好的影响。

▶ 8. 铃声设置要合礼

手机铃声设置铃声音量应适中，铃声内容应简洁。工作场合的手机铃声应简单大方，以免让听到的人感觉被打扰。公共场合如有必要应设置静音、免打扰或飞行模式，避免影响公共秩序。

手机彩铃设置。手机彩铃是手机拨打人在等待时听到的铃声，铃声内容应该文明健康，避免过于娱乐化而影响形象。有些公司将职工手机彩铃设成公司形象宣传录音，这种做法可以接受，但是要注意宣传内容保持积极向上。

学习有礼貌地使用手机及电话可以提高你的社交技能，而这种技能将会给你今后的事业和生活提供极大的帮助。

知识拓展

各国对"开车打手机"的惩罚

新加坡《公路交通（修正）法案》规定，从2015年2月起，全面禁止驾车者在开车时手握并使用手机和其他移动通信产品。初犯者可被判最长6个月的监禁或最高1 000新元（约合4 847元人民币）的罚款，或两者兼施。重犯者可判最长12个月的监禁。在英国，开车打手机者可能面临"危险驾驶"的起诉，最高可判入狱两年。美国有40个州禁止此类行为，尤其针对青少年。日本则无论是否接听，只要司机手握手机就以犯罪论处。自2003年起，在政府引导和支持下，欧美若干学术机构就开车用手机的风险性进行了系统评估。研究表明，用手机的司机追尾概率增加1倍、应急反应慢于酒驾、注意力下降37%、刹车反应慢19%、变更车道的能力下降20%。这些经过高度量化、考虑到各种实际情况的科研成果不仅让政府可衡量此类行为的社会危害性，也给政府推动相关立法提供了充分的证据。日本在严打开车用手机后一年，此类情况的车祸发生率就下降了一半。我国按照《道路交通安全法》规定,"对机动车驾驶员行驶途中拨打接听手持电话、观看电视等妨碍安全驾驶的行为,可处以20元以上200元以下罚款,并扣机动车驾驶人2分的处罚。"

大多数驾驶人员认为在驾车时接打手机很正常,不以为这是一种交通违法行为。但是,根据相关研究机构的研究表明,驾车时使用手机接打电话比酒后驾驶更具危险性,存在较高的道路交通安全隐患。

一、妨碍驾驶

驾驶员开车打手机时单手把握方向,对驾驶车辆形成较大妨碍,对车速控制、车距把握、驾驶员视线都有影响,很容易引发交通事故。

二、分散精力

开车打电话时,驾驶员精力分散,妨碍司机对路面情况和周边环境的观察,一旦遇到紧急或突发情况,将会大大削弱驾驶人的应变能力和反应时间,极易造成交通事故。英国一家交通研究所最近公布的测试结果表明,开车时使用手机,大脑的反应速度比酒后驾车时慢30%,年轻人驾驶车辆接打手机相当于70岁老人驾驶车辆,开车打手机发生车祸的风险比正常驾驶时高4倍以上,有70%的致命事故是司机注意力不集中造成的。还有研究表明,开车打手机导致司机注意力下降20%,如果通话内容重要,注意力甚至下降37%。同时,拨打手机的驾驶员行车速度比正常状态慢9%,刹车的反应速度也要慢19%。

三、视野狭窄

开车时打手机会使司机的视野变得狭窄,降低外围视觉的感知能力。在一项相关测试中发现,一个专心开车的驾驶员比一个分心打电话的驾驶员所记取的信息多50%,形成"不注意视盲现象"。打手机的司机更可能错过交通信号,经常看不到公告栏和其他标志。

四、堵塞交通

开车打手机会因分散注意力,导致车速降低,影响了其他车辆的通行率,引起交通拥堵。据测试,遇到中度或高度拥堵路况,司机通话时变道次数会降低20%,驾驶速度也会降低,在非常拥堵路段,打手机的司机比正常行驶要多用3%的时间,在中等流量路段,打手机的司机需要多花2%的时间。

二、传真使用礼仪

(一) 发传真的礼仪

▶ 1. 发传真前应做好准备工作

(1) 应先打对话通知对方,沟通相关事项。

(2) 做好传真件的表头。一般要包括以下项目:①标题,单位名称+"传真文件"字样,如"北京××公司传真文件";②传真编号:年费+流水号;③收件单位、收件人和传真电话号码;④发送单位、发送人、传真电话号、地址和邮编;⑤发送日期和时间;⑥事由;⑦标注页数和页码,如共2页,则第一页标注1/2,第二页标注2/2。示例如图7-1和图7-2所示。

(3) 准备好传真文件,主要是理清顺序和页码不要混乱。传真件的每一页都应标清页码。

(4) 核对收件人和传真号码不要有差错。

××公司传真文件				
编号				
收件人姓名		传真		电话
收件单位				
发送人姓名		传真		电话
发送单位				
地址				
发送日期		时间		页数
事由				

（以下为正文）

图 7-1　传真表头示例 1

From公司号码	To公司号码
文件内容	第　/　页
（以下为正文）	

图 7-2　传真表头示例 2

▶ 2. 传送操作规范

先电话拨通对方，确认对方传真机是否处于自动待机，如果是，会听到信号声，此时按启动键 start，放下话筒，开始传送。如果对方的传真机没有信号声，则请对方给出接收信号，听到信号再按启动键。传真机的屏幕显示 OK，表示传送成功，对方已经正常接收。

▶ 3. 传真件要存档

重要文件发送完毕后仍应做好存档工作，并记录发送传真的所有基本信息，如时间、对象、号码等。

（二）收传真的礼仪

▶ 1. 接收

接收传真有自动接收和人工接收两种。自动接收是传真处于待机状态会自动接收并输出文件，接收完毕后恢复待机的情况。人工接收则需要有人接听电话，并给出接收信号。

▶ 2. 处理

应及时对传真件进行整理、分类和归档，避免文件堆积或重要文件遗失。

课堂讨论：某公司的传真机起初设置的是自动接收，结果到每天下午都能收到一大摞传真件，里面大部分都是广告、推销信息，让人不堪其烦。有些传真件没有任何标注，不知道是发给谁的，也没有页码，不知道一共几页。另外，常有发传真的人的原件忘记拿走,上面只写收件人没写发件人;或者有人同意接收传真件,却迟迟不来取;来取文件的人多,翻来翻去有的文件就容易丢失。设成人工接收以后,常常需要接听电话,又占用了工作人员很大一部分工作时间。小小传真机,折射出该公司工作人员传真机礼仪的短板。

思考: 应如何管理公司的传真机?

三、使用电子邮件礼仪

讲究电子邮件礼仪无疑对于提高工作效率和效果非常有帮助。规范电子商务信函不仅是对客户和同事的尊重,也体现自身的职业素养,从认真拟定标题、规范邮件正文和及时准确回复邮件开始,让每一封邮件成为我们素质提升的体现。

▶ 1. 邮件标题

标题的作用有两个:一是开宗明义;二是方便识别和检索。标题不能为空,不仅要简洁,而且要真实反映邮件的重要性。一封信只能有一个标题,标题不应出现错别字和歧义字句。另外,回复邮件应当及时更改邮件标题,以表示对对方的尊重和诚意。不容易识别的常见标题有"恭请陈老师查看""请示报告""您好!""通知""请知悉""好消息"等,都是不懂标题规范的做法,不方便收件人的处理。

▶ 2. 收件人、抄送与密送

收件人(To)并不是仅需要了解邮件事项的人,而是需要回复或采取行动的人。抄送人(CC)是需要了解此邮件事项相关的人,通常包括发件人的主管和收件人的主管,因为双方主管都要了解该事项。密送(BCC)主要是发件人想把邮件发送给他(她)又不想被收件人和抄送人知道。在收件人、抄送和密送三项中要谨慎选择。邮件只发给该发的人,不要发给不必要接收此邮件的人,尤其要避免越级。密送一般不使用。回复邮件时一定要修改收件人和抄送人名单,不要随意使用回复所有人。除了董事长/总经理使用"致全体员工",其他人不应使用群发邮件给所有人。

▶ 3. 邮件称呼

邮件开头必须有称呼,在多个收件人的情况下可以称呼各位同事、各位同仁、各位领导或者所有人,例如有些英文邮件,有时候不知道收件人的情况,可以称呼为 Dear all 或者 Dears。如果对方有职务和职称,应按职务或者职称称呼对方,如"王经理""李教授"等。如果不清楚职务,可以称呼"×先生""×女士",但要把性别先搞清楚。称呼应在第一行顶格写。

▶ 4. 问候语

邮件的开头和结尾最好都有问候语。中文的开头写"你好"或者"您好",结尾写"祝您顺利"之类,如果是给位尊者可写"此致敬礼";英文的开头通常简单写个 Hi,结尾通常写 Best regards。"礼多人不怪",表示礼貌多一些,即便邮件中有不妥之处,对方也能担待。

▶ 5. 正文

(1) 首先行文应简明扼要,语句通顺。如果对方不认识你,首先应说明自己的身份,主要包括公司、职务和姓名。其次,简要说明事由,最好不用对方拉动进度条就可以看完。如果内容较多,应注意条理性,逐条列出。

(2) 正文中注意多使用礼貌用语如"请""谢谢""抱歉""麻烦您"等。

(3) 应考虑所有收到邮件的人的感受,不要轻易在邮件中评论别人。

（4）选择适宜的字体和字号。中文一般用宋体或者新宋体，英文用 Verdana 或 Arial 字体，字号用五号或者 10 号字即可。这是经研究最适合在线阅读的字号和字体。商务邮件不要用稀奇古怪的字体和斜体字，以及背景信纸。如确有必要，合理使用粗体、颜色字体进行提示是可以的，但是过多提示会显得不正式。

（5）正文中不应出现错别字和容易引起歧义的语句。

▶ 6. 署名

电子邮件也是信件，署名不应马虎。署名可包括姓名、职务、公司名称、电话、传真、地址等信息。一般需注上日期。

▶ 7. 附件

如果邮件带有附件，应在正文中提示收件人查看附件。附件文件应认真选择命名，以能概括附件内容为佳，也为收件人下载后的管理提供方便。正文中如有多个附件，应做简要说明。若附件数目超过 4 个，则应打包压缩成一个文件。附件文件如较大，应分割成几个小文件分别发送。另外，要确保发过去的附件没有病毒。

课堂讨论： L 女士每天要处理大量的电子邮件，除了垃圾邮件，她将所有往来邮件都保留在邮箱中。这样的确为工作带来了方便，即使出差也可以查阅历史文件。但有一段时间，她发现很久没有新邮件进来，与往日的工作节奏非常不同，她回复给客户的邮件也没有一个回复。后来她给客户打电话了解情况，客户说发给她的信件都退回了。通过向公司里技术人员请教，才发现这是由于邮箱空间不足所致，需要删除一些邮件以保证邮箱可以正常接收新邮件。

分析： 电子邮箱需要职场人士经常进行管理，不用的信息要清理，有用的邮件要备份和保存。发出去的邮件，尤其是重要邮件应当保存在"已发送"里。太大的附件不适合通过电子邮箱发送。职场人士需要在工作中不断提升使用电子邮箱的技能。

▶ 8. 回复邮件

及时回复邮件是必要的。理想的回复时间是 2 小时以内，特别是对于一些紧急重要的邮件。如果事情复杂无法给予确切回复，则至少应说一声"您的来信已经收到，有消息会尽快联系您"之类的话。及时响应哪怕只是告诉对方收到了。如果正在出差或者休假，应设定自动回复功能，提示发件人，以免影响工作进度。回复别人的邮件，应有针对性的明确表明意见，避免多次回复，而且出于礼貌，一般不少于 10 个字。不应过多使用"Re:"作为邮件主题，尤其谨慎使用 reply all。有时出于工作效率的考虑，也可告诉对方"不必回复"。

课堂讨论： W 同学暑期应聘到某 500 强外企公司实习，让她很郁闷的是老板总是盯着邮件礼仪不放手。没有添加抄送，老板不高兴；用公邮对外联络时语言语气不合适，老板不高兴；感叹号用多了，老板也不高兴；一个词使用不当，老板更加不高兴。W 同学说："我就是想知道，这邮件的重要性在哪里？为什么会这样？里面的游戏规则是怎样的？以及，我不要再挨批评了！"

分析： 是否遵守邮件礼仪，不仅关乎个人职场素养，更是关乎企业外部形象的大事。外企的规范化程度很高，即使是小小的邮件，都有非常严格的规定和规范。作为初入职场的新人，应虚心接受别人的批评意见，认真改正工作中的不足。

四、网络即时通信礼仪

网络即时通信工具,指能够即时发送和接受网络消息的软件,如 QQ、MSN、旺旺和微信等。当今社会,网络交流已经成为许多公司业务往来的重要阵地。虽然网络交流随意性较高,但是也有很多公认的需要注意的礼仪要遵守。

(一) 网络称呼先行

没有称呼的会话是不礼貌的,显得非常冒昧和奇怪。如今网络称呼"亲"伴随阿里旺旺的普及非常流行,但是在较为正式的即时沟通中依然要谨慎使用"亲",尤其是双方职位不对等时,应更多使用带职务、职称、职业的尊称而非一般性称呼。

(二) 了解交流对象状态

在开始会话之前,先看对方的状态,有没有设置成"离线""忙碌"等不方便交流的状态。如果对方在线,也要像打电话先询问对方是否方便一样,先询问:"您好,在吗?"或者"您现在有时间吗?"待对方回复后决定是否开始即时交流。

(三) 简单又轻松地沟通

使用网络即时通信工具,应遵循简单明了的原则,不应过分寒暄,或者长时间空聊不进入主题。网络环境下,职场人士的沟通应简单而轻松,及时问出自己的问题或者给予对方解答,提高沟通的效率。

(四) 发送内容应斟酌

一般不要不经允许直接发离线文件,或者发很大的视频或文件。离线文件通常只能保存几天,应提醒对方及时接收以免过期。不要过多使用图片,会给人不认真交流的感觉。使用表情和图片要恰到好处,避免引起对方的反感和误会。截图给对方时要考虑像素因素。不要在 QQ 上设置自动回复,发网址要检查链接的安全性,最好附上标题和文字介绍。

(五) 结束通话应告别

如果经过沟通问题已经解决,应礼貌告别。

(六) 使用即时通信的其他注意事项

(1) 如果你很忙,就不要上线。
(2) 昵称不要改来改去,以免对方无法识别你是谁,可以改签名档。
(3) 公务 QQ 在非办公时间一般不要使用。
(4) 不要让太多无关紧要的群占用你的时间,不用的群及时删掉。
(5) 不要随意给别人发广告信息和各种链接。

网络时代,各种即时通信工具层出不穷,在沟通方面的功能越来越强大,但"万变不离其宗",无论是经典的 QQ、MSN,还是网络新秀微博、微信、朋友圈,都应符合礼仪的基本原则。

知识拓展

网络称呼语"亲"的前世今生

"亲"是大家都熟悉的一个词,按照《现代汉语》的解释,有以下义项:①父母;②亲生;③血统最接近的;④有血统或婚姻关系的;⑤婚姻;⑥新妇;⑦关系好感情好,跟

"疏"相对；⑧亲自；⑨用嘴接触（人或东西），表示亲热，喜爱。

网络里的用语是不可以传统语境里的意义去理解的。"亲"在网络语言中已经被赋予了新的含义。如今不管是谁，认识的、不认识的、男的、女的，只要你愿意，你都可以叫他"亲"。现在我们就来看看这个表称呼的"亲"是怎么流行起来的。

"亲"最早是"超女"周笔畅用来称呼她的歌迷的。我们在百度上看到周笔畅的一位歌迷写下了这样的句子："笔畅说，我们不仅是她的歌迷，我们和她之间就像亲人一样，称我们这些歌迷为'亲们'。"之后，大家纷纷用"亲"来指称歌迷、影迷。

第二个阶段，"亲"由指称歌迷、影迷发展为指有某种共同点的一类人。这是一个引申的过程，有某种共同特点的这类人和某类"迷"具有相同之处，如"荷兰球亲来报到！""考研的考亲们，进来说说感受。"

第三个阶段，因为"亲"这个称呼常常在网上被使用，因此它进一步发展成了网络称呼语。网络中处于某个圈子、有着某些共同兴趣爱好和追求的人们为了拉近彼此的距离，就用"亲"相互称呼。例如，"亲，喜欢就赶紧买吧，货快断码了。""亲们，夏天到了要怎么减肥？"这里的"亲"是淘宝网上店主跟顾客之间的称呼，反之，顾客称店主则为"宝"。乍一听，亲亲宝宝的，还以为是什么肉麻的话呢，其实不是了。"亲"渐渐替代了"朋友""先生""女士""同志""师傅""你""您"等称谓，悄悄地成为一个受大家欢迎的网络称谓语。

第四个阶段，表示称呼的"亲"多数流行于网络上，现在偶尔也出现在口语中，特别是年轻人，有时会对自己的亲朋好友当面称"亲"或"亲爱的"，无论同性异性之间，但这绝不是原来男女密友和夫妻间的称呼了。我的一个20几岁的女同事，就常常把另外一些漂亮的女同事称为"亲爱的"，前几天我的这位同事就问我的另一位同事道："亲爱的，什么时候回家啊？"起初我听得寒毛倒竖，现在我已经习惯了。可见，"亲"已经悄悄地进入现实生活了。

其实，这即是语言学上的语义泛化现象，它是指"词语在保持越来越少的原有语义特征的情况下，不断产生新的使用方式，以将越来越多的对象纳入自己的指谓范围。"

我们知道，新创造的词语起初只能是属于言语的，它是孤立的说话者的偶然产物，只有使用该词语的人多了，得到社会的认可了，它才能进入语言。目前，"亲"正处于这样一个过程中，它已经得到广大网民的认可，并且逐渐进入我们的真实交际，影响我们的生活。

任务三　面试礼仪

任务导入

以下是某企业人力资源经理对求职者的忠告：

面试从你接到电话通知的那一刻就已经开始了。也许是等待就业的心情比较迫切吧，我在通知有资格参加下一轮面试的面试者时，一般从电话另一头听到的都是一些浮躁的声音，这里摘了一点我们的对话，供大家参考："喂""喂，您好，请问是×××先生么？""你是谁啊?"(当时,我的心里已经不高兴了,但是不会表露出来)"我是××公司的,请问您参加了我们公司的招聘吗?""哪个公司"(肯定是撒大网了)"我们把您的面试时间安排在了明天的×××,地点在×××""我记一下,你们是什么公司?"……这样我就会把我的看法写在他(她)的简历上,供明天面试的时候参考,影响可想而知!

思考:

1. 应该怎样接通知你参加面试的电话?
2. 你认为面试是从什么时候开始的?为什么?

分析: 求职礼仪是公共礼仪的一种,它是求职者在求职过程中与招聘者接触时应有的礼貌行为和仪表形态规范。它通过求职者的应聘资料、语言、仪态举止、仪表、着装打扮等方面体现其内在素质,上述案例会有怎样的结果不言而喻。

西班牙女王伊丽莎白曾说过:"礼节乃是一封通行四方的推荐书。"的确,在选择职业应聘的过程中,要想力挫群雄,除了要掌握必要的面试技巧,还要遵从一定的礼仪规范,两者都是不可或缺的,甚至在某些情况下,求职就业礼仪还起着举足轻重的作用。求职礼仪是公共礼仪的一种,它是求职者在求职过程中与招聘者接触时应有的礼貌行为和仪表形态规范。它通过求职者的应聘资料、语言、仪态举止、仪表、着装打扮等方面体现其内在素质。古人云,"见微而知著",何况这些还不是微小的细节。求职礼仪是求职者整体素质的一个重要表现,它对于能否实现求职者的愿望、能否被理想单位录用起着重要的作用。

一、求职面试的准备

(一) 认识准备

在正式面试之前,必须对就业信息及用人单位有充分了解,对自己有准确的定位,做到"知己知彼,百战不殆"。

▶ 1. 了解相关的就业信息

面试之前,应该了解相关专业的就业情况,了解就业市场信息的途径一般有两种:一是新闻媒介,例如刊登招聘信息的报纸、杂志以及网络等方式。二是各式各样的供需见面会。现在高校都成立了学生就业指导办公室,并为大学毕业生提供专场供需见面会。但求职者应该对收集到的招聘信息进行筛选,注意选择保留真实有效的招聘信息。

▶ 2. 了解用人单位的背景情况

面试之前,应多了解应聘单位的情况,主要涉及的内容有:近期新闻媒体出现的有关该单位的报道,单位所属行业的基本知识,单位经营的主要产品及项目,单位的人员构成及对人才的重视程度,单位的发展历史、前景、性质、地理位置、福利待遇等情况。在头脑中要尽可能有一个用人单位的完整形象。对应聘单位的情况了解越多,自己努力的方向就越明确,心里越有把握。同时,广泛收集材料、了解用人单位基本情况,有助于求职者辨明方向,更加精准、客观地评价行业,选择适合自己发展的行业,避免走弯路。

▶ 3. 研究面试题目

在进行面试的过程中,面试人员会向求职者提很多问题,求职者对面试人员可能提出的问题应事先准备,以便做到胸有成竹、对答如流。面试人员经常爱提的几类问题如下。

1）请介绍一下你自己

一般人回答这个问题时往往过于平常，只说姓名、年龄、爱好、工作经验。而这些内容在简历上都有，面试人员其实最希望知道的是求职者能否胜任工作，包括最强的技能、最深入研究的知识领域、个性中最积极的部分、做过的最成功的事、主要的成就等，这些可以和学习无关，也可以和学习有关，但要突出积极的个性和做事的能力，说得合情合理，面试人员才会相信。任何用人单位都很重视个人的礼貌，求职者要尊重面试人员，在回答每个问题之后都说一句"谢谢"。没有人会拒绝有礼貌的求职者。

2）在学校你最不喜欢的课程是什么

面试人员不希望求职者直接回答数学、体育等具体课程，如果直接回答并说明理由，不仅代表求职者对这个学科不感兴趣，可能还代表将来他会对要完成的某些工作没有兴趣。面试人员最想从求职者那里听到的是求职者可能对个别科目不是特别感兴趣，但是正因为这样，才会花更多的时间去学习这门课程，并进而通过学习，对原本不感兴趣的科目也开始有了兴趣，对于本来就有兴趣的科目学习得更认真，所以各门课的成绩较为平衡。通过这样的问题，用人单位可以找到对任何事情都感兴趣的求职者。

3）说说你最大的优点和缺点

这个问题面试人员问的概率很大，通常不希望听到直接回答缺点是什么等，如果求职者说自己小心眼、爱忌妒人、非常懒、脾气大、工作效率低，恐怕任何用人单位都不会录用这样的求职者。用人单位喜欢求职者从自己的优点说起，中间加一些小缺点，最后再把问题转回到优点上，突出优点的部分。聪明的求职者往往能赢得青睐。

4）你认为自己在学校属于好学生吗

面试人员问这个问题可以试探出其他很多问题。如果求职者学习成绩好，就会说："是的，我的成绩很好，所有的成绩都很优异。当然，判断一个学生是不是好学生有很多标准，在学校期间成绩是重要的，其他方面包括思想道德、实践经验、团队精神、沟通能力也都是很重要的，我在这些方面也做得很好，应该说我是一个全面发展的学生。"如果求职者成绩不尽理想，便会说："我认为一个好学生的标准是多元的，我的学习成绩还可以，在其他方面表现也很突出，例如我去很多地方实习过，我很喜欢在快节奏和压力下工作，我在学生会组织过很多活动，锻炼了团队合作精神和组织能力。"有经验的面试人员一听就会明白，用人单位喜欢诚实的求职者。

5）说说你的家庭

面试人员询问家庭问题的目的不是要知道求职者家庭的具体情况，而是要了解家庭背景对求职者性格的塑造和影响。面试人员希望听到的重点也在于家庭对求职者的积极影响。面试人员最喜欢听到的是：我很爱我的家庭！我的家庭一向很和睦，虽然我的父亲和母亲都是普通人，但是我从小就看到父亲起早贪黑、每天工作特别勤劳，他的行动无形中培养了我认真负责的态度和勤劳的精神。我母亲为人善良，对人热情，特别乐于助人，所以在单位人缘很好，她的一言一行也一直在教导着我做人的道理。听了这些，用人单位会相信，和睦的家庭关系对一个人的成长有潜移默化的影响。

6）说说你对这个行业、技术发展趋势的看法

面试人员对这个问题很感兴趣，只有有备而来的求职者能够过关。求职者可以直接在网上查找所申请行业部门的信息，并深入了解进而产生独特的见解。用人单位认为最聪明

的求职者是对所面试的公司预先了解很多,包括公司各个部门的发展情况。在面试回答问题的时候,应聘者可以提到所了解的情况,用人单位欢迎进入企业的人是"知己",而不是"盲人"。

7)就你申请的这个职位,你还欠缺什么

面试人员喜欢问求职者弱点,但他们真正希望的是求职者继续重复自己的优势,然后说:"对于这个职位,以我的能力是可以胜任的,只是缺乏经验。但我想在进入公司以后,可以用最短的时间来解决。我的学习能力很强,我相信可以很快融入公司的企业文化,进入工作状态。"用人单位喜欢能够巧妙躲过难题的求职者。

8)你期望的工资是多少

面试人员喜欢直率的人,但这个问题却不能正面回答,面试人员希望听到:"以我的能力和我的优势,我完全可以胜任这个职位,我相信我可以做得很好。但是贵公司对这个职位的描述不是很具体,我想还可以延后再讨论薪资。"用人单位希望求职者留给公司一个定薪的自由度,而不是咬准一个价码。

9)你能给公司带来什么

用人单位很想知道未来的员工能为企业做什么,求职者应再次重复自己的优势,然后说:"就我的能力,我可以做一个优秀的员工,在组织中发挥能力,给组织带来高效率和更多的收益。"用人单位喜欢求职者就申请的职位表明自己的能力,如申请营销之类的职位,可以说:"我可以开发大量的新客户,同时,老客户提供更全面周到的服务,开发老客户的新需求和消费。"等。

10)你还有什么问题吗

面试人员的这个问题看上去可有可无,其实很关键。用人单位特别是外企不喜欢说"没有问题"的人,因为他们很注重员工的个性和创新能力。用人单位不喜欢求职者问个人福利之类的问题。如果问"贵公司对新进公司的员工有没有什么培训项目,我可以参加吗"或者"贵公司的晋升机制是怎样的",用人单位将很欢迎,因为这体现出应聘者对学习的热情、对公司的忠诚度以及应聘者的上进心。

▶ 4.给自己准确定位

求职,是用人单位和求职者之间双向选择的过程。"求"是申请,而非"哀求""请求"。求职者要做好自我定位,以自己的专业知识、能力与才华打动用人单位,赢得机会。在求职之前,要充分了解自己的兴趣、爱好、特长、优点和缺点。

1)兴趣、爱好

选一个职业的时候通常会想什么问题?到底想干什么?这种做法对不对?想干什么代表着你对什么有兴趣。只有感兴趣的事情,才会真正去做,才能做好。

2)特长

在大学里学习的是什么,不代表就是自己的特长。真正的特长是善于做的事情。可能是一门技术、一种知识,还有可能是在某方面的能力。不管怎么样,只有清晰地知道自己最拿手的本领,才能更好地将其展现在面试官的眼前,才能在以后的工作中灵活运用。

3)优点和缺点

任何人肯定都是有优点和缺点的。只有充分发扬优点,尽量避免缺点,才能给面试人员一个好的印象。你的优点自己清楚吗?可以拿出一张纸,写下你的优点,然后和实际比较，看是否符合。至于缺点，也不要害怕，这说明你有提高的空间，只有不断发现自己缺点的人才能不断进步。

通过以上自我分析，对自己有了客观全面的认识，知道了自己的就业方向。职业方向直接决定着我们每一个人的职业发展，根据职业方向选择一个对自己有利的职业和能够实现自我价值的用人单位，是每一个人的良好愿望。

（二）求职资料的准备

在求职应聘的过程中，应让对方尽可能多地了解自己的方方面面。求职资料的编写应包括本人受教育程度、应聘职位、曾经获得的荣誉和奖励、自己的兴趣和爱好等有关个人胜任本工作的介绍。当然，求职应聘资料中应该用最简单、最简练的语言概括自己。根据用人单位性质的不同，求职应聘资料也可以有明显的个性特征。

▶ 1. 编写简历的原则

1) 十秒钟原则

一般情况下，简历的长度以一张 A4 纸为限。简历越长，被认真阅读的可能性越小。高级人才在某些时候可以准备 2 页以上的简历，但是也需要在简历的开头部分简洁清楚地概述资历，以方便用人单位在较短时间内掌握基本情况，产生进一步仔细阅读的愿望。

2) 清晰原则

清晰的目的是便于阅读。就像制作一份平面广告作品一样，简历排版时需要综合考虑字体大小、行和段的间距、重点内容的突出等因素。

3) 针对性原则

对于不同的行业、不同的公司和不同的职位，都应提交内容不同的简历，否则就是欠缺针对性。

4) 客观性原则

简历上应该提供客观的可以证明或者佐证自己资历、能力的事实和数据。为了尽可能地客观，简历甚至要避免使用第一人称。

5) 真实性原则

不要试图编造工作经历或业绩，谎言不会让你走得太远。多数的谎言在面试过程中就会被识破，更何况有时候许多大公司会对你的简历和相关资料进行背景调查。

▶ 2. 简历的制作

一份吸引人的简历是获取面试机会的敲门砖，所以，怎样写一份"动人"的简历，就成了求职者首要的工作。

1) 个人简历的结构与写法

个人简历可以是表格的形式，也可以是其他形式，一般应包括以下内容。

（1）个人基本情况介绍，包括姓名、性别、出生年月、家庭地址、政治面貌、婚姻状况、身体状况、兴趣、爱好、性格等。

（2）学历情况概述，包括就读学校、所学专业、获得学位、外语及计算机掌握程度、在校期间获奖情况、爱好和特长、参加过的社会实践活动、在学校社团中担任职务、承担任务等。

（3）本人经历。入学以来的简单经历，主要包括担任社会工作或加入党团等的情况。

(4)所获荣誉。三好学生、优秀团员、优秀学生干部、专项奖学金等。

(5)本人特长,如计算机、外语、驾驶、文艺、体育等。

个人简历应该浓缩大学生活的精华,要写得简洁精练,切忌拖泥带水。个人简历后面可以附上个人获奖证明,如三好学生、优秀学生干部证书的复印件,外语四、六级证书的复印件以及驾照的复印件等,这些证书能够给用人单位留下深刻的印象。

2)个人简历的注意事项

(1)不要写得过于复杂和啰唆。面试人员看一份简历的时间不过短短几秒钟而已。求职履历表有"三不":第一,绝对不超过一页;第二,绝对不要把与工作无关的事不分巨细地写进去,如家庭状况、民族等;第三,不填薪水,求职的人应认清履历表的作用,它是争取面试机会的一张纸而已,薪水问题应放在面试或以后谈。

(2)是用词要恰当。在写简历时,要时刻记住你是在推销自己,应尽量使用适合这种商业环境的语言,尤其是在对曾经的业绩和成就进行说明的时候。简单说,就是要使用定量化的语言,简历中具体数字越多、具体事实越多、经历和所求职位越相关,商业价值就传达得越明确,就越有说服力,比大而空、口号式的语言强得多。

(3)突出过去的成就。过去的成就是能力的最有力证据,详细把它们写出来,会更有说服力。

(4)履历表切忌过长。长度应尽量浓缩在三页之内,最重要的是要有实质性的东西给用人单位看。

(5)内容要客观真实。履历表上的资料必须是客观而实在的,千万不要夸大其词。要本着诚实的态度,有多少写多少。

二、求职形象礼仪

求职者留给面试人员的形象如何,常常直接关系到求职的成败。求职者的形象直接决定能否在面试时更好地显现出自己的风采。在求职面试过程中,面试人员首先通过仪表来认识求职者。在最初的交往过程中,仪表往往比一个人的简历、介绍信、证书、文凭更能产生直接的效果。在初次见面的过程中,一个人对另一个人的印象在短短几分钟内已经形成,这个"第一印象"左右着面试人员的判断。求职者的外在形象,是给面试人员的第一印象。外在形象的好坏在一定程度上影响到能否被录用。面试时,一定要注意,恰当的着装能够弥补自身条件的某些不足,树立起自己的独特气质,最终脱颖而出。

(一)化妆修饰要适度

求职应聘过程中,既不能浓妆艳抹,也不能不修边幅,应做到简洁、大方、亲切、自然。适度的修饰是关爱自己、尊重他人的表现,也可以给自己增加自信,增加他人对自己的信任感。求职面试时,给人的第一印象往往是你的仪表服饰。初次见面一定要力争给人以整洁、美观、大方、明快的感觉,不修边幅会给人懒懒散散的印象。

作为年轻人,穿着仪表首先要体现青春和朝气,展示给面试人员的第一印象应该是大方、整洁。当然,由于应聘单位的不同,对仪表服饰的要求也有所变化。国家机关招聘,希望未来的公务员衣着端庄,体现稳健踏实的作风;公司企业(尤其是外企)注重整体形象的漂亮、明快。职业装强调的是服装与工作性质、场合的统一、协调。服饰、仪容既是一个人审美观的集中表现,也是文化素养的具体反映。

1. 头发

头发代表一个人的个性与整洁习惯。油腻的头发说明这个人整洁习惯欠佳。公司通常要求业务人员必须每两天洗一次头，因为业务人员代表着公司的形象。所以求职者在面试的时候，头发的整洁远比发型更重要。衡量头发整洁的标准是：发型款式大方、不怪异，头发不太长也不太短，前发以不要遮眼遮脸为好；男士鬓角的头发不要过耳；头发干净整洁，无汗味，没头屑，不要使用过多发胶。

2. 首饰佩件

首饰不但说明了一个人的品位，也代表了对自我的要求。从地摊、精品店或是其他地方购得的首饰，道出了一个人的生活水平与消费品位。然而价格并不能代表品位高低，搭配得体才能体现品位。总体来说，平时不戴首饰的人，在面试时也最好不戴，简单也是一种品位。以男性为例，面试时千万不能打扮过头，佩戴镶宝石的领带夹、闪亮的袖扣、造型夸张的眼镜或手表等引人注目的配饰，反倒会适得其反。在面试非时尚媒体类的工作岗位时，最好也不要戴耳环。

3. 化妆

化妆以淡雅清新为宜，切不可浓妆艳抹或者另类前卫。女士可以修一下眉，化一些淡妆，但不要过浓或过于夸张。

（二）衣着服饰要得体

莎士比亚说："服饰往往可以表现人格。"求职者的着装修饰要尊重社会规范，符合大众的审美观。不要穿奇装异服，关键是整洁、大方、朴素。面试时的着装应保守，但也要根据面试单位的不同而选择不同风格的着装。大多数情况下，应尽可能避免穿牛仔裤、高跟拖鞋，以免给面试人员留下太随便的印象。求职时的正式打扮，应该是比较典雅和成熟的，面试人员注重的是内在气质，而不是其他的装饰品。

1. 对女士的要求

裙子不宜太长，这样显得不利落，但是也不宜太短，以及膝为宜。低胸、紧身的服装，过分时髦和暴露的服装都不适合在面试时穿。春秋的套装可用花呢等较厚实的面料，夏季用真丝等轻薄的面料。衣服的质地不要太薄、太透，否则有不踏实、不庄重的感觉。色彩要表现出青春、典雅的格调，表现出自己与众不同的品位和气质，但颜色不宜太抢眼。丝袜被称为女性的"第二层皮肤"，一定要穿，而且以透明近似肤色的颜色为好。要随时检查丝袜是否有脱线和破损的情况，最好带一双备用的。在面试时，最好不要穿凉鞋。如果习惯随身带包，包不要太大，款式可以多样，颜色要和服装相搭配。应穿式样简单、没有过多装饰的皮鞋，颜色和套装的颜色一致。不要穿鞋跟太高太细的鞋，长筒靴和带扣的鞋也会显得不合时宜。如果有鞋掌，最好选择塑料质地的，金属质地的鞋掌在走路时常发出较大声响。

2. 对男士的要求

注意脸部的清洁，胡子一定要刮干净，头发梳理整齐。查看领口、袖口是否有脱线和污浊的痕迹。春、秋、冬季，男士面试最好穿正式的西装。夏天要穿长袖衬衫、系领带，不宜穿短袖衬衫或休闲衬衫。西装的色调以给人稳重感觉的深素色为主，如藏青色、蓝色、黑色、深灰色等。搭配的衬衫最不会出错的颜色是白色。领带应选用丝质的，上面的图案可以根据自己的爱好选择,最好是单色的,能够与各种西装和衬衫相配。单色为底,印有规则小圆点的领带,格调高雅,可以选用;斜条纹的领带则表现出一个人的精明。领带在胸前的长度以达到皮带扣为好。如果一定要用领带夹,应夹在衬衫第三和第四个扣子中间的位置。脚上应穿深色的袜子、黑色的皮鞋。皮带要和西装相配,一般选用黑色。男士着装的一般原则是:皮鞋、皮带、皮包颜色一致,一般为黑色;眼镜要和自己的脸型相配,镜片擦拭干净;钢笔一定不要插在西装上衣的口袋里,它是起装饰作用的。

如果穿西服,那么就应该穿皮鞋。运动鞋、布鞋、凉鞋与西服是不搭配的。鞋子体现稳健的态度最好,别出心裁的鞋子不适合面试的场合。绝对不要为了显示不羁的生活方式而拒绝穿袜子,袜子一般要和裤子的颜色相配,不妨选黑色或者深色的,袜子要有一定的长度,以坐下或者交叉两腿时不露出腿为宜。

三、求职者言行规范

求职的重要一关就是面试。面试时要注意一定的礼仪,谈吐应适当,不要急于求成,要有组织认同感。面试结束的时候也不要忘了周全的礼仪,要善始善终,因为这代表着你的修养,会给面试人员留下深刻的第一印象。

(一)仪态自然大方

在求职面试中,面试人员首先是通过求职者的仪表来认识对方的。在最初的交往当中,仪表往往比一个人的简历、介绍信、证书、文凭等的作用更直接,更能产生有用的效果。面试人员往往通过仪表,形成一种特殊的心理定式,这种心理定式和情绪定势就称为"第一印象"。一个人对另一个人的印象,在初次见面的短短几分钟内就已经形成,这个"第一印象"在无形中左右着面试人员的判断。一个人行为举止的综合,就是风度的具体表现,是人际交往中的无声语言,是个人性格、品质、情趣、素养、精神世界和生活习惯的外在表现。这些行为举止主要包括规范的站姿、优雅的坐姿、正确的走姿、适度的手势、合适的表情等。

在求职面试的过程中,应该面带微笑,注视面试人员的眼睛,要认真听清面试人员提出的问题,如果问题很难,可以稍做思考再回答,不要扭捏或表现出无所谓的态度。

(二)言语规范得体

要想在交际中获得良好的效果,首先要掌握语言表达的艺术,懂得言谈礼仪,使你的谈吐风趣、高雅、富有感染力。优雅的举止、洒脱的风度,常常被人们羡慕和称赞,也最能给面试人员留下深刻印象。所以,每一个求职者在交谈过程中都要注意语言和用词。

▶ 1. 开头语的使用

一般情况下,面试人员会首先做自我介绍,并示意让你在指定位置入座。致谢后,你可以视招聘者的性别、年龄,选择恰当的称谓,如"先生""小姐""女士"等。如果不确定,可以先称"老师"后,再说:"请问,我该怎么称呼您?"这时,对方会给你提示。应该明白,从进入房间的那一刻起,面试就已经开始了。

▶ 2. 语言表达艺术

要根据自我介绍和交谈的内容控制声音的大小、语速的快慢、语调的委婉或坚定、声音的和缓或急促,在抑扬顿挫之中表现出坚定和自信。如果装腔作势,会给人一种华而不实、作秀的感觉。

1）尽量使用普通话

如果认为自己的普通话确实不太熟练，也不必勉强，就用你最熟悉的语言好了，但要注意避免使用方言中的一些俚语。切忌将蹩脚的普通话和方言混用。

2）讲话要言简意赅

不要为了显示而只顾使用华丽、奇特的辞藻，这样会很难顾及语言的逻辑和通顺，反而使人感到用词不当、逻辑思维能力差。此外，急于显示自己妙语惊人，往往会使语言过于锋利、锋芒太露、而显得有些张狂。

3）注意控制语速

讲话速度太快显得紧张和急躁，讲话速度太慢又会让人感到吞吞吐吐和思维反应迟钝。一般情况下，语速掌握在每分钟120个字左右为宜。要注意语句间的停顿，不要滔滔不绝，让人应接不暇。

4）注意控制语调

语调是表达人真实情感的重要元素，可表现出压抑或放松、犹豫或坚定、自卑或自信，也可以流露出人的喜怒哀乐等复杂感情。

5）集中精力认真倾听对方讲话

要听清和正确理解对方的一字一句，不但要听清话的本意，而且要听出其弦外之音，这样才能做出敏捷的反应。交谈过程中注意礼貌，不要打断对方的讲话。

（三）巧妙回答，积极应对

面试，其实就是一场智力游戏。与面试人员相见后，求职者想在短短一席话中努力表现出自己的优点、讲聪明的话或立即做出最好的反应，以便给对方留下良好印象。面试人员为了不至于"选错郎"，也会在面试中设置种种语言陷阱，以测试你的智慧、性格、应变能力和心理承受能力。只有识破这样的语言陷阱，求职者才能小心巧妙地绕开它，语言能力也是面试人员评估求职者的一个重要指标。

▶ 1. 激将式的语言陷阱

激将法是面试人员用来淘汰大部分求职者的惯用手法。采用这种手法的面试人员，往往在提问之前就会用怀疑、尖锐、咄咄逼人的眼神逼视对方，先令对方的心理防线步步溃退，然后冷不防用一个明显不友好的发问激怒对方。面对咄咄逼人的发问，作为求职者，首先要做到的就是无论如何不要被"激怒"，如果你被"激怒"了，那么你就输掉了。

不同的情况应该采取不同的应答方式。例如，面试人员问你："你性格过于内向，这恐怕与我们的要求不适应！"可以巧妙地回答："据说内向的人往往具有专心致志、锲而不舍的品质。另外，我善于倾听，因为我感到应把发言机会多多地留给别人。"

这类提问的特点是，从求职者最薄弱的地方入手。对于这样的问题，你可以用"这样的说法未必全对""这样的看法值得探讨""这样的说法有一定道理，但我恐怕不能完全接受"为开场白，然后婉转地表达自己的不同意见。面试官有时还会哪壶不开偏提哪壶，提出让求职者尴尬的问题。碰到这样的问题，有的求职者常会不由自主地摆出防御姿态，甚至狠狠反击对方。这样做，只会误入过分自信的陷阱，招致"狂妄自大"的评价。而最好的回答方式应该是，既不掩饰回避，也不要太直截了当，用明谈缺点实论优点的方式巧妙地绕过去。

总之，如果求职者结结巴巴、无言以对，或怒形于色、据理力争、脸红脖子粗，那就掉进了对方所设圈套。求职者碰到此种情况，要头脑冷静，明白对方在"做戏"，不必与他较劲。

▶ 2. 诱导式的语言陷阱

这类问题的特点是，面试人员往往设定一个特定的背景条件，诱导对方做出错误的回答，因为无论求职者做出任何回答，都不能让对方满意。这时候，你的回答就需要用模糊语言来表示。例如，面试人员问你："你认为金钱、名誉和事业哪个重要？"这种诱导式的语言陷阱是，对方的提问似乎是一道单项选择题，但如果你选了，就会掉进陷阱。对刚毕业的大学生来说，这三者当然都很重要。可是对方的提问却在误导你，让你认为"这三者是相互矛盾的，只能选其一"。这时候切不可中了对方的圈套，必须冷静分析，可以首先明确指出这个问题的前提条件是不存在的，再解释三者对我们的重要性及其统一性。你可以这样组织语言："我认为这三者之间并不矛盾。作为一名受过高等教育的大学生，追求事业的成功当然是自己人生的主旋律。而社会对我们事业的肯定方式，有时表现为金钱，有时表现为名誉，有时两者均有。因此，我认为，我们应该在追求事业的过程中去获取金钱和名誉，三者对我们都很重要。"

▶ 3. 误导式的语言陷阱

面试人员早有答案，却故意说出相反答案。若一味讨好，顺着错误答案往上爬，面试会认为求职者无主见，缺乏创新精神，自然被列为淘汰之列。

▶ 4. 测试式的语言陷阱

这类问题的特点是虚构一种情况，然后让求职者做出回答。例如"今天参加面试的有近 10 位候选人，如何证明你是最优秀的？"这类问题往往是考查求职者随机应变的能力。无论你列举自己多少优点，别人总有你没有的优点，因此正面回答这样的问题毫无意义。你可以绕开，从侧面回答这个问题。你可以回答说："对于这一点，可能要因具体情况而论。比如贵公司现在所需要的是行政管理方面的人才，虽然前来应聘的都是这方面的对口人才，但我深信我在大学期间当学生干部和主持社团工作的经历已经为我打下了扎实的基础，这也是我自认为比较突出的一点。"这样的回答可以说比较圆滑，很难让对方抓住把柄，以便再度反击。

有时，面试人员还会提出这样的问题："你对琐碎的工作是喜欢还是讨厌，为什么？"这是个两难问题，若回答喜欢，似乎有悖现在青年人的实际心理；若说讨厌，似乎每份工作都有琐碎之处。按正常心理，人们是不愿做琐碎工作的（除非特殊岗位，如家庭钟点工），面试人员明知故问，可以推测出其醉翁之意不在酒，他想知道的是你的工作态度。我们可以这样表述自己的态度："琐碎的事情在绝大多数工作岗位上都是不可避免的，如果我的工作中有琐碎事情需要做，我会认真、耐心、细致地把它做好。"这句话既委婉地表达了大多数人的普遍心理——不喜欢琐碎事情，又强调了自己对琐碎工作的敬业精神——认真、耐心、细致。这样的回答既真实可信，又符合用人单位的心理。

▶ 5. 引君入瓮式的语言陷阱

在各种语言陷阱中，最难提防、最危险的，可能要算引君入瓮式的语言陷阱。面试人员也许会突然问你："您作为财务经理，如果总经理要你 1 年之内逃税 100 万元，那你会怎么做？"如果你当场抓耳挠腮地思考逃税计谋，或文思泉涌立即列出一大堆逃税方案，那么你就上了圈套，掉进了陷阱。因为抛出这个问题的面试人员，正是以此来测试你的商业判断能力和商业道德。要记住，遵纪守法是员工行为的最基本要求。

总之，面试人员也许会设计出各种各样不同的语言陷阱，但是只要看准了，就能兵来将挡，水来土掩。

四、求职面试的方法与技巧

面试是决定求职成功与否的决定性因素。如果我们掌握了面试的技巧，就能为获得这份工作打下良好的基础。面试的基本方法和技巧是多样的。

（一）求职面试的基本方法

▶ 1. 信函自荐

信函自荐是毕业生求职择业过程中最常用，也是最主要的手段。这是毕业生与用人单位沟通的第一步。写好求职信是敲开职业大门的重要步骤。

1）求职信的格式

求职信由开头、正文、结尾、落款四个部分组成。

信的开头，要注意收信人的称呼。对于不甚明确的单位，可写"尊敬的领导同志""尊敬的某某公司领导"等；对于明确用人单位负责人的，称呼写在第一行，顶格书写，以示尊敬和礼貌。称呼之后用冒号，然后，写上一句问候语"您好"，底下再接正文。

正文是求职信的主体部分。这一部分应写清楚以下几个方面：个人基本情况，如姓名、就读学校、专业名称、何时毕业以及所获学位等；个人所具备条件，这一部分是求职信的核心。要从自己的专业知识、社会经验、专业技能、性格、特长、能力等方面使用人单位相信，他们的需求正是你感兴趣且有能力胜任的岗位。

求职信的结尾应当写好结束语。可以提醒用人单位，说明自己希望得到他们的回复或回电，或表示面谈的愿望。如可以写"希望得到您的回音""盼复"等，或留下本人的联系电话。通常在结束语后面，写一些表示祝愿或敬意的话。如"此致""敬礼""祝您身体健康、工作顺利、事业发展"等。

落款包括署名和日期两部分。署名应写在结尾祝词下一行的右后方。字迹要清晰，日期应写在名字下面，若有附件，应在信的左下角注明。

2）写求职信应注意的问题

信封、信纸要有所选择。最好不要使用署有外单位名字的信封。字迹清晰工整，给人留下良好的第一印象。如果字写得不好，就用打印；如果有一手漂亮的好书法，最好手写出来，不要用复印件。篇幅要适中，不宜过长，文字在1 000字左右较为合适。求职信是个人的公关手段，可以写得较有文采，但应实事求是，既不能过高地吹嘘自己，也不能过分谦虚。要留下自己的联系方法，如通信地址、联系电话等。

▶ 2. 电话面试

通过电话推荐自己，也是求职过程中常用的方式之一。如何通过电话沟通，在最短的时间里用最简洁明了的语言清楚地表达自己，给对方留下深刻清晰的印象，这是我们最关心的问题。那么，在打电话之前一定要做好充分的准备工作。

1）环境

确保电话面试的环境是安静的，这样就不会被弄得心绪不宁或被外界打断，而且还要保证电话是通的。记住不要关掉移动电话，以确保别人随时可以联系上你。

2）工具

在手边放一支笔和一张纸。因为可能会在面试的时候记上一点东西。把履历表放在正前方，同时准备一份面试人员可能会提问的问题清单，还需要整理出一份你所掌握技术的列表，这就让你的实力一目了然。在你的桌子附近放一面镜子来提醒你保持微笑也是一个好主意，如果在整个电话中你的面部表情一直是微笑，那么你将给自己更多的积极暗示。不管怎样，尽量不要开玩笑。因为没有了肢体语言的优势，你的幽默很容易被误解。

3）声音

说话要清楚，不要说得太急。感到紧张是很自然的，但要试着让自己慢慢放松。如果说得太急，面试人员将很难听懂你的意思。一旦感觉到紧张，而且在说某些话无法继续下去时，最好停下来，深吸一口气，然后说："对不起，请让我再来一次。"没有人会因为些许的紧张就给你下定论。千万不要让紧张情绪控制了自己。

4）答案

认真问题，注意面试人员的用词，看面试人员所说的大部分是否都是专业术语。要让你的答案显示你对那些专业术语是很熟悉的，但同时也要让他人知道，你可以跟普通人交流。不要让你的回答局限于专业术语之中，要让面试人员可以评价你和普通人交流专业知识的能力。不必担心在回答一个问题之前需要花一点时间去思考，但不管怎样，因为面试人员不能够看见你，所以你要给他一些口头的暗示，如"我希望能够给您一个完整的答案，请给我一点时间来整理一下我所想到的。"

5）感谢

千万不能忘记，在面试结束的时候要感谢面试人员，而且还要保证面试人员有你正确的电话号码，以便在接下来的几个星期里能找到你。面试结束后，写一份简短的感谢信。如果发电子邮件的话必须在一个小时内发出，如果是普通信件的话在当天之内发出就可以了。在感谢信里面，重申你对占用了面试人员时间的感激以及为其他问题给出答复是很重要的。如果发现在面试的时候你有一个很重要的经历没有提到，那么这封感谢信将是补充这些附加信息的最好方式。

▶ 3. 考试录用

笔试是考试录用最常见的考核方法，对于一些技术性、专业性较强的工作，通过这种方式可以考查求职者的综合素质，如公务员考试等。

参加笔试前应该了解其大体内容，一般包括以下几个部分。

（1）知识范围的考核，包括基础知识和专业知识。

（2）智力测试，主要测试求职者的记忆力、分析观察力、综合归纳能力、思维反应能力。

（3）技能测试，主要是对求职者处理实际问题的速度与质量的测试，检验其对知识和智力运用的程度和能力。

参加笔试的求职者应该按照要求准时到场，不能迟到。尽量保持卷面整洁，字体工整，给阅卷老师留下良好的印象。在考试过程当中，绝对不能作弊或搞小动作，对于这一点，用人单位是尤其看重的。

▶ 4. 网上应聘

随着网络求职的流行和高效，越来越多的人采用这种方式，进行网上应聘时，为了使招聘人员能更快地"发现"你，你要学会按照他们的思维方式去思考。

（1）重要信息记录在简历首页的顶部。聘用者首先会将搜索条件定位在对他们最有用的范围之内，就像他们写招聘广告一样。另外，许多网络搜索引擎都以简历第一页顶部的信息为基础展开。因此，你可以将你的联系方式、关键性的词句、工作目标、工作业绩及近期成绩放在首页。

（2）要考虑清楚用人单位希望你掌握哪些技能。你的描述应该直接击中要点，详细而且符合要求。让用人单位能清楚知道你上一份工作的主要职责是什么，你又是如何冲破限制、排除困难而取得卓越业绩的。

在做好这些之后，还有两个基本的原则，一是要确保你符合招聘职位的所有要求；二是要明白网络求职的竞争仍然是非常激烈的，要学会跟进，事后应礼貌地打个电话去询问，不要害怕被拒绝，这样做会使你更受关注。

（二）求职面试中避免出现的失误

在求职过程中，没有人不犯错误，而聪明的求职者会不断修正自己的错误走向成熟。对于这些错误我们也应该及时避免。

▶ 1. 不善于打破沉默

面试开始时，有些求职者不善打破沉默，而是等待面试人员开始话题。面试中，求职者又出于种种顾虑，不愿主动说话，结果使面试出现冷场。即便能勉强打破沉默，语音语调亦极生硬，使场面更显尴尬。实际上，无论是面试前或面试中，求职者都应该与面试人员主动致意与交谈，这样会给面试人员留下热情和善于与人交谈的良好印象。

▶ 2. 与主考官"套近乎"

具备一定专业素养的面试人员是忌讳与应聘者套近乎的，因为面试中双方关系随便或过于紧张都会影响面试人员的评判。过分"套近乎"亦会在客观上妨碍求职者在短短的面试时间内，做好专业经验与技能的陈述。聪明的求职者可以列举一至两件有根据的事情来赞扬用人单位，从而表现出对该单位的兴趣。

▶ 3. 为偏见或成见所左右

有时候，自己会被所了解到的有关该面试人员或该招聘单位的负面评价左右自己的思维，误认为貌似冷淡的面试人员或是严厉或是对自己不满意，因此十分紧张。还有些时候，如果面试人员是一个看上去比自己年轻许多的人，心中便开始嘀咕："他（她）怎么能有资格面试我呢？"其实，在招聘面试这种特殊的"采购关系"中，应试者作为供方，需要积极面对不同风格的面试人员即"客户"。一个真正的"销售员"在面对"客户"的时候，他的态度是无法选择的。

▶ 4. 慷慨陈词

求职者大谈个人成就、特长、技能时，聪明的面试人员一旦反问："能举一两个例子吗？"应试者便无言应对。而面试人员恰恰认为，事实胜于雄辩。在面试中，求职者要想以沟通能力、解决问题的能力、团队合作能力、领导能力等取信于人，唯有举实例。

▶ 5. 缺乏积极态势

面试人员常常会提出或触及一些让求职者为难的事情。很多人常常面红耳赤，或躲躲闪闪，或撒谎敷衍，而不是诚实地回答、正面地解释。例如，面试人员问："您为什么在5年中换了3次工作？"有人可能就会大谈工作如何困难、上级不支持等，而不是告诉面试人员：虽然工作很艰难，自己却因此学到了很多，也成熟了很多。

▶ 6. 丧失专业风采

有些求职者面试时各方面表现良好，可一旦被问及现在所在公司或以前公司时，就会愤怒地抨击其老板或者公司，甚至大肆谩骂。在众多国际化大企业中，或是在具备专业素养的面试人员面前，这种行为是非常忌讳的。

▶ 7. 不善于提问

有些人在不恰当的时机提问，如面试中打断面试人员的谈话而提问。也有些人面试前对提问没有足够准备，轮到有提问机会时却不知说什么好。而事实上，一个好的提问，胜过简历中的无数笔墨，会让面试人员刮目相看。

▶ 8. 假扮完美

面试人员常常会问："您性格上有什么弱点？您在事业上受过挫折吗？"有人会毫不犹豫地回答："没有。"其实这种回答常常是不负责任的。没人不存在弱点，没人不曾受过挫折。充分认识到自己的弱点，只有正确认识自己所受的挫折，才能造就真正成熟的人格。

▶ 9. 主动打探薪酬福利

有些求职者会在面试快要结束时主动向面试人员打听该职位的薪酬福利等情况，结果是欲速则不达。具备人力资源专业素养的面试人员是忌讳这种行为的。其实，如果招聘单位对某一位求职者感兴趣的话，自然会提及其薪酬情况。

▶ 10. 不知如何收场

很多求职者在面试结束时，或因成功的兴奋，或因失败的担忧，会语无伦次、手足无措。其实，面试结束时，求职者不妨表达一下自己对应聘职位的理解；充满热情地告诉面试人员自己对此职位感兴趣，并询问下一步该做什么；面带微笑和面试人员握手并感谢面试人员的接待。

知识拓展

毕业生的一次面试经历

张同学大学求职意向首选是国际四大会计师事务所，经过层层筛选，他如愿进入普华永道和安永华明的最后一轮面试，也就是要去见事务所的合伙人。能在数千大军中杀到见合伙人已经实属不易。然而，在见合伙人的时候，他特别紧张。当他见普华的合伙人时，他叫错了合伙人的名字，并且临走时把包忘在了合伙人的办公室里；在见安永的合伙人时，由于是英文面试，他重复一个英文单词数遍，唯恐对方听不清楚，直至那位合伙人亲自打断并说明他已经明白了张同学的意思，他才明白该适可而止。结果是两家国际一流的会计公司都在最后面试时将他拒之门外。

李同学面试中信集团总部时，面试官问他对中信了解多少。他想了半分钟然后说道：我接到面试时还没来得及查看中信集团的资料，所以不太了解。面试官对他说："我们招人自然希望他能了解中信，你还是回去再多了解了解吧。"

赵同学在面试人民银行时，面试官问他为什么想来人民银行。赵同学心里想到：还不是因为人民银行权力大。但是碍于不方便直白地说这样的话，他一时没了主意。吭哧中，和人民银行说了再见。

项目实训

本项目实训将帮助你理解商务人员在办公室的礼仪事项，如何与办公室上、下级相处；在各类情境中，需要注意的面试礼仪，在激烈竞争中脱颖而出。

一、实训内容

1. 熟悉在办公室与上下级和谐相处的原则。
2. 熟悉在办公室与人沟通、正确的着装、握手、交谈等礼仪。
3. 模拟求职应聘人员在各类面试中的礼仪。

二、实训要求

1. 分组讨论在复杂多变的商务场合如何提升个人交际能力。
2. 以书面报告的形式提交"商务人员办公礼仪素质报告"。
3. 分析商务人员如何熟练运用交际手段与技巧，提升个人在办公室的交际能力。

项目小结

通过任务一的学习，帮助你了解如何正确与办公室人员交往、如何着装及办公室礼仪的禁忌等。

通过任务二的学习，帮助你学习在办公场合正确的使用办公电话等礼仪，熟悉接打电话的礼仪规范，了解和掌握电话礼仪中的禁忌等；熟悉在商务场合正确合理使用手机的礼仪规范；熟悉办公环境下传真的收发礼仪，以及如何正确使用传真机；掌握正确使用电子邮件的方法，以及发送电子邮件的禁忌；了解在网络即时沟通中应遵守的基本礼仪规范。

通过任务三的学习，帮助你在职场中掌握必要的求职面试礼仪，在激烈竞争中脱颖而出。

案例分析

曾子墨如何征服华尔街苛刻面试官

曾子墨以"总分永远第一"保送中国人民大学，18岁时以660分的北京市托福成绩第一踏入美国常春藤盟校达特茅斯大学的金融系学习，并获取了"全额奖学金"。毕业后任职于全球最负盛名的摩根士丹利公司，参与完成了大约700亿美元的并购和融资项目，其中包括新浪公司在美国的上市。2000年，加盟凤凰卫视，成为著名的主持人。

在找工作的时候，招聘方经常会要求应聘方的相关经历，这往往使得刚走出大学校门的大学生很是烦恼。其实，经历是可以自己去创造的。曾子墨在大三那年暑假就开始了自己的找工作之旅，为的是丰富自己的经历。虽然那时候寻找投资银行提供给本科生的暑期工非常不易，但她相信，自己是可以创造机会的。于是，她很执着地"骚扰"了她认识的每一个在华尔街工作的朋友，不论关系远近，也不论职位高低和资历深浅。就这样，她把几家主要投行的中国业务主管和人力资源主管的姓名、电话、地址都了解得清清楚楚了。然后,她把自己的求职信一一地发出。结果,这些求职信就如同泥牛入海。不过,奇迹终于发生了。两个月后,她收到了著名的投行美林公司的电话,要她到纽约去参加面试。为了能在面试中胜出,她非常认真地了解了有关的应试经验,并将其悉数记在心中:千万不能紧张,要落落大方,侃侃而谈。为什么要选择达特茅斯(你就读的大学),为什么愿意来到美林证券(你的应聘单位),答案一定要事先准备好。面试前几天的《华尔街日报》必须仔细阅读,道琼斯、纳斯达克、恒生指数和主要的外汇汇率也都要熟记在心。经过一番精心准备,曾子墨镇定自若地走进了美林的办公室。面对作为银行家的考官,她学着美国人的方式,滔滔不绝地自我推销,把自己说得像爱因斯坦一样聪明,像老黄牛一样勤奋,又像老鼠爱大米那样深深地热爱投资银行。在握手告别时,她从考官的脸上,找到了自己答案:这个女孩,天生就属于投资银行。她如愿以偿获得了美林的工作,从此立下志愿:要真正成为华尔街的一分子。进军摩根士丹利银行,征服苛刻的面试官,经过、看过、听过一次次面试的经历后,曾子墨发现了其中的一些规律。接到面试通知后,首先准备相关专业知识,然后准备一身标准行头,并背诵相关礼仪,什么握手的力度、交流时眼睛往哪里看、不同场合讲话声音大小等,都牢记在心:握手的力度要适中,太轻了显得不自信,太重了会招致反感。手中最好拿一个可以放笔记本的皮夹,这样显得比较职业。眼睛是心灵的窗户,所以目光不能飘忽游移,只有进行眼神的交流,才会显得充满信心。假如不敢直视对方的眼睛,那就盯着他的鼻梁,这样既不会感到对方目光的咄咄逼人,而在对方看来,你仍然在保持目光接触。套装应该是深色的,最好是黑色和深蓝色,丝袜要随身准备一双,以防面试前突然脱丝……(投资银行的确有些以貌取人,得体的服饰着装可以在面试中加分不少。)面试的时间再长,也长不过40分钟。一旦遇到"正中下怀"的提问,就伺机大讲特讲,口若悬河,再不易被察觉地"延伸"到自己悉心准备的其他答案,直至面试接近尾声,对方不再有时间也不再有机会来为难人了。投资银行的面试看上去复杂多变,到处都危机四伏,然而细细看来,多半不过是所谓的"老三样",即讲述你自己的故事,说说你是什么样的人;为什么想做投行,对投行了解多少;最后是为什么选择我们这家投行。当然,这"老三样"的提问方式可能千变万化,但不管如何提问,子墨总结出了自己的应对方法,就是亮出"自我表扬一二三四",即我聪明好学,能够很快适应新的环境;我擅长数字和数学,诸多相关科目的A+成绩就是最好的证明;我勤奋刻苦,一周工作八九十个小时不在话下(投资银行往往要求员工通宵达旦地工作);我善于合作,是个很好的团队工作者。以不变应万变。当然,多举一些生动的小故事作为例子更能打动考官。例如,在面对"你怎么证明你善于团队合作呢?"这样的问题时,子墨略微停顿了数秒后(其实是不想让考官看出自己是有备而来以争取最大度的认同感)方娓娓道来自己在国内接受过的军训经历(就是这段令很多学生叫苦不迭的"非人折磨"却成了子墨求职的制胜法宝):"我活灵活现地讲述了我们如何在泥沙混杂的战壕里匍匐前进;如何在烈日当空时俯卧打靶;如何在黑得令人恐怖的深夜里轮流站岗值班;又如何在睡得昏天黑地时被哨声惊醒,迷迷糊糊地打背包,连滚带爬地紧急集合……"就在子墨的叙述中,考官的身体坐得越来越直,原本无精打采的眼睛也变得炯炯有神(其实面试那么多考生,即便是审美也会出现疲劳,所以,应聘者需要体谅他们,更需要开动脑筋怎么更好地帮助他们来完成自己的招聘任务),"美国人没有军训,所以对我很好奇,他们更欣赏多姿多彩、个性鲜明、生活经历丰富的人。"

据此，考官纵然没记住她的名字，也一定记得有这样一个在中国军队里摸爬滚打过的女孩，而能让考官印象深刻，无疑大大有益于接下来的面试。在面对"你有什么缺点吗？"的拷问时，曾子墨坦承，与美国同学相比，自己的英语读写能力强一些、听说弱一点，"但是，我一直努力提高自己的英语水平，刚来美国时每天除了上课和打工，至少花一小时守在电视机前看新闻，为的就是练英语。"曾子墨说："我是在说自己的不足，但同时也要让他们收到另一个信息：我怎么样克服这个弱点。这样远比一味陈述自己的优秀更有说服力。"当面对一向以招聘严格著称的摩根士丹利银行的刁难提问"为什么对投资银行感兴趣？是因为钱，还是因为喜欢接受挑战？"问题的前半部分在她的复习范围之内，可后半部分回答就很是棘手：如果说是"钱"，会被看作"贪婪"；若说是"喜欢挑战"，又很容易被视为"虚伪"。最终，子墨采取了避重就轻的方法，搬出倒背如流的老套路："投资银行最吸引我的是它提供了一个很好的学习机会。首先，我可以学习到很多技能，如评估资产价值、帮助企业融资、协助公司通过收购兼并来提高核心竞争力和把股东价值最大化，还有谈判以及如何与律师、会计师一起创造出最好的交易架构；其次，投资银行集中了许多聪明能干经验丰富的专业人士，与他们一起工作，我一定会有收获；第三，美国经济高度发达，资本市场功不可没，我希望通过投资银行的工作，近距离地观察资本市场如何推动资源的有效配置，又如何推动经济的发展。另外，我对投行感兴趣是因为我非常适合投行的工作……"面试官穷追不舍地"逼"问："做投资银行的确是很好的学习过程，但是钱呢？钱重要吗？"其实，子墨在背"答案"的时候，已经留了一半大脑在思考"钱和挑战"的问题。经过准备，她又开始侃侃而谈了，"不能否认，投行的薪酬是有诱惑力的，但是如果以一周工作八九十小时来计算，分析员每小时的薪酬又能比在麦当劳打工高多少呢？人应该有长远的目光，作为职业生涯中的第一个工作，最重要的不是薪酬有多少，而是你学到了什么，能让你终身受益。"子墨又顺利地过了一关。子墨的最后一轮面试主考官是位分析员，在面无表情地与子墨握手寒暄后，他开始发问："如果你找到一份工作，薪水有两种支付方式：一年12 000美元，一次性全部给你；同样一年12 000美元，按月支付，每月1 000美元。你会怎么选择？"这个问题出乎子墨的意料，而且明显地不按牌理出牌。她嘱咐自己千万别慌，然后审慎地搬出了课本里的名词："这取决于现在的实际利率。如果实际利率是正数，我选择第一种；如果是负数，我选择第二种；如果是零，两者都一样。同时，我还会考虑机会成本，即便实际利率是负数，假如有好的投资机会能带来更多的回报，我还是会选择第一种。""一般人都说选择第一种，你还不错，考虑得很周全！"考官一句平淡的点评后，继续发问，"那么实际利率又是什么呢？""名义利率减去通货膨胀率。"子墨背书般地回答。"现在的联储基金利率是多少？通货膨胀率在什么水平？"考官并没有罢休的意思。这个问题确实把子墨问住了，"对不起，我不知道，不过如果需要，我回去查清楚后，马上打电话告诉你。"她老实地回答（准备面试时，子墨就告诉自己一定要秉持一个原则：不懂的千万不能装懂，不知道的更不能胡编乱造），子墨的率直以及虚心好学，打动了考官，他的表情缓和了许多。最终，摩根士丹利以"不惜代价，一定要聘用"的决心录取了曾子墨。

思考： 曾子墨的求职面试经历对你有什么启发？

项目七 商务仪式礼仪

博学于文，约之以礼。

——孔子

学习目标

- 掌握商务仪式礼仪的内涵。
- 熟悉开业、剪彩仪式和签约仪式礼仪。
- 掌握开业剪彩仪式礼仪的注意事项与流程。
- 熟悉签约仪式的礼仪。

商务仪式礼仪包括开业礼仪、剪彩礼仪、签约仪式礼仪等，是现代社会最普遍的社交活动。商务仪式礼仪体现了商务活动主体的基本价值和道德要求，其核心作用是为了体现人与人之间的相互尊重。要塑造良好的商务活动主体形象，就必须研究和掌握常用的商务仪式礼仪。

任务一 庆典礼仪

任务导入

小张大学毕业后在扬州昌盛玩具厂办公室工作。中秋节前两天办公室陈主任通知他，明天下午三点本公司的合作伙伴上海华强贸易有限公司的刘军副总经理将到本市，这次主要目的是了解昌盛玩具厂是否有能力在60天内完成美国的一批圣诞玩具订单，昌盛玩具厂很希望拿到这份利润丰厚的订单，李厂长将亲自到车站接站。由于陈主任第二天有更重要的事，所以临时安排小张随同李厂长一起去接刘副总。小张接到任务后，征得厂长同意，在一个四星级宾馆预订了房间，安排厂里最好的一辆轿车去接刘副总。第二天上午，小张忙着布置会议室，准备欢迎条幅和水果，一直忙到下午2：30，穿着休闲服的小张急急忙忙随李厂长一起车站，不料，市内交通拥挤，到车站后，迟到了十分钟，李厂长不住地打招呼，表示抱歉。这时，小张拉开车前门请刘副总上车说："这里视线好，您可以看看我们扬州的市貌"。随后，又拉开车右后门请李厂长入座，自己则坐到了左后门的位置。车到达宾馆后，小张直奔总台，询问预订房间状况，由刘副总自己提行李。刘副总进入房间后，李厂长与其交流着第二天的安排，但小张在房间里走来走去，片刻后，李厂长告辞。小张随李厂长出来后，却受到了李厂长的批评。

思考： 小张安排的这次活动有不当之处吗？需要注意些什么？

分析： 小张的活动安排得貌似很完美，其中很多细节注意的不到位。首先，通过汽车礼仪我们知道，在该案例中汽车后排就座的是应该是贵宾或领导。车到达以后应先为其开门结果小张先跑去前台。会谈中小张在房间里走来走去大大影响别人谈话质量。

庆典，是各种庆祝仪式的统称。商务人员参加庆祝仪式的机会是很多的，既有可能为本单位组织一次庆祝仪式，也有可能应邀出席外单位的某一次庆祝仪式。

一、庆典的类型

庆典的类型主要根据其内容而定。商界举行的庆祝仪式大致可以分为四类：

第一类，本单位成立周年庆典。通常，它都是逢五周年或十周年进行的，即在本单位成立五周年、十周年以及这些数字的倍数时进行。

第二类，本单位荣获某项荣誉的庆典。当单位本身荣获了某项荣誉称号、单位的"拳头产品"在国内外重大展评中获奖之后，这类庆典基本上均会举行。

第三类，本单位取得重大业绩的庆典。例如，千日无生产事故、某种产品的销售数量突破10万台、经销某种商品的销售额达到1亿元等，这些来之不易的成绩往往都要庆祝。

第四类，本单位取得显著发展的庆典。当本单位建立集团、确定新的合作伙伴、兼并其他单位、分公司或连锁店不断发展时、自然都值得庆祝一番。

就形式而论，商界各单位举行的各类庆祝仪式，都有一个最大的特色，那就是要务实而不务虚。若能由此而增强本单位全体员工的凝聚力与荣誉感，并且使社会各界对本单位重新认识、刮目相看，那么，多进行一些人、财、物的投入，大张旗鼓地举行庆典，任何理智、精明的商家，都会在所不惜。反之，若是对于宣传本单位的新形象、增强本单位全体员工的自豪感没有用处，即使举行一次庆典花不了多少钱，单位也没有必要好大喜功，非要去举行庆典不可。

二、庆典礼仪

对商界人士来讲，组织庆典与参加庆典时，往往会有多方面的不同要求。庆典的礼仪，即有关庆典的礼仪规范，就是由组织庆典的礼仪与参加庆典的礼仪等两项基本内容组成的。

（一）组织筹备礼仪

组织筹备一次庆典，要先做出一个总体计划。工作人员受命完成这一任务，需要记住两大要点：其一，要体现出庆典的特色；其二，要安排好庆典的具体内容。

▶ 1. 庆典的特色

庆典是庆祝活动的一种形式，应当以庆祝为中心，把每一项具体活动都尽可能组织得热烈、欢快而隆重。不论是举行庆典的具体场合、庆典进行过程中的某个具体场面，还是全体出席者的情绪、表现，都要体现出红火、热闹、欢愉、喜悦的气氛。只有这样，才能真正塑造本单位形象、显示本单位实力、扩大本单位影响。

▶ 2. 庆典具体内容

如果站在组织者的角度考虑，庆典内容的安排应当要注意出席者的确定、来宾的接待、环境的布置以及庆典的程序等四大问题。

1）应当精心确定好庆典出席人员的名单

确定庆典出席者名单时，始终应当以庆典的宗旨为指导思想。一般来说，庆典的出席者通常应包括上级领导、社会名流、大众传媒、合作伙伴、社区关系、单位员工等，以上人员的具体名单一旦确定，就应尽量发出邀请或通知。鉴于庆典的出席人员甚多，牵涉面极广，故不应随意将庆典取消、改期或延期。

2）应当精心安排好来宾的接待工作

与一般商务交往中的接待来宾相比，对出席庆祝仪式来宾的接待，更应突出礼仪性的特点。最好的办法是庆典一经决定举行，即成立对此全权负责的筹备组。筹备组成员通常应当由各方面的有关人士组成，他们应当是能办事、会办事、办实事的人。在庆典的筹备组内，应根据具体的需要，下设若干专项小组，在公关、礼宾、财务、会务等各方面"分兵把守"，各管一项。其中负责礼宾工作的接待小组，大都不可缺少。

庆典的接待小组，原则上应由年轻、能干、身材与形象较好、口头表达能力和应变能力较强的男女青年组成。接待小组成员的具体工作有以下几项：其一，来宾的迎送，即在举行庆祝仪式的现场迎接或送别来宾；其二，来宾的引导，即由专人负责为来宾带路，将其送到既定的地点；其三，来宾的陪同，对于某些年事已高或非常重要的来宾，应安排专人陪同，以便关心与照顾；其四，来宾的接待，指派专人为来宾送饮料、上点心以及提供其他方面的关照。

3）应当精心布置举行庆祝仪式的现场

举行庆祝仪式的现场是庆典活动的中心地点。对庆祝仪式现场的安排、布置是否恰当，往往直接关系到庆典留给全体出席者印象的好坏。依据有关规范，商务人员在布置庆典现场时，需要通盘思考的主要问题如下。

（1）地点的选择。在选择具体地点时，应结合庆典的规模、影响力以及本单位的实际情况来决定。本单位的礼堂、会议厅、内部或门前的广场以及外借的大厅等，均可予以选择。

（2）环境的美化。在反对铺张浪费的同时，应当量力而行，着力美化庆典举行现场的环境。为了烘托出热烈、隆重、喜庆的气氛，可在现场悬挂彩灯、彩带，张贴一些宣传标语，并且张挂标明庆典具体内容的大型横幅。如果有能力，还可以请本单位员工组成的乐队、锣鼓队演奏音乐或敲锣打鼓，以吸引眼球。但是这类活动要适度，不要"喧宾夺主"。

（3）场地的大小。在选择举行庆祝仪式的现场时，应当牢记并非越大越好。从理论上说，现场的大小应与出席者人数的多少成正比。也就是说场地的大小，应同出席者人数的多少相适应。人多地方小，拥挤不堪，会使人心烦意乱。人少地方大，则会让来宾产生"门前冷落车马稀"的感觉。

(4) 音响的准备。在举行庆典之前，要把音响准备好，尤其是供来宾讲话时使用的麦克风和传声设备。在庆典举行前后，应播放一些喜庆、欢快的乐曲。对于播放的乐曲，应定期进行审查，切勿让工作人员自由选择、随意播放。

4) 应当精心拟定好庆典的具体程序

庆典举行的成功与否，与其具体的程序不无关系。仪式礼仪规定，拟定庆典的程序时，必须坚持两条原则：第一，时间宜短不宜长，一般应以一个小时为限，这既是为了确保其效果良好，也是为了尊重全体出席者；第二，程序宜少不宜多，程序过多，不仅延长时间，而且分散出席者的注意力，让人感觉凌乱。

依照常规，一次庆典大致上应包括以下程序。

(1) 预备。请来宾就座，出席者保持安静，介绍嘉宾。

(2) 宣布庆典正式开始。全体起立，奏国歌。

(3) 本单位主要负责人致辞。其内容包括对来宾的感谢，介绍庆典的缘由，其重点应是报捷以及说明庆典的可"庆"之处。

(4) 邀请嘉宾讲话。大体上讲，出席此次的上级主要领导、协作单位及社区关系单位，均应有代表讲话或致贺词。不过应当提前约定好，不要当场推来推去。对外来的贺电、贺信等，可不必一一宣读，但对其署名单位或个人应当公布。在进行公布时，可依照先后顺序，或是按照其具体名称汉字笔画的多少进行排列。

(5) 安排文艺演出。这项程序可有可无，如果安排，应当慎选内容，不要有悖庆典主旨。

(6) 邀请来宾进行参观。如有可能，可安排来宾参观本单位的有关展览或车间等。当然，此项程序有时亦可省略。

在以上几项程序中，前三项必不可少，后两项则可以酌情省去。

(二) 参加庆典的礼仪

参加庆典时，不论是主办单位还是外单位，均应注意自己的举止表现。其中，主办单位人员的表现尤为重要。在举行庆祝仪式之前，主办单位应对本单位的全体员工进行必要的礼仪教育。对于本单位出席庆典的人员，规定相关的注意事项，并要求大家务必严格遵守。主办方的出席人员，假如在庆典中精神风貌不佳，穿着打扮散漫，举止行为失当，很容易对本单位的形象造成负面影响。

按照仪式礼仪的规范，作为东道主的商界人士在出席庆典时，应当严格注意的问题主要包括以下七点。

▶ 1. 仪容要整洁

所有出席庆典的人员，事先都要洗澡、理发。男士还应刮干净胡须，女士应化淡妆。

▶ 2. 服饰要规范

本单位出席者最好统一着装。有统一式样制服的单位，应要求以制服作为本单位人士的庆典着装；无制服的单位，应规定出席者必须穿着礼仪性服装，即男士穿深色的中山装套装，或穿深色西装套装，配白衬衫、素色领带、黑色系带皮鞋。女士应穿深色西装套裙，配长筒肉色丝袜、黑色高跟鞋，或者穿深色的套裤。

项目七 商务仪式礼仪

▶ 3. 时间要遵守

遵守时间，是基本的商务礼仪之一。对本单位出席庆典者而言，上到本单位的最高负责人，下到最普通的员工，都不能迟到、无故缺席或中途退场。如果庆典的起止时间已有规定，则应当准时开始、准时结束，以向社会证明本单位言而有信。

▶ 4. 表情要庄重

在举行庆典的整个过程中，都要表情庄重、全神贯注、聚精会神。假若庆典之中安排了升国旗、奏国歌、唱"厂歌"的程序，一定要依礼行事：起立，脱帽，立正，面向国旗或主席台行注目礼，并且认认真真、表情庄严肃穆地和大家一起唱国歌、唱"厂歌"。

▶ 5. 态度要友好

这里主要是指对来宾态度要友好。遇到了来宾，要主动热情地问好。对来宾提出的问题，都要立即给予友善的答复。当来宾在庆典上发表贺词，或是随后进行参观时，要主动鼓掌表示欢迎或感谢。

▶ 6. 行为要自律

在出席庆典时，主办方人员在行为举止方面应当注意的问题有：不要在庆典举行期间乱走、乱转；不要与周围人说悄悄话、开玩笑；不要有意无意地做出对庆典毫无兴趣的姿态；不要心不在焉，如东张西望、一再看手表或是向别人打听时间等。

▶ 7. 发言要简短

倘若商务人员要在本单位的庆典中发言，务必谨记以下四个重要问题。

（1）上下场时要沉着冷静。走向讲台时，应不慌不忙。在开口讲话前，应平心静气。

（2）要讲究礼貌。在发言开始时，应说一句"大家好"或"各位好"。在提及感谢对象时，应目视对方。在表示感谢时，应郑重起身施礼。对于大家的鼓掌，应以自己的掌声来回礼。讲话结束，应当说一声"谢谢大家"。

（3）发言一定要在规定时间内结束，而且宁短勿长，不要随意发挥、信口开河。

（4）应当少做手势。含义不明的手势，在发言时尤其应当坚决不用。

外单位的人员在参加庆典时，同样有必要以自己良好的临场表现，来表达对主人的敬意与对庆典本身的重视。

若是以单位代表的身份而来，更要特别注意自己的临场表现，丝毫不可对自己的行为自由放任、听之任之。

任务二　开业礼仪

任务导入

一次开业仪式策划流程

开业仪式开始的时候，所有的嘉宾和领班都应该已经到位，典礼流程要有序，按计划的进行。此时此刻，开业庆典的策划人和主持人，必须就位。

开业仪式具体流程如下。

(1) 到达仪式预定时间：某时某刻。（结束活动现场的迎宾背景音乐）

(2) 主持人上台发言，宣布现在开业庆典活动开始。

(3) 响礼炮或者鼓乐，欢迎领导就位入座。入座后，主持人介绍领导和到场嘉宾。（预计时间：5分钟）

(4) 重要领导上台讲话发言，给本次开业活动致辞。（预计时间：15分钟）

(5) 领导发言后，政府官员或本次活动的特邀嘉宾上台发言。（预计时间：10分钟）

(6) 主持人宣布剪彩仪式开始。领导和特请剪彩人员上台剪彩。（鼓乐开始，礼仪人员时刻待命，手托礼球托盘）

(7) 剪彩完成当刻，礼炮响起，烟火、彩烟、礼花齐放。

(8) 大合影。邀请所有的领导和到位嘉宾上舞台。（鼓乐响起）

(9) 邀请嘉宾到新厂/新公司参观。

(10) 邀请嘉宾午宴。

(11) 从典礼开始到午宴前。预计时间：90分钟。

思考：以上开业仪式的流程是否合理？

一、开业仪式的内涵

开业仪式，是指在单位创建、开业、项目完工、落成、某一建筑物正式启用或是某项工程正式开始之际，为了表示庆贺、纪念而按照一定的程序隆重举行的专门仪式，有时亦称开业典礼。

开业仪式在商界一直颇受人们的青睐。究其原因，是因为通过它可以因势利导，对于商家自身事业的发展裨益良多。举行开业仪式，至少可以起到五个方面的作用。

(1) 有助于塑造本单位的良好形象，提高单位的知名度与美誉度；

(2) 有助于扩大本单位的社会影响，吸引社会各界的重视与关心；

(3) 有助于将本单位的建立或成就"广而告之"，借以招徕顾客；

(4) 有助于让支持自己的社会各界人士一同分享成功的喜悦，为日后的进一步合作奠定良好的基础；

(5) 有助于增强本单位全体员工的自豪感与责任心，从而为自己创造一个良好的开端，开创一个新的起点。

二、开业礼仪的基本内容

开业礼仪，一般是指在开业仪式筹备与运作的具体过程中所应当遵从的礼仪惯例。它通常包括两项基本内容：开业仪式的筹备和开业仪式的运作。

（一）开业仪式的筹备

开业仪式的时间短暂、牵涉面广、影响力大，但要营造出现场的热烈气氛，取得彻底的成功，就不能不对其进行认真的筹备。筹备工作认真、充分与否，往往决定着一次开业仪式能否真正取得成功。主办单位对此要给予高度重视。

筹备开业仪式，首先在指导思想上要遵循热烈、节俭与缜密三原则。所谓热烈，是指要想方设法在开业仪式中营造出一种欢快、喜庆、隆重而令人激动的氛围。有一位在商界叱咤风云多年的人士说过:"开业仪式理应删繁就简,但却不可以缺少热烈、隆重。与其平平淡淡、草草了事,或是偃旗息鼓、灰溜溜地走上一个过场,反倒不如索性将其略去不办。"所谓节俭,是要求主办方勤俭节约,在举办开业仪式以及进行筹备的整个过程中,在经费的支出方面应量力而行,节制、俭省,反对铺张浪费。该花的钱要花,不该花的钱千万不要乱花。所谓缜密,是指主办单位在筹备开业仪式之时,既要遵循礼仪惯例,又要具体情况具体分析,认真策划、注重细节、分工负责、一丝不苟,力求周密、细致,严防百密一疏、临场出错。

具体而言,筹备开业仪式时,对于舆论宣传、来宾约请、场地布置、接待服务、礼品馈赠、程序拟定等六个方面的工作,尤其需要事先做好认真安排。

▶ 1. 要做好舆论宣传工作

举办开业仪式的主旨在于塑造本单位的良好形象,那么就要对其进行必不可少的舆论宣传,以吸引社会各界对自己的注意,争取社会公众对自己的认可或接受。为此要做的常规工作有:一是选择有效的大众传播媒介,进行集中性的广告宣传。其内容包括开业仪式举行的日期与地点、开业之际举办的优惠活动、开业单位的经营特色等。二是邀请有关的大众传播界人士在开业仪式举行之时到场进行采访、报道,以便对本单位做进一步的正面宣传。

▶ 2. 要做好来宾约请工作

开业仪式影响的大小,实际上往往取决于来宾身份的高低与数量的多少。在力所能及的条件下,要力争多邀请一些来宾参加开业仪式。地方领导、上级主管部门与地方职能管理部门的领导、合作单位与同行单位的领导、社会团体负责人、社会贤达、媒体人员,都是邀请时优先考虑的重点。为慎重起见,用以邀请来宾的请柬应认真书写,并装入精美的信封,由专人提前送达对方手中,以便对方早做安排。

▶ 3. 要做好场地布置工作

举行开业仪式的现场,可以是正门之外的广场,也可以是正门之内的大厅。按惯例,举行开业仪式时宾主一律站立,故一般不布置主席台或座椅。为显示隆重与敬客,可在来宾尤其是贵宾站立之处铺设红地毯,并在场地四周悬挂横幅、标语、气球、彩带、彩灯。此外,还应当在醒目之处摆放来宾赠送的花篮、牌匾。来宾的签到簿、本单位的宣传材料、待客的饮料等,亦须提前备好。对于音响、照明设备,以及开业仪式举行时使用的用具、设备,必须事先认真进行检查、调试,防止使用时出现差错。

▶ 4. 要做好接待服务工作

在举行开业仪式的现场,一定要有专人负责来宾接待服务工作。本单位的全体员工在来宾面前,都要以主人翁的身份热情待客、有求必应、主动相助,更重要的是分工负责,各尽其职。在接待贵宾时,需由本单位主要负责人亲自出面。在接待其他来宾时,可由本单位的礼仪小姐负责。若来宾较多时,须为来宾准备好专用的停车场、休息室,并为其安排饮食。

▶ 5. 要做好礼品馈赠工作

举行开业仪式时赠予来宾的礼品,若选择得当,会产生良好的效果。根据常规,向来宾赠送的礼品,应具有以下三大特征:一是宣传性,可用本单位的产品,也可在礼品及其包装上印上本单位的企业标志、广告用语、产品图案、开业日期等;二是荣誉性,要使礼品具有一定的纪念意义,使拥有者珍惜、重视,并为之感到光荣和自豪;三是独特性,礼品应当与众不同,具有本单位的鲜明特色,使人一目了然,并且过目不忘。

▶ 6. 要做好程序拟定工作

从总体来看,开业仪式大都由开场、过程、结局三大基本程序所构成。开场,即奏乐、邀请来宾就位、宣布仪式正式开始、介绍主要来宾。过程,是开业仪式的核心内容,通常包括本单位负责人讲话、来宾代表致辞、启动某项开业标志等。结局,包括开业仪式结束后,宾主一同进行现场参观、联欢、座谈等,是开业仪式必不可少的尾声。为使开业仪式顺利进行,在筹备之时,必须要认真草拟好具体程序,并选定好称职的仪式主持人。

(二)开业仪式的运作

开业仪式只是一个统称。在不同的场合往往会采用其他一些名称,如开幕仪式、奠基仪式、破土仪式、开工仪式、竣工仪式、下水仪式、通车仪式、通航仪式等。它们的共性都是要以热烈而隆重的仪式,来为本单位的发展创造一个良好的开端。但在具体运作上,这些仪式又存在不小的差异,需要有所区别。

开业仪式的常见形式主要包括以下几种。

▶ 1. 开幕仪式

在名目众多的各种开业仪式之中,商界人士平日接触最多的,大约首推开幕仪式了。恐怕正是出于这种原因,在不少人的印象里,开业仪式与开幕仪式往往是画上等号的。

严格来讲,开幕仪式仅仅是开业仪式的具体形式之一。通常指公司、企业、宾馆、商店、银行正式启用之前,或是各类商品的展示会、博览会、订货会正式开始之前,举行的相关仪式。开幕仪式举行之后,公司、企业、宾馆、商店、银行将正式营业,有关商品的展示会、博览会、订货会将正式接待顾客与观众。

依照常规,举行开幕式需要较为宽敞的活动空间,门前广场、展厅门前、室内大厅等,均可用作开幕仪式的举行地点。

开幕仪式的主要程序共有六项。

第一项,仪式开始,全体肃立,介绍来宾。

第二项,邀请专人揭幕或剪彩。揭幕的具体做法是:揭幕人行至彩幕前恭立,礼仪小姐双手将开启彩幕的彩索递交对方。揭幕人随之目视彩幕,双手拉启彩索,令其展开彩幕。全场目视彩幕,鼓掌并奏乐。

第三项,在主人的亲自引导下,全体到场者依次进入幕门。

第四项,主人致辞答谢。

第五项,来宾代表发言祝贺。

第六项,主人陪同来宾参观,开始正式接待顾客或观众,对外营业或对外展览开始。

▶ 2. 奠基仪式

通常是一些重要的建筑物,如大厦、场馆、亭台、楼阁、园林、纪念碑等,在动工修建之初举行的庆贺性活动。

奠基仪式举行的地点,一般应选择在动工修筑建筑物的施工现场。而奠基的具体地点,则按常规选择在建筑物正门的右侧。在一般情况下,用以奠基的奠基石应为一块完整无损、外观精美的长方形石料。在奠基石上,通常文字应当竖写;在其右上款,应刻有建筑物的正式名称；在其正中央，应刻有"奠基"两个大字；在其左下款，则应刻有奠基单位的全称以及举行奠基仪式的具体日期。奠基石上的字体，大都以楷体字刻写，并且最好是白底金字或黑字。

在奠基石的下方或一侧，还应安放一只密闭完好的铁盒，内装与该建筑物的各项资料以及奠基人的姓名。届时，它将同奠基石一道被奠基人等培土掩埋于地下，以作纪念。

通常，在奠基仪式的举行现场应设立彩棚，安放该建筑物的模型或设计图、效果图，并使各种建筑机械就位待命。

奠基仪式的主要程序共有五项：

第一项，仪式正式开始。介绍来宾，全体肃立。

第二项，奏国歌。

第三项，主办方对该建筑物的功能以及规划设计进行简介。

第四项，来宾致辞道贺。

第五项，正式进行奠基。

此时，应锣鼓喧天或演奏喜庆乐曲。首先由奠基人双手持握系有红绸的新锹为奠基石培土。随后，再由主办方领导与其他嘉宾依次为之培土，直至将其埋没为止。

▶ 3. 破土仪式

破土仪式也称破土动工，是指在道路、河道、水库、桥梁、电站、厂房、机场、码头、车站等正式开工之际，专门举行的动工仪式。

破土仪式举行的地点大多应当选择在工地的中央或其某一侧。举行仪式的现场，事先要进行认真的清扫、平整、装饰，并在现场附近临时搭建供休息的帐篷或活动房屋。

一般而言，奠基仪式与破土仪式在具体程序方面大同小异，而其适用范围亦大体相近。故此，这两种仪式不宜同时在一处举行。

▶ 4. 开工仪式

开工仪式即工厂准备正式生产产品、矿山准备正式开采矿石时，专门举行的庆祝性、纪念性活动。

为了使出席开工仪式的全体人员均能耳濡目染、身临其境，按照惯例，开工仪式大都在生产现场举行，即以工厂的主要生产车间、矿山的主要矿井等处，作为举行开工仪式的场所。

除司仪人员按惯例穿礼仪性服装之外，东道主一方的全体职工均应穿干净而整洁的工作服出席仪式。

开工仪式的常规程序主要有五项。

第一项，仪式宣布开始。全体起立，介绍各位来宾，奏乐。

第二项，在司仪的引导下，本单位的主要负责人陪同来宾行至开工现场，如机器开关或电闸附近。

第三项，正式开工。请本单位职工代表或来宾代表来到机器开关或电闸旁，首先对来宾躬身施礼，然后再动手启动机器或合上电闸。全体人员此刻应鼓掌祝贺，并奏乐。

第四项，全体职工各就各位，上岗进行操作。

第五项，在主办方的带领下，全体来宾参观生产现场。

▶ 5. 竣工仪式

竣工仪式又称落成仪式或建成仪式，是指本单位所属的某一建筑物或某项设施建设、安装工作完成，或者是某一纪念性、标志性建筑物，诸如纪念碑、纪念塔、纪念堂、纪念像、纪念雕塑等建成，以及某种意义特别重大的产品生产成功之后，专门举行的庆贺性活动。

举行竣工仪式的地点一般以现场为第一选择，如新建成的厂区之内，新落成的建筑物之外，以及刚刚建成的纪念碑、纪念塔、纪念堂、纪念像、纪念雕塑的旁边。

在竣工仪式举行时，全体出席者的情绪应与仪式的具体内容相适应。例如，在庆贺工厂、大厦落成或重要产品生产成功时，应当表现得欢快而喜悦。在庆祝纪念碑、纪念塔、纪念堂、纪念像、纪念雕塑建成时，则应表现得庄严而肃穆。

竣工仪式的基本程序通常有七项。

第一项，仪式宣布开始，介绍来宾，全体肃立。

第二项，奏国歌，并演奏本单位"厂歌"。

第三项，本单位负责人发言，以介绍、回顾、感谢为主要内容。

第四项，进行揭幕或剪彩。

第五项，全体人员向刚刚竣工或落成的建筑物郑重其事地行注目礼。

第六项，来宾致辞。

第七项，进行参观。

▶ 6. 下水仪式

下水仪式指在新船建成下水时专门举行的仪式，即下水仪式是造船厂在吨位较大的轮船建造完成、验收完毕、交付使用时，为其正式下水起航而特意举行的庆祝性活动。

按照国际惯例，下水仪式基本上都是在新船码头上举行的。对下水仪式中的主角——新船，亦须认真进行装扮。一般而言，要在船头上扎上由红绸结成的大红花，并且在新船的两侧船舷上扎上彩旗，系上彩带。

下水仪式的主要程序共有五项。

第一项，仪式宣布开始。介绍来宾，全体起立，乐队奏乐或锣鼓齐奏。

第二项，奏国歌。

第三项，由主办方简要介绍新船的基本状况，如船外、吨位、马力、长度、高度、吃水、载重、用途、工价等。

第四项，由特邀掷瓶人行掷瓶礼。砍断缆绳，新船正式下水。

第五项，来宾代表致辞祝贺。

行掷瓶礼是下水仪式上独具特色的节目，在国外由来已久，现已传入我国，目的是要渲染喜庆的气氛。具体做法是由身着礼服的特邀嘉宾双手持一瓶正宗的香槟酒，用力向新船的船头投掷，瓶破之后酒香四溢、酒沫飞溅。在嘉宾掷瓶以后，全体到场者面向新船行注目礼，并随即热烈鼓掌。此时，还可在现场再度奏乐或演奏锣鼓，施放气球，放飞信鸽，并且在新船上撒彩花、落彩带。

▶ 7. 通车仪式

通车仪式又叫开通仪式，大都是在重要的交通建筑完工并验收合格之后所正式举行的启用仪式。例如公路、铁路、地铁以及重要的桥梁、隧道等，在正式交付使用之前，均会举行庆祝的通车仪式。

举行通车仪式的地点，通常均为公路、铁路、地铁新线路的某一端，新建桥梁的某一头或者新建隧道的某一侧。

在现场附近，以及沿线两旁，应当适量地插上彩旗、挂上彩带。必要时，还应设置彩色牌楼，并悬挂横幅。在通车仪式上，被装饰的重点应当是用以进行"首跑"的汽车、火车或地铁列车。一般应在车头上系上红花，车身两侧则可酌情插上彩旗、系上彩带，并且悬挂醒目的大幅宣传性标语。

通车仪式的主要程序一般共有六项。

第一项，仪式宣布开始。介绍来宾，全体肃立。

第二项，奏国歌。

第三项，主办方致辞，其主要内容是介绍即将通车的新线路、新桥梁或新隧道的基本情况，并向有关方面致谢。

第四项，来宾代表致辞表示祝贺。

第五项，正式剪彩。

第六项，首次正式通行车辆。届时，宾主及群众代表应一起登车而行，有时，往往还需由主人所乘坐的车辆行进在最前方开路。

▶ 8. 通航仪式

通航仪式又称首航仪式，指的是飞机或轮船在正式开通某一条新航线之际，正式举行的庆祝性活动。一般而言，通航仪式除了主要的角色是飞机或轮船之外，在其他方面，尤其是在具体程序的操作上，往往与通车仪式大同小异。对其进行实际操作时，一般均可参照通车仪式的具体做法进行。

任务三 剪彩仪式

任务导入

"请张市长下台剪彩！"

某公司举行新项目开工剪彩仪式，请来了张市长和当地各界名流嘉宾参加，请他们坐在主席台上。仪式开始时，主持人宣布："请张市长下台剪彩！"却见张市长端坐没动；主持人很奇怪，重复了一遍："请张市长下台剪彩！"张市长还是端坐没动，脸上还露出一丝愠怒。主持人又宣布了一遍："请张市长剪彩！"张市长才很不情愿地勉强起来去剪彩。

思考：案例中，主持人的做法有何不妥？

分析：剪彩这样隆重的场合，用语必须规范、避免歧义。

一、剪彩仪式的内涵

剪彩仪式，严格地讲，指的是商界有关单位，为了庆贺公司的设立、企业的开工、宾馆的落成、商店的开张、银行的开业、大型建筑物的启用、道路或航线的开通、展销会或展览会的开幕等,而隆重举行的一项礼仪性程序。

在一般情况下,在各式各样的开业仪式上,剪彩都是一项极其重要、不可或缺的程序。尽管它往往也可以被单独地分离出来,独立成项,但是在更多的时候,它是附属于开业仪式的。这是剪彩仪式的重要特征之一。

具体而言,剪彩仪式一直长盛不衰,并且被业内人士所看好,主要是基于以下三个方面的原因:第一,剪彩活动热热闹闹、轰轰烈烈,既能给主办方带来喜悦,又能产生吉祥如意之感;第二,剪彩不仅是对主办方既往成绩的肯定和庆贺,而且也可以对其进行鞭策与激励,促使其再接再厉,继续进取;第三,可借剪彩活动的良机,向社会各界通报自己的"问世",以吸引各界人士对自己的关注。在上述三条原因之中,最后一条至关重要。规模适度的剪彩,其实是一种业务宣传活动,并非只是铺张浪费、毫无意义。在剪彩活动中,量力而行地进行适当投入,绝对是得大于失的。

二、剪彩仪式的内容

剪彩礼仪主要包括剪彩的准备、剪彩的人员、剪彩的程序、剪彩的做法等四个方面的内容。

(一)剪彩的准备

剪彩仪式的准备必须一丝不苟。与其他仪式相同,场地的布置、环境的卫生、灯光与音响的准备、媒体的邀请、人员的培训等方面,必须认真细致、精益求精。除此之外,对剪彩仪式上所需的特殊用具如红色缎带、新剪刀、白色薄纱手套、托盘以及红色地毯,需要仔细地进行选择与准备。

▶ 1. 红色缎带

按照传统做法,应当由一整匹未曾使用过的红色绸缎,在中间结成数朵花团而成。一般来说,红色缎带上所结花团要生动、硕大、醒目,其具体数目应根据现场剪彩者的人数而定。红色缎带上所结花团的具体数目有两种情况:一是花团的数目较现场剪彩者的人数多一个;二是花团的数目较现场剪彩者的人数少一个。前者可使每位剪彩者总是处于两朵花团之间,较为正式;后者不同常规,亦有新意。

▶ 2. 新剪刀

剪刀专供剪彩者在剪彩仪式上正式剪彩时所使用的,每位剪彩者人手一把,剪刀必须崭新、锋利而顺手。事先,一定要逐个检查剪刀是否已经开刃,好不好用。务必要确保剪彩者在正式剪彩时,可以一举成功,而切勿一再补刀。在剪彩仪式结束后,主办方可将每位剪彩者所使用的剪刀包装之后,送给对方作为纪念。

▶ 3. 白色薄纱手套

在正式的剪彩仪式上,剪彩者最好每人戴一副白色薄纱手套,以示郑重其事。在准备白色薄纱手套时,要确保其数量充足、大小适度、崭新平整、洁白无瑕。

▶ 4. 托盘

托盘是剪彩仪式上托在礼仪小姐手中,用作盛放红色缎带、剪刀、白色薄纱手套的。在剪彩仪式上所使用的托盘,首选银色的不锈钢制品,最好是崭新的、洁净的,在使用时上铺红色绒布或绸布。就其数量而论,在剪彩时,可只用一只托盘放置所有剪彩者的剪刀、手套和红色缎带;也可以为每一位剪彩者配置一只专为其服务的托盘,同时将红色缎带由一只专用托盘盛放。后一种方法显得更加正式一些。

5. 红色地毯

红色地毯主要铺设在正式剪彩时的站立之处，其长度可视剪彩人数多少而定，宽度应在一米以上。在剪彩现场铺设红色地毯，主要是为了提升档次，并营造一种喜庆的气氛，亦可不予铺设。

（二）剪彩人员的选定

除主持人之外，剪彩人员主要由剪彩者与助剪者两部分构成。

1. 剪彩者的选择

在剪彩仪式上担任剪彩者是一种很高的荣誉。剪彩仪式档次的高低，往往也同剪彩者的身份密切相关。因此，在选剪彩人员时，最重要的是要把剪彩者选好。

剪彩者，即在剪彩仪式上持剪刀剪彩之人。根据惯例，多由上级领导、合作伙伴、社会名流、员工代表或客户代表担任。剪彩者可以是一个人，也可以是几个人，但是一般不应多于五人。

确定剪彩者名单，必须是在剪彩仪式正式举行之前。名单一经确定，应尽早告知对方，使其有所准备。一般情况下，确定剪彩者时，必须尊重对方意见，切勿勉强对方。需要由数人同时担任剪彩者时，应分别告知每位剪彩者会与他人合作。这样做，是对剪彩者的一种尊重。必要时，可在剪彩仪式举行前，将剪彩者集中在一起，告知有关的注意事项，并稍加训练。按照常规，剪彩者应着套装、套裙或制服，将头发梳理整齐。不允许戴帽子或者戴墨镜，也不允许穿便装。

若剪彩者仅为一人，剪彩时居中而立即可。若剪彩者不止一人，同时上场剪彩时位次的尊卑就必须予以重视。一般的规矩是：中间高于两侧，右侧高于左侧，距离中间站立者越远位次就越低，即主剪者应居于中央位置。若剪彩仪式并无外宾参加，执行我国"左侧高于右侧"的传统做法亦无不可。

2. 助剪者的选择

助剪者，指的是剪彩者剪彩的一系列过程中在旁为其提供帮助的人员。一般而言，助剪者多由主办方的女职员或是专职礼仪小姐担任。

具体而言，在剪彩仪式上服务的礼仪小姐，又可以分为迎宾者、引导者、服务者、拉彩者、捧花者、托盘者。一般情况下，迎宾者与服务者不止一人。引导者既可以是一个人，也可以为每位剪彩者各配一名。拉彩者通常为两人。捧花的人数则视花团的具体数目而定，一般为一花一人。托盘者可以为一人，亦可以为每位剪彩者各配一人。有时，礼仪小姐亦可身兼数职。

礼仪小姐的基本条件是：相貌姣好、身材颀长、年轻健康、气质高雅、音色甜美、反应敏捷、机智灵活、善于交际。礼仪小姐的最佳装束应为：化淡妆、盘起头发，穿款式、面料、色彩统一的单色旗袍，配肉色连裤丝袜、黑色高跟皮鞋。除戒指、耳环或耳钉外，不佩戴其他任何首饰。有时，礼仪小姐身穿深色或单色的套裙亦可，但是，其服饰风格必须整齐划一。

（三）剪彩的程序

在正常情况下，剪彩仪式应在行将启用的建筑、工程、展销会、博览会的现场，或正门外的广场或正门内的大厅举行。在活动现场，可略做装饰，在剪彩之处悬挂写有剪彩仪式具体名称的大型横幅。

一般来说,剪彩仪式宜紧凑、忌拖沓,所用时间越短越好。短则一刻钟,长不超过一个小时。按照惯例,剪彩既可以是开业仪式中的一项具体程序,也可以独立出来,由其自身的一系列程序组成。独立的剪彩仪式,通常包含六项基本程序。

第一项,请来宾就位。在剪彩仪式上,通常只为剪彩者、来宾和本单位的负责人安排座席。剪彩仪式开始时,应请大家在已排好顺序的座位上就座。在一般情况下,剪彩者应就座于前排。若不止一人时,则应按照剪彩时的具体顺序就座。

第二项,宣布仪式正式开始。在主持人宣布仪式开始后,乐队奏乐,全体到场者应热烈鼓掌。然后,主持人向全体到场者介绍重要来宾。

第三项,奏国歌。此刻须全场起立。必要时,亦可随后演奏本单位的标志性歌曲。

第四项,进行发言。发言者依次应为主办方代表、上级主管部门代表、地方政府代表、合作单位代表等。内容应言简意赅,每人不超过三分钟,发言重点分别应为介绍、道谢与致贺。

第五项,进行剪彩。此刻,全体应热烈鼓掌,必要时还可奏乐或燃放鞭炮。在剪彩前,须向全体到场者介绍剪彩者。

第六项,进行参观。剪彩之后,主人应陪同来宾参观,仪式至此宣告结束。随后主办方可向来宾赠送纪念性礼品,并以自助餐款待全体来宾。

(四)剪彩的具体做法

进行正式剪彩时,所有人员的具体做法必须合乎规范,否则就会使效果大受影响。

当主持人宣布剪彩开始后,礼仪小姐即应率先登场。在上场时,礼仪小姐应排成一行,从两侧同时登台,或是从右侧登台均可。登台之后,拉彩者与捧花者应当站成一行,拉彩者处于两端拉直红色缎带,捧花者双手手捧花团。托盘者站立在拉彩者与捧花者身后一米左右,并且自成一行。

在剪彩者登台时,引导者应在其左前方进行引导,使之各就各位。剪彩者登台时,宜从右侧出场。当剪彩者全部到达既定位置之后,托盘者应前行一步,到达前者的右后侧,以便为其递上剪刀、手套。

剪彩者若不止一人,登台时亦应列成一行,并且使主剪者在前。在主持人向全体到场者介绍剪彩者时,后者应面含微笑向大家欠身或点头致意。剪彩者行至既定位置之后,应向拉彩者、捧花者含笑致意。当托盘者递上剪刀、手套,亦应微笑着向对方致谢。

在正式剪彩前,剪彩者应首先向拉彩者、捧花者示意,待其有所准备后,集中精力,右手持剪刀,表情庄重地将红色缎带一刀剪断。若多名剪彩者同时剪彩,其他剪彩者应注意主剪者动作,主动与其协调一致,力争同时将红色缎带剪断。

按照惯例,剪彩以后,红色花团应准确无误地落入托盘里,切勿使之坠地。为此,需要捧花者与托盘者合作。剪彩者在剪彩成功后,可以右手举起剪刀,面向全体到场者致意。然后放剪刀、手套于托盘之内,举手鼓掌。接下来,可依次与主办方人员握手道喜,并列队在引导者的引导下退场。退场时,一般宜从右侧下台。

待剪彩者退场后,礼仪小姐列队由右侧退场。

不管是剪彩者还是助剪者,上下场时,都要注意井然有序、步履稳健、神态自然。在剪彩过程中,更要表现得不卑不亢、落落大方。

任务四　交接仪式礼仪

任务导入

某分公司要举办一次重要会议来完成某项工作任务的交接，请来了总公司总经理和董事会的部分董事，并邀请当地政府要员和同行业重要人士出席。由于出席的重要人物多，领导决定用U形的桌子来布置会议桌。分公司领导坐在位于长U字横头处的下首。其他参加会议者坐在U形桌的两侧。在会议的当天开会时，贵宾们进入了会场，按安排好的座签找到了自己的座位就座，当会议正式开始时，坐在横头桌子上的分公司领导宣布会议开始，这时发现会议气氛有些不对劲，有些贵宾相互低语后借口有事站起来要走，分公司领导人不知道发生什么事或出了什么差错，非常尴尬。

思考：为什么会出现这种情况？

分析：交接仪式的座位安排非常重要，长U字横头处的下首处应该是地位最高者就座。

一、交接仪式的内涵

举行热烈而隆重的交接仪式，是商务往来中通常用以庆贺商务伙伴们彼此之间合作成功的一种常见的活动形式。

交接仪式，一般是指施工单位依照合同将已经建设、安装完成的工程项目或大型设备，例如厂房、商厦、宾馆、办公楼、机场、码头、车站、飞机、轮船、火车、机械、物资等，经验收合格后正式移交给使用单位时所专门举行的庆祝典礼。

举行交接仪式的重要意义在于，它既是商务伙伴们对于所进行过的成功合作的庆贺，是对给予自己关怀、支持、帮助和理解的社会各界的答谢，又是接收单位与施工、安装单位巧妙地利用时机，为双方各自提高知名度和美誉度而进行的一种公共宣传活动。

二、交接礼仪的内容

交接的礼仪，一般是指在举行交接仪式时遵守的有关规范。通常包括交接仪式的准备、交接仪式的程序、交接仪式的参加等三方面的内容。

（一）交接仪式的准备

准备交接仪式要注意以下三点。

▶ 1. 来宾的邀请

一般应由交接仪式的东道主——施工、安装单位负责。在具体拟定来宾名单时，施工、安装单位亦应主动征求自己的合作伙伴——接收单位的意见。接收单位对于施工、安装单位草拟的名单不宜过于挑剔，不过可以酌情提出自己的合理建议。

在一般情况下，参加交接仪式的人数自然越多越好。但确定参加者的总人数时，必须兼顾场地条件与接待能力。从原则上讲，交接仪式的出席人员应当包括施工安装单位、接收单位、上级主管部门、当地政府、行业组织、社会团体的有关人员，各界知名人士、新闻界人士以及协作单位的有关人员等。在上述人员之中，除施工、安装单位与接收单位的有关人员之外，对于其他所有人员，均应提前送达或寄达正式的书面邀请，以示对对方的尊重。

在举行交接仪式时，东道主既要争取多邀请新闻界人士参加，又要为其尽可能地提供一切便利。对于不邀而至的新闻界人士，亦应尽量不予拒绝。至于邀请海外的媒体人员参加交接仪式的问题，则必须认真遵守有关的外事规则与外事纪律，事先履行必要的报批手续。

▶ 2. 现场的布置

选择举行交接仪式的现场（即交接仪式的会场）时，通常应视交接仪式的重要程度、全体出席者的具体人数、交接仪式的具体程序与内容，以及是否要求对其进行保密等几个方面的因素而定。

根据常规，一般可将交接仪式的举行地点安排在已经建设、安装完成并已验收合格的工程项目或大型设备所在地的现场。亦可将其酌情安排在主办方本部的会议厅，或者由施工、安装单位与接收单位双方共同认可的其他场所。

▶ 3. 物品的准备

在交接仪式上，有不少需要使用的物品，应由主办方提前进行准备。作为交接象征之物的有关物品，主要有验收文件、一览表、钥匙等。验收文件，此处是指已经公证的、由交接双方正式签署的证明性文件；一览表，是指交付给接收单位的全部物资、设备或其他物品的名称、数量明细表；钥匙，则是指用来开启被交接建筑物或机械设备的钥匙。在一般情况下，因其具有象征性意味，预备一把即可。

除此之外，主办单位还需为交接仪式的现场准备一些用以烘托喜庆气氛的物品，并为来宾略备一份薄礼，如被交接的工程项目、大型设备的微缩模型，或以交接物为主角的画册、明信片、纪念章、领带针、钥匙扣等。

（二）交接仪式的程序

交接仪式的程序，具体是指交接仪式进行的各个步骤。主办单位在拟定交接仪式的具体程序时，必须注意两个方面的问题：一是在大的方面必须严格参照惯例执行；二是在具体的细节方面必须实事求是、量力而行，不必事事贪大求全。从总体上来讲，交接仪式主要有以下五项基本程序。

第一项，主持人宣布交接仪式正式开始。全体与会者应当进行较长时间的鼓掌，以热烈的掌声表达对主办方的祝贺之意。

第二项，奏国歌，并演奏主办方单位的标志性歌曲。全体与会者必须肃立。

第三项，由施工、安装单位与接收单位正式进行有关工程项目或大型设备的交接。

第四项，各方代表发言。原则上来讲，每个人的发言应以三分钟为限。

第五项，宣告交接仪式正式结束。随后安排全体来宾进行参观或观看文娱表演。此时此刻，全体与会者应再次进行较长时间的热烈鼓掌。

在正常情况下，每一次交接仪式从头至尾所用的时间，大体上不应当超过一个小时。为了做到这一点，就要求交接仪式在具体程序上讲究少而精。如进行参观、观看文娱表演等，均被视为正式仪式结束之后所进行的辅助性活动而另行安排。

正式仪式一旦结束，如果方便的话，主办方与接收单位即应邀请各方来宾一道参观有关工程项目或大型设备。主办方应为此专门安排好富有经验的陪同、解说人员，使各方来宾通过现场参观，进一步深化对有关工程项目或大型设备的认识。若是出于某种主观原因，不便邀请来宾进行现场参观，也可以通过组织其参观有关的图片展览或向其发放宣传资料的方式，来适当地满足来宾的好奇之心。

（三）交接仪式的参加

在参加交接仪式时，不论是主办方还是来宾一方，都存在一个表现是否得体的问题。假如有人在仪式上表现失当，都会因此而影响到有关各方的相互关系。

▶ 1. 主办方

对主办方而言，需要注意的主要问题如下。

（1）注意仪表整洁。主办方参加交接仪式的人员代表本单位的形象，必须妆容规范、服饰得体、举止有方。

（2）注意保持风度。在交接仪式举行期间，不允许主办方人员东游西逛、交头接耳、打打闹闹。在为发言者鼓掌时，不允许厚此薄彼。当来宾为自己道喜时，喜形于色无可厚非，但切勿嚣张放肆、得意忘形。

（3）注意待人友好。不管自己是否专门负责接待、陪同或解说工作，主办方全体人员都应当自觉地树立起主人翁意识。一旦来宾提出问题或需要帮助时，都要鼎力相助。即使自己力不能及，也要向对方说明原因，并且及时向有关部门进行反映。

▶ 2. 来宾方

对于来宾一方而言，在应邀出席交接仪式时，主要应当重视以下四个方面的问题。

（1）应当致以祝贺。接到正式邀请后，被邀请者应尽早以单位或个人的名义发出贺电或贺信，向东道主表示热烈祝贺。被邀请者在参加仪式时，还须郑重其事地与东道主一方的主要负责人一一握手，再次口头道贺。

（2）应当略备贺礼。为表示祝贺之意，可向主办方赠送一些贺礼，如花篮、牌匾等。时下以赠送花篮最为流行，一般需要在花店订制，用各色鲜花插装而成，并且应在其两侧悬挂特制的红色缎带，右书"恭贺××交接仪式隆重举行"，左书本单位的全称。它可由花店代为送达，亦可由来宾在抵达现场时当面交给主人。

（3）应当预备贺辞。假若自己与主办方关系密切，则还须提前预备一份书面贺辞，内容应当简明扼要。

（4）应当准点到场。若无特殊原因，接到邀请后，务必牢记在心，届时正点抵达。

任务五 签约礼仪

任务导入

小王的公司中标一个工程项目，拟订于周六上午签约，该次签约会邀请了很多商界知名人士以及新闻界人士参加。老总特别安排小王和他一道去参加，同时也让小王见识见识大场面。小王早上睡过了头,等他赶到,签约会议已经进行了二十分钟。他急急忙忙推开了签约室的门,"吱"的一声脆响,他一下子成了会场上的焦点。刚坐下不到五分钟,肃静的会场上又响起了摇篮曲,是谁在播放音乐?原来是小王的手机响了!这下子,小王可成了全会场的明星……没过多久,听说小王已经另谋高就了。

思考: 小王需要注意什么?

分析: 签约仪式非常重要,应引起会议参加人员的注意,避免失礼。

一、签约礼仪

签约礼仪指在商务交往活动中,双方经过洽谈、讨论,就某项重大问题意见、重要交易或合作项目达成一致,需要把谈判成果和共识,用准确、规范、符合法律要求的格式和文字记载下来,经双方签字盖章形成具有法律约束力的文件。围绕这一过程,所举行的活动即为签约仪式活动。

二、签约礼仪的注意事项

签约既是一种非常常见和实用的仪式,又是一种纯礼仪方式。签约仪式上,双方气氛显得轻松和谐,也没有了洽谈时的警觉和自律,但签约仪式礼仪仍不可大意。

(1) 注意服饰整洁、挺括。参加签约仪式,应穿正式服装,庄重大方,切不可随意着装。这反映了签约一方对签约的整体态度和对对方的尊重。

(2) 签约者的身份和职位双方应对等,过高或过低都会造成不必要的误会。其他人员在站立的位置和排序上也应有讲究,不可自以为是。在整个签约完成之前,参加仪式的双方人员都应平和地微笑着直立站好,不宜互相走动谈话。

(3) 签约应遵守"轮换制"的国际惯例,即签字者应先在自己一方保存的文本左边首位处签字,然后再交换文本,在对方保存的文本上签字。这样可使双方都有一次机会首位签字。在对方文本上签字后,应自己与对方签字者互换文本,而不是由助签者代办。

(4) 双方举杯共饮香槟酒时,也不能大声喧哗叫喊。碰杯要轻,而后高举示意,浅抿一口即可,举止要文雅有风度。

三、签约仪式流程

签约仪式有一套严格的程序,大体由以下步骤构成。

(1) 参加签约仪式的双方代表及特约嘉宾按时步入签字仪式现场。

(2) 签约者在签约台前入座,其他人员分主、客各站一边,按其身份自里向外依次由高到低,列队于各自签约者的座位之后。

(3) 双方助签人员分别站立在自己签约者的外侧。

(4) 签约仪式开始后,助签人员翻开文本,指明具体的签字处,由签字人签上自己的姓名,并由助签人员将己方签了字的文本递交给对方助签人员,交换对方的文本再签字。

(5) 双方保存的协议文本都签好字以后,由双方的签字人自己郑重地相互交换文本,同时握手致意、祝贺,双方站立人员同时鼓掌。

(6) 协议文本交换后，服务人员用托盘端上香槟酒，双方签约人员举杯同庆，以增添合作愉快气氛。

(7) 签约仪式结束后，双方可共同接受媒体采访。退场时，可安排客方人员先走，主方送客后自己再离开。

项目实训

本项目实训将帮助你掌握在复杂的商务场景中如何进行庆典仪式礼仪、开业仪式礼仪、剪彩仪式礼仪，熟悉交接仪式礼仪、签约仪式礼仪等。

一、实训内容

1. 模拟开业剪彩仪式。
2. 模拟签约仪式礼仪。

二、实训要求

1. 分组讨论在复杂多变的商务场合如何提升个人交际能力。
2. 以书面报告的形式提交"商务人员仪式礼仪素质报告"。
3. 分组模拟开业剪彩仪式和签约仪式礼仪。

项目小结

通过任务一的学习，掌握庆典礼仪，帮助你熟悉庆典的内涵、主要内容和庆典礼仪。

通过任务二的学习，熟悉开业仪式礼仪，帮助你熟悉开业礼仪的内涵，掌握开业仪式的流程与注意事项。

通过任务三的学习，掌握剪彩仪式礼仪，帮助你熟悉剪彩的内涵，剪彩仪式的主要内容和流程。

通过任务四的学习，掌握交接仪式礼仪，帮助你熟悉交接仪式的内涵、主要内容及注意事项。

通过任务五的学习，熟悉签约仪式礼仪，帮助你熟练签约仪式的各个流程，掌握签约礼仪。

案例分析

别开生面的开业典礼

2012年8月8日，是北方某市新建云海大酒店隆重开业的日子。

这一天，酒店上空彩球高悬，四周彩旗飘扬，身着鲜艳旗袍的礼仪小姐站立在店门两侧，她们的身后是摆放整齐的鲜花、花篮，所有员工服饰一新，面目清洁，精神焕发，整个酒店沉浸在喜庆的气氛中。开业典礼在店前广场举行。

上午11时许，应邀前来参加庆典的有关领导、各界友人、新闻记者陆续到齐。正在举行剪彩之际，天空突然下起了倾盆大雨，典礼只好移至厅内，一时间，大厅内聚满了参加庆典人员和避雨的行人。典礼仪式在音乐和雨声中隆重举行，整个厅内灯光齐亮，使得庆典别具一番特色。

　　典礼完毕，雨仍在下着，厅内避雨的行人，短时间内根本无法离去，许多人焦急地盯着厅外。于是，酒店经理当众宣布："今天能聚集到我们酒店的都是我们的嘉宾，这是天意，希望大家能同敝店共享今天的喜庆，我代表酒店真诚邀请诸位到餐厅共进午餐，当然一切全部免费。"霎时间，大厅内响起雷鸣般的掌声。

　　虽然，酒店开业额外多花了一笔午餐费，但酒店的名字在新闻媒体及众多顾客的渲染下却迅速传播开来，接下来酒店的生意格外红火。

　　思考：

　　1. 该酒店的开业仪式与众不同的地方是什么？
　　2. 通过此案例能够给你什么启发？

项目八 商务会议礼仪

> 礼以行义，义以生利，利民，政之大节也。
>
> ——《左传》

学习目标

- 理解商务谈判礼仪。
- 掌握商务会议礼仪。
- 熟悉展会礼仪。
- 掌握必要商务谈判、会议、展会基本礼仪。

商务会议是现代社会最常见的社交活动。商务会议的基本礼仪体现了商务活动主体的基本价值和道德要求，其核心作用是为了体现人与人之间的相互尊重，其存在的意义就是通过会议来解决商务合作上的分歧。本项目主要从商务活动场合的角度，介绍商务谈判礼仪、商务会议礼仪和展会礼仪。

任务一 商务谈判礼仪

任务导入

瑞士某财团副总裁率代表团来华考察合资办药厂的环境和商洽有关事宜，国内某国营药厂出面接待安排。洽谈会第一天，瑞方人员全部西装革履，穿着规范出席，而中方人员有穿夹克衫布鞋的，有穿牛仔裤运动鞋的，还有的干脆穿着毛衣外套。结果，当天的会谈草草结束后，瑞方连考察的现场都没去，第二天找了个理由，就匆匆地打道回府了。

思考：为什么会出现这种情况？

分析：商界素以注重仪表举止规范著称，出席商务谈判这样的正式场合，更要讲究仪容的整洁、服饰的规范、言谈举止的文明得体。穿着随意，既不尊重自己，也不尊重他人，同时也会被认为是不重视这次活动的表现。

"不学礼，无以立"出自《论语·尧曰篇第十二》第三章，"子曰：不知命，无以君子也。不知礼，无以立也。不知言，无以知人也"。这句话的意思是说，不懂得命运，就不能成为君子；不懂得礼仪，就不能立足于社会；不懂得辨别理解别人的言语，就不能正确地认识别人。

中国加入 WTO 后，对外交往日益频繁，要想在激烈的商业竞争得到生存与发展，就必须保持良好的个人形象与企业形象。在这个社会里，只有注重礼仪、讲究礼节，合理运用交往原则，遵循礼仪规范，才能融洽地处理人际关系，才能在商务活动中取得成功。商务活动中，更是"不学礼，无以立"。优秀的商务谈判人员，不仅要精通专业知识，还要通晓礼仪知识，遵守礼仪规范，这样才能在商务活动中赢得对方的好感，应付自如。

一、商务礼仪在谈判中的作用

在商务交往中，尤其是谈判活动中，礼仪的作用是显而易见的，主要表现为以下几个方面。

（一）规范行为

礼仪最基本的功能就是规范谈判各方的交往行为。在谈判活动中，人们相互影响、相互作用、相互合作，如果不遵循一定的规范，双方就缺乏协作的基础。在众多的商务规范中，礼仪规范可以使人明白应该怎样做，不应该怎样做，哪些可以做，哪些不可以做，有利于确定自我形象、尊重他人、赢得友谊，获得谈判成功。

（二）传递信息

商务礼仪是一种信息，通过这种信息可以表达出对谈判者尊敬、友善、真诚等感情，使别人感到温暖。在商务谈判活动中，恰当的礼仪可以获得对方的好感、信任，进而有助于谈判进程的推进。

（三）有效协调谈判双方关系

人际关系具有互动性。这种互动性表现为思想和行为的互动过程。例如，当你走路妨碍了对方，你表示歉意后，对方还你以友好的微笑；而当你遭天灾人祸，朋友会伸出友谊之手援助你。人与人之间应互谅、互让、相亲、相爱等，谈判中更应如此，而这些互动行为往往以礼仪为手段去完成谈判的过程。

（四）树立良好形象

谈判者讲究礼仪，就会在对方面前树立良好的个人形象。谈判组成员讲究礼仪，就会为公司、国家树立良好形象，赢得对手甚至公众的好感。现代市场竞争除了产品竞争外，更体现在形象竞争。一个具有良好信誉和形象的公司或企业，就容易获得社会各方的信任和支持，就可在激烈的竞争中处于不败之地。所以，商务谈判人员时刻注意礼仪，即是个人和组织良好素质的体现，也是树立和巩固良好形象的需要。

二、谈判过程与方法

（一）谈判之初

在正式谈判之前，谈判者需做好充分的准备工作，包括搜集资料、熟悉程序、内部研讨、仪容仪表的修饰等。

▶ 1. 搜集资料

除了搜集议题相关的文献资料外，还需尽可能多的掌握对方的情况。了解对手，洽谈者就能够扬长避短，"以我之长，击敌之短"，取得更好的成绩。对洽谈对手了解，应集中在如下方面：在洽谈对手中，谁是真正的决策者或负责人；洽谈对手的个人资讯、谈判风格和谈判经历；洽谈对手在政治、经济以及人际关系方面的背景情况；洽谈对手的谈判方案；洽谈对手的主要商务伙伴、对头，以及他们彼此之间相互关系的演化等。摸清对方的底细，对自己是非常有帮助的。

▶ 2. 熟悉程序、内部研讨

由于谈判事关重大，所以它往往是不允许人们视之为儿戏，不允许人们在"只知其一，不知其二"的情况下仓促上阵。这就需要谈判者做足事前的功课，内部反复研讨，对重大问题达成共识，胸有成竹地来备战。

▶ 3. 仪容仪表的修饰

正式出席谈判的人员，在仪表上务必要有严格的要求和统一的规定。仪表风度是一种外在美、行为美。美丽端庄的容貌，自然得体的体态，高雅大方的谈吐举止，整洁和谐的服饰，往往是美的仪表风度的主要标志。因此，谈判者应注重清洁和必要的修饰。女性谈判者化妆宜淡雅。由于洽谈关系大局，所以在这种场合，穿着宜传统简约、高雅规范。可能的话，男士应穿深色西装三件套西装和白衬衫、打素色或条纹式领带配深色袜子和黑色系带皮鞋。女士则需穿深色西装套裙，配肉色长筒袜或连裤式丝袜和黑色高跟或半高跟皮鞋。着装得体的重要原则是与谈判者的身份、地位、年龄、场所相符，而且应注意服装的整洁、挺直和搭配正确。除此之外，谈判人员还需注意举止优雅。举止是一种不说话的语言，它真实地反映了一个人的素质，受教育的程度及能够被人信任的程度。培根有句名言："相貌的美高于色泽的美。而优雅合适的动作美又高于相貌的美，这是美的精华。"大方得体、优雅的举止，加上积极的情感，不仅可以塑造自身美好的形象，而且可以使各种仪礼表现得更充分、更完美。

在确定谈判人员上，还需注意与对方谈判代表的身份、职务要得当。

在谈判之初，双方接触的第一印象十分重要，言谈举止要尽可能创造出友好、轻松的谈判气氛。做自我介绍时要自然大方，不可露傲慢之意。要考虑大家是同行或相关人员，是平等的关系，应以轻松自然的方式，落落大方地说明自己的姓名、单位及身份。被介绍的人起立一下微笑示意，可以礼貌地说"幸会""请多关照"之类。询问对方要客气，如"请教尊姓大名"等。如有名片，要双手接递。

在尚未正式进入谈判内容时，要有相互之间的寒暄语，要注意所谈的话题、范围等。一般应选择容易引起双方共鸣、跟谈判内容无关的中性话题来谈。这一类的谈话往往可以起到沟通情感、创造有利谈判气氛的作用。谈判之初的重要任务是摸清对方的底细，因此要认真听对方谈话，细心观察对方举止表情，并适当给予回应。这样即可了解对方意图，又可表现出尊重与礼貌。

另外，谈判之初的姿态动作也对把握谈判气氛起着重大作用。目光注视对方时，目光应停留于对方双眼直前额的三角区域正方，这样是对方感到被关注，觉得你诚恳严肃。手心朝上比朝下好，手势自然，不宜乱打手势，以免造成轻浮之感。切记双臂在胸前交叉，那样显得十分傲慢无礼。

(二) 谈判之中

谈判的实质性阶段主要是报价、查询、磋商、解决矛盾和处理冷场。

报价应当明确无误,恪守信用,不欺瞒对方。在谈判中报价不得变幻不定。

问询应事先准备好有关问题,选择气氛和谐时提出,态度要开诚布公。对原则性的问题应当力争不让。但切忌气氛比较冷淡或紧张时询问,言辞不可过激或追问不休,以免引起对方反感甚至恼怒。

讨价还价事关双方利益,容易因情急而失礼,因此更要注意保持风度。在谈判桌上,每一位谈判者均应做到处变不惊、不急不躁、冷静处事。磋商问题时应求大同存小异。在谈判中始终保持心平气和,是任何高明的谈判者所应保持的风度。

出现问题时,要就事论事,保持耐心、冷静,不可因发生矛盾就怒气冲冲,甚至进行人身攻击或侮辱对方。谈判往往是一种利益之争,因此谈判各方无不希望在谈判中最大限度地维护或者争取自身的利益。然而从本质上讲,真正成功的谈判,应当以妥协即有关各方的相互让步为其结局。在谈判中,只注意争利而不懂得适合地让利于人;只顾己方目标的实现,而指望对方一无所得,是既没有风度,也不会真正赢得谈判的。

当冷场时,主方要灵活处理,可以暂时转移话题,稍做松弛。如果确定已无话可说,则应当机立断,暂时终止谈判,稍做休息后再重新进行。如果双方只是就某个话题的商谈告一段落,而需要洽谈的问题还有很多,则应该灵活主动地变换一下话题。要注意冷场时间必须尽量缩短,最好不要超过三分钟。东道主或主持人要主动插话,或者概括与会者的发言情况,或者再提出新的有争议的问题,有意识地与参加谈判者产生共鸣,创造热情友好的气氛,使谈判继续顺利进行。

(三) 成交与签约

签约仪式上,双方参加谈判的全体人员都要出席,共同进入会场,相互致意握手,一起入座。双方都应设有助签人员,分立在各自一方代表签约人外侧,其余人排列站立在各自一方代表后。助签人员要协助签字人员打开文本,用手指明签字位置。双方代表各在己方的文本上签字,然后由助签人员互相交换,代表再在对方文本上签字。签字完毕后,双方应同时起立,交换文本,并相互握手,祝贺合作成功。其他随行人员应该以热烈的掌声表示喜悦和祝贺。

三、商务谈判礼仪具体内容

商务谈判实际上是人与人之间、组织与组织之间、国家与国家之间在经济上相互交往的一种活动。要在商务谈判中赢得优势,不仅需要依赖于自己的经济、技术实力和谈判技巧,而且还需要有高度的文明礼仪与修养。

我国素有礼仪之邦的美誉,深厚的礼仪积累滋养了一批批谈判专家,历史上也留下了许多成功的范例,加之长期的国际商务交往,而今已经形成了一套约定俗成且比较规范的礼仪。

(一) 服饰礼仪

作为商务谈判者,必须熟悉着衣的基本礼节。因为不同民族及性别、习惯、年龄的差异,在服饰上也有很大的区别。在商务谈判中,服饰的颜色、式样及搭配等的合适与否,对谈判人员的精神面貌,给对方的印象和感觉等方面都会带来一定影响。在商务谈判的场合,穿着一般选择灰色、褐色或者黑色等深色服装,这些颜色会给人一种坚实、端庄、严肃的感觉。

从服饰的样式来看,在西方国家的交际场合,服饰大致可分为便服和礼服。我国没有便服和礼服之分。在正式、隆重、严肃的场合,男子的服装为上下同色同质的深色西装,女性则穿着西装套裙或西装。

除此以外,谈判者的发型、指甲、鞋袜,以及男性谈判者的胡须,女性谈判者的面、耳、颈等部位的修饰都构成服饰仪表的一部分内容,应加以足够的重视。男性谈判人员应当发型整洁成形,不凌乱、无头皮屑;每天剃须,口中无异味;鞋面清洁,鞋跟不过分磨损,如图8-1所示。

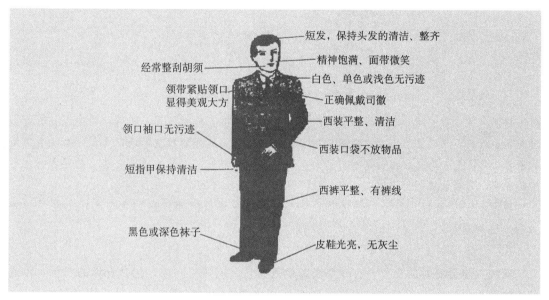

图 8-1 男性谈判人员服饰要求

女性谈判人员的发型应当简洁,不给人以妖艳之感;化妆应自然,并做到及时修补妆容,佩戴的戒指、耳环、项链等饰物不应太花哨;鞋子应与服装相配,并保持整齐,如图8-2所示。

在进入谈判室时,应脱去大衣、帽子、风雨衣等外套,在室内一般不得戴手套和深色眼镜。在家中接待客商,也应注意穿戴整齐出来迎客,不得穿睡衣、赤脚接待客人。

知识拓展

一位西欧颇有身份的女士老外访问,下榻北京一家豪华大酒店。酒店以贵宾的规格隆重接待:总经理在酒店门口亲自迎接,从大堂入口处到电梯走廊,都有漂亮的服务员夹道欢迎,问候,贵宾入住的豪华套房里摆放着鲜花、水果等,西欧女士十分满意。陪同入房的总经理见女士兴致很高,为了表达酒店对她的心意,主动提出送一件中国旗袍,她欣然同意,并随即让酒店裁缝给她量了尺寸。总经理很高兴能送给尊敬的女士这样一件有意义的礼品。几天后,总经理将赶制好的鲜艳、漂亮的丝绸旗袍送来时,不料这位洋女士却面露愠色,勉强收下,后来离

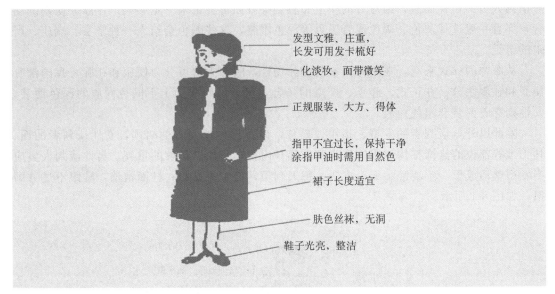

图 8-2　女性谈判人员服饰要求

店时却把这件珍贵的旗袍当作垃圾扔在酒店客房的角落里。总经理大惑不解，经多方打听好不容易才了解到，原来这位洋女士在酒店餐厅里看到女服务员都穿旗袍，误以为那是女侍者特定的服装款式，主人赠送旗袍，是对自己的不尊敬，故生怒气，将旗袍丢弃一边。总经理听说后啼笑皆非，为自己当初想出这么一个"高明"的点子而懊悔不已。

思考： 分析这位总经理的错误是什么？除在文中讲授的西方服饰禁忌外，你还了解哪些西方服饰禁忌？

(二) 会面礼仪

谈判人员会面时的礼节，有一整套的规范。怎么招呼与问候，包含着你的友善，传递着人的尊重。掌握了会面礼仪，将有助于打开社交之门。毕竟，会面是正式交往的开始，这个头能否开好，至关重要。以下介绍几种常见的会面礼节。

▶ 1. 握手礼

握手是商场中最常见的礼节，它象征着和平友好。握手除表示友谊外，还有祝贺、感谢、慰问和鼓励的含义。握手方式可以显示你的个性，坚定的握手方式，代表自信、热诚、开放与诚恳，软弱静止的方式则代表反面的意义。如果像是要把对方的骨头捏碎，则代表独裁且敏感。

正确的握手姿势：身体稍微前倾，面带微笑，眼睛注视对方，保持手向前举，大拇指朝外，虎口向上，在心里默数5个数字后才松开手。

双手紧握的握手方式适合德高望重的客人或久别重逢的朋友。除了握手，不要碰触对方。握手时，伸手的先后顺序是上级在先、主人在先、长者在先、女性在先。握手时间一般在两三秒或四五秒之间为宜。握手力度不宜过猛或毫无力度。要注视对方并面带微笑。要注意以下握手礼仪的禁忌。

(1) 不要用左手与他人握手，尤其是在与阿拉伯人、印度人打交道时要牢记此点，因为在他们看来左手是不洁的。

（2）不要在握手时争先恐后，而应当遵守秩序，依次而行。特别要记住，与基督教信徒交往时，要避免两人握手时与另外两人相握的手形成交叉状，这种形状类似十字架，在基督教信徒的观念中是很不吉利的。

（3）不要在握手时戴着手套，只有女士在社交场合戴着薄纱手套与人握手，才是被允许的。

（4）不要在握手时戴着墨镜，只有患有眼疾或眼部有缺陷者方可例外。

（5）不要在握手时将另外一只手插在衣袋里。

（6）不要在握手时另外一只手依旧拿着东西而不肯放下，如仍然拿着香烟、报刊、公文包、行李等。

（7）不要在握手时面无表情、不置一词，好像根本无视对方的存在，而纯粹是为了应付。

（8）不要在握手时长篇大论、点头哈腰、滥用热情，显得过分客套。过分客套不会令对方受宠若惊，而只会让对方不自在、不舒服。

（9）不要在握手时仅仅握住对方的手指尖，好像有意与对方保持距离。正确的做法，是要握住整个手掌，即使对异性，也要这么做。

（10）不要在握手时只递给对方一截冷冰冰的手指尖，像是迫于无奈似的。这种握手方式在国外叫"死鱼式握手"，被公认是失礼的做法。

（11）不要在握手时把对方的手拉过来、推过去，或者上下左右抖个没完。

（12）不要以肮脏不洁或患有传染性疾病的手与他人相握。

（13）不要在与人握手之后，立即揩拭自己的手掌，好像与对方握一下手就会使自己受到"污染"似的。

（14）不要拒绝与他人握手。在任何情况下，都不能这么做。

▶ 2. 其他见面礼节

1）鞠躬礼

鞠躬礼即弯身行礼，是表示对他人尊敬之意而普遍使用的一种礼节。该礼既适用于喜庆欢乐的环境或庄严肃穆的仪式，又适用于一般的社交场合，其弯腰程度不同，所表示的尊敬程度也不一样。在日本，鞠躬礼是人们最常用的会面礼节。

2）拥抱礼

拥抱礼是流行于欧美的一种会面礼节。行礼时，两人相对而立，各自右臂在上，左臂在下，右手环抚于对方的左后肩，左手环抚于对方的右后腰，胸部左倾而紧紧相抱，头部相贴，然后头部及上身向右倾而相抱，接替再次向左倾相抱，礼毕。

3）合十礼

合十礼又称合掌礼，即把两个手掌在胸前对合，五指并拢向上，头略低，手掌向外倾斜，这种礼节，通行于南亚与东南亚信奉佛教的国家。

其他如亲吻礼、吻手礼等会面礼节在谈判中使用率不高，不再一一介绍。

（三）名片礼仪

▶ 1. 名片的准备

名片不要和钱包、笔记本等放在一起，原则上应该使用名片夹；名片可放在上衣口袋，不可放在裤兜里；要保持名片或名片夹的清洁、平整。

2. 接受名片

必须起身接收名片，并用双手接收；接收的名片不要在上面作标记或写字；接收的名片不可来回摆弄；接收名片时，要认真地看一遍；不要将对方的名片遗忘在座位上，或存放时不注意落在地上。

3. 递名片

递名片的次序是由下级或访问方先递名片，如是介绍时，应由被介绍方先递名片；递名片时，应说些"请多关照""请多指教"之类的寒暄语；互换名片时，应用右手拿着自己的名片，用左手接对方的名片后，用双手托住；互换名片时，也要看一遍对方职务、姓名等；在会议室如遇到多数人相互交换名片时，可按对方座次排列名片；会谈中，应称呼对方的职务、职称，如"×经理""×教授"等。无职务、职称时，称"×先生""×小姐"等，而尽量不使用"你"字，或直呼其名。

（四）仪态礼仪

谈判者的举止包括谈判过程中的坐、站与行走所持的姿态及面部表情、手势等身体语言等。在商务谈判中，对举止的总体要求是适度。

1. 坐姿

坐时，应从椅子的左边入座。坐在椅子上不要转动或移动椅子的位置。坐下后，身体应尽量坐端正，并把两腿平行放好，如图6-3所示。交谈时，可根据话题调整上身的前倾度。坐久了，可轻靠椅背，但最忌半躺半坐、两腿平伸。

男士：入座时要轻，至少要坐满椅子的2/3，后背轻靠椅背，双膝自然并拢（男士可略分开）。身体可稍向前倾，表示尊重和谦虚。

女士：入座前应用手背扶裙，坐下后将裙角收拢，两腿并拢，双脚同时向左或向右放，两手叠放于腿上，如长时间端坐可将两腿交叉叠放，但要注意上面的腿向回收，脚尖向下。

2. 站姿

正确的站姿是抬头，目视前方、挺胸直腰、肩平、双臂自然下垂、收腹。双腿并拢直立、脚尖分呈V形，身体重心放到两脚中间；也可两脚分开，比肩略窄，双手交叉，放在体前或体后。在此基础上，可将足尖稍稍分开。女性可站丁字步，男性可将两脚自然分开。在正式场合，不宜将手插在裤袋里或交叉抱于胸前，更不要下意识地做小动作，否则不但显得拘谨，给人缺乏自信和经验的感觉，也有失仪表的庄重。

3. 行姿

正确的走路姿势应是全身和谐具有节奏感，而且神采飞扬。男士行走时，上身不动、两肩不摇、步态稳健，以显示出刚健、英武、豪迈的男子汉风度。女性的步态应自如、轻柔而富有美感，以显示出女性的端庄、文静和温柔。具体来说，走时要挺胸、昂首、收腹、直腰、目光平视前方30米，有节奏地直线前进。

4. 微笑

在面部表情中，微笑是最具有社会意义的，是人际关系中最佳的润滑剂。它有友善、亲切、礼貌和关怀的内涵，能沟通人与人之间美好的感情，传播愉快的讯息，缩短人与人之间的距离，营造融洽交际的气氛。俗话说"面带三分笑，生意跑不了"，谈判人员常常给予对方真诚、自然、亲切的微笑，有助于良好的人际关系的建立。

▶ 5. 手势

手势是体态行为中最具表现力的身体语言，人们在谈话时配以恰当的手势，往往能起到表情达意的良好效果。谈判人员可适时运用恰当的手势，配合说话内容，但手势幅度不宜过大，频率不宜过多，不要过于夸张，要清晰、简单，否则会给人以不自重或画蛇添足之感。禁止使用以下手势：用手或手中的物件指着对方言谈话过程中乱拍桌子；兴奋时拍自己的大腿；交谈时抓耳挠腮、搔首弄姿等。

知识拓展

手势与文化含义

不同的文化背景，有着不同的手势习惯，也有不同的文化含义。

OK手势：OK手势是用拇指和食指连成一个圈而构成的姿势。它在英语语系国家表示同意，但在法国则意味"零"或"无"，而在日本可以用来表示钱。

V手势。V手势是把食指和中指伸出而构成的姿势。手掌向外的V手势，代表胜利，而手掌向内的V手势，就变成侮辱人的意思，带有骂人的含义，这在英国及澳洲非常普遍。在欧洲许多地方，这一手势还可以表示数目"二"。

翘大拇指：在美国、英国、澳洲和新西兰，这种手势有3种含义：一是搭便车；二是表示OK的意思；三是若把拇指用力挺直，则表示骂人的意思。在希腊，这种手势的主要意思是"够了"。意大利人数数，竖起拇指表示一，加上食指为二。

（五）交谈礼仪

商务谈判的过程无疑是交谈的过程。在商务谈判中，交谈并非只限于谈判桌前，交谈的话题并非只限于和谈判相关的问题，所以交谈中一定要注意以下有关的礼节。

（1）正确运用距离语言。谈判时，双方的距离一般在1~1.5米。如果过远，会使双方交谈不便而难于接近，有相互之间谈不拢的感觉；如果过近，会使人感到拘束，而不利于表达自己的意见。美国心理学家霍尔在他的《无声的空间》一书中，将人们所处的空间划分为4个层次，如表8-1所示。

表8-1 人与人之间空间层次的划分

空间层次	距 离	适用范围	与社交活动的关系
亲密空间	0.15~0.46m	最亲密的人	社交不能侵犯这一区域
个人空间	0.46~1.2m	亲朋好友	增进感情和友谊，取得社交成功
社交空间	1.2~3.6m	有交往关系的人	彼此保持距离，会产生庄重威严感
公众空间	大于3.6m	任何人	礼节性的招呼，不认识的人不长久注视

（2）交谈时运用眼神要得当。在谈判桌上就一般情况而言，比较理想的做法是以平静的目光注视对方的脸和眼。

（3）交谈现场超过三个人时，应不时地与在场所有人交谈几句，不要只和一两个人说话，而不理会其他人，所谈问题不宜让他人知道时，应另择场合。

（4）交谈时，一般不询问妇女的年龄、婚姻状况；不直接询问对方的履历、工资收入、家庭财产等私生活方面的问题；不谈荒诞离奇、耸人听闻的事情，对方不愿回答的问题不要追根问底，对方反感的问题应立即转移话题；不对某人评头论足，不讥讽别人；不随便谈论宗教问题。

（5）谈判中说话的速度要平稳中速。

（6）交谈中要使用礼貌用语，并针对不同国别、民族、风俗习惯，恰当运用礼貌语言。

（六）接待礼仪

接待是欢迎客方谈判人员来访所做的一整套工作。在商务谈判中，接待是一门艺术。在接待过程中态度热情、行为恰当，就会赢得信任、增进关系。现将商务谈判中的接待礼仪分述如下。

▶ 1. 迎送礼节

在谈判中，对前来参加谈判的人员，要视其身份和谈判的性质，以及双方的关系等，综合考虑安排。对应邀前来谈判的，无论是官方人士、专业代表团，还是民间团体、友好人士，在他们抵离时，都要安排相应身份的人员前往迎送。重要的客商、初次洽谈的客商，要去迎接。

陪车，应请客人坐在主人的右侧，小车的座位也有讲究：有司机时，后排右为上，左为次，中为三，司机旁边为四。若有两位客人，陪同人员应坐在司机旁边，而车主当司机时，司机旁边为首，后排次序如上；车主为司机并有太太同坐时，太太应坐在车主司机的旁边，后排次序如上。

上车时，应为客人打开右边车门，主人从左侧车门上车，下车时主人先下，为客人打开车门，请客人下车。

陪客走路也有个顺序，一般是前右为上，应让客人走在自己右侧，以示尊重。若是三人行，中为上；如自己是主陪，应并排走在客人左例，不能落后；如果自己是随同人员，应走在客人和首席代表员后面。随同领导外出，一般应走在领导的两侧偏后一点或后面。

▶ 2. 宴请礼节

宴请应选择对主客双方都合适和方便的时间，最好能先征得客人的同意。就我国来说，宴请一般以晚间较多。注意不要选择在对方的节假日、有重要活动或禁忌的日子。其地点的选择，一般来讲，正式隆重的宴请活动应安排在高级宴会厅举行，可能的条件下，应另设休息厅，注意不要在客人住的宾馆招待设宴。

不论举行什么样的宴会，都应首先发出邀请，一般均发请柬，其优点在于礼仪郑重，同时又能起到提醒客人和备忘的作用。请柬一般应提前1~2周发出，以便客人及早安排。一般情况下，可根据实际发出口头邀请或电话邀请。

席位的安排，国际上的习惯是，以离主桌位置远近决定桌次高低，同一桌上以离主人的座位远近决定座位高低，右高左低。

宴请程序及现场工作：主人应在门口迎接客人，主人陪同主宾进入宴会厅，全体客人就座，宴会即开始；吃饭过程中一般是不能抽烟的；吃完水果，主人与主宾起立，宴会即告结束；主宾告辞，主人送至门口。服务人员训练有素，服务应周到、得体。

接到宴会邀请，是否接受都应尽快作答，由于特殊情况不能出席，应尽快通知主人，并致歉意。出席宴会，身份高的可略晚抵达，其他客人应略早一些，在我国，也可准点或按主人的要求抵达。

▶ 3. 日程及谈判场地

作为接待一方的安排者，应主动将会见、谈判的时间、地点、双方出席人员及有关注意事项通知己方和对方。作为要求会见、谈判的一方也可主动向对方了解上述情况。

谈判地点的选择，一般由谈判者主方决定，但能征求对方的意见更好。比较科学的谈判地点的选择标准以地理位置优越为主，应交通方便，通风设施较好，生活设施良好，周围环境幽静，医疗、卫生条件具备，安全防范工作较好。

布置谈判会场，首先需要安静，其次要通敞。窗帘颜色的选用要合适，给人一种恬静温暖的安全感，不能给谈判者特别是客方一种沉闷的心理压力。

商务谈判时，双方应面对面而坐，各自的组员坐在主谈者的两侧，以便相互交换意见。商务谈判通常用长方形条桌和圆形桌，其座位安排如图8-3和图8-4所示。

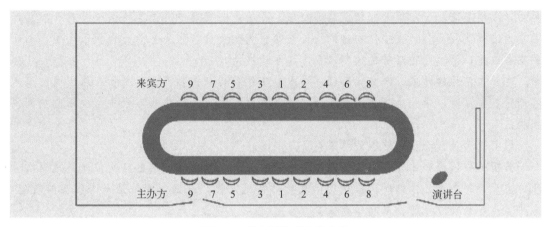

图 8-3　长方形条桌座位安排

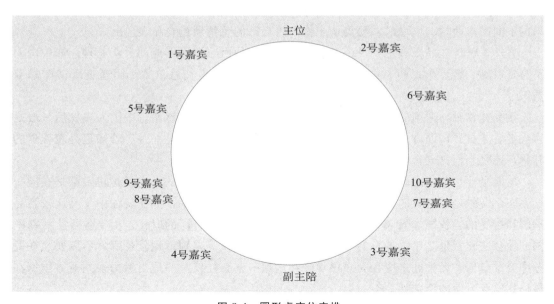

图 8-4　圆形桌座位安排

（七）签字礼仪

重要谈判达成协议后，一般要举行签字仪式。签字人的选定视签署文件的性质由谈判各方确定，但双方签字人身份要大体对等。业务部门之间签署专业性协议，一般不举行这类签字仪式。

安排签字仪式，首先要做好文本的准备工作，及早对文本的定稿、翻译、校对、印刷、装订、盖章等做好准备，同时准备好签字用的文具。

参加签字仪式的，基本上是双方参加谈判的全体人员，人数最好相等。

签字位置，一般安排客方在右边，主方在左边。

政府间的签字仪式还要准备小国旗。

协议签订完毕，双方主要负责人应起立握手致意，对双方为达成协议所做的努力表示满意，并互祝为履行协议而继续努力。其他人员可鼓掌响应。

课堂讨论：张先生是位国际贸易专业本科毕业生，就职于某大公司销售部，工作积极努力，成绩显著，三年后升职任销售部经理。一次，公司要与美国某跨国公司就开发新产品问题进行谈判，公司将接待安排的重任交给张先生负责，张先生为此也做了大量、细致的准备工作，经过几轮艰苦的谈判，双方终于达成协议。

在正式签约的时候，客方代表团一进入签字厅就转身拂袖而去，是什么原因呢？原来在布置签字厅时，张先生将美国国旗放在签字桌的左侧。项目告吹，张先生也因此被调离岗位。

思考：为什么会出现这样的结果？

分析：中国传统的礼宾位次是以左为上，右为下，而国际惯例的座次位序则是以右为上，左为下；在涉外谈判时，应按国际通行的惯例来做，否则，哪怕是一个细节的疏忽，也可能会导致功亏一篑、前功尽弃。

（八）馈赠礼仪

在商务谈判中，相互赠送礼物是常有的事。选择礼品时，要看对象，根据不同层次的人的不同需求而"投其所好"。要寓情于物，将自己的感情通过礼品表现出来。

另外，赠送礼品要顾忌到民俗与禁忌。它是一种由习惯而形成的大众心理。如中国人不喜欢以钟、鞋、伞、药、白布为礼，不少国家讲究送喜礼忌单数，而逢丧事馈赠忌双数等。

接受礼物时，适当的谦让是必要的。接受之后，则应表示感谢。中国人收礼后一般是客人走后才打开，西方人则习惯于当着客人打开包装并欣赏赞美一番。若知道是较珍贵的礼物，还是当面打开惊讶地欣赏一番为好。一般不询问价钱。

国内企业、单位之间的商务交往都是在同一国人之间进行的，也就是说，都是在同一社会文化背景之中进行的。因此，虽然各地在仪式上有所差别，但在交往中还是比较容易理解和接受的，我国加入WTO后，社会交往进入"与狼共舞"的时代，由于各自生活在不同的社会文化背景之中，各自的民族文化、习俗及礼仪等差别就比较悬殊，所以要想在商务中应付自如，无失礼之度，就必须学会和掌握一整套礼仪，并适当考虑谈判对方国家在风俗礼仪等方面的特殊性。

四、部分国家谈判风格与礼仪

（一）美国商人的谈判风格

美国人通常比较直接，不太重视谈判前个人之间关系的建立。他们喜欢公事公办，个人交往和商业交往是明确分开的。受美国文化的深层影响，美国人对角色的等级和协调的要求比较低，往往尊重个人的作用和个人在实际工作中的表现，在决策中强调个人责任。在谈判前往往非常认真、充分、详细而规范地做资料准备。美国人的时间观极强，办事要预约，并且准时。美国谈判者总是努力节约时间，希望省去礼节、闲聊，直接切入正题。对整个谈判过程，他们精打细算地规划谈判时间的利用，希望每一阶段逐项进行，并完成阶段性的谈判任务。他们认为谈判是双方自由的协商，应该有"双赢"的结果，所以希望彼此坦诚陈述观点。美国人重视契约，将达成书面协议视为谈判成功的关键一步。美国人总是认真仔细地订立合同，力求完美。合同的条款从产品特色、运送环节、质量标准、支付比例、责任分配到违约处罚、法律适用等无一不细致精确，以至显得冗长而烦琐。

（二）加拿大商人的谈判风格

加拿大是个移民国家，民族众多。各民族相互影响，文化彼此渗透。大多数人性格开朗，强调自由，注重实利，讲究生活舒适。受多元文化的影响，加拿大商人一般懂英、法两种语言。加拿大公民大多是法国人和英国人的后裔，在谈判决策上，有非常深的法国人和英国人的风格。拜访加拿大政府官员和各类商人应注意取得秘书和助手的协助，事先约定，并准时前往。因加拿大是冰雪运动大国，人们讨论的话题多与滑雪、滑冰、冰雕、冰球等有关。他们喜欢蓝色，应邀做客时，可带上一束较高价值的鲜花或蓝色包装的礼品。谈判时不喜欢在商品价格上讨价还价变来变去，不愿做薄利多销的生意。

（三）英国商人的谈判风格

言行持重的英国人不轻易与对方建立个人关系。英国人比较看重秩序、纪律和责任，组织中的权力自上而下流动，等级性很强，决策多来自上层。比较重视个人能力，不喜欢分权和集体负责。崇尚准时和守时，有按日程或计划办事的习惯和传统。英国人常常处变不惊、谈话轻描淡写。他们喜欢以他们的文化遗产、喂养的宠物等作为谈论的话题，尽量避免讨论政治、宗教、皇家是非等。初识英国人，最佳、最安全的话题是天气。英国人谈判稳健，善于简明扼要地阐述立场、陈述观点，之后便是更多地沉默，表现出平静、自信而谨慎。在谈判中，与英国人讨价还价的余地不大。愿意做风险小、利润少的买卖。英国人很重视合同的签订，喜欢仔细推敲合同的所有细节。英国商人一般比较守信用，履约率比较高。但国际上对英国商人比较一致的抱怨是他们有不大关心交货日期的习惯，出口产品经常不能按期交货。

（四）法国商人的谈判风格

法国人乐观、开朗、热情、幽默，注重生活情趣，富有浓郁的人情味、爱国热情和浪漫情怀，非常重视相互信任的朋友关系，并以此影响生意。在商务交往上，法国人往往凭借着信赖和人际关系去进行，在未成为朋友之前，他们不会同你进行大宗交易，而且习惯于先用小生意试探，建立信誉和友谊之后，大生意便接踵而至。热情的法国人将家庭宴会作为最隆重的款待，但决不能将宴会上的交往视为交易谈判的延伸。一旦将谈判桌上的话题带到餐桌上来，法国人会极为不满。

一般情况下，法国公司的组织结构单纯，自上而下的层次不多，比较重视个人力量，很少集体决策。从事谈判也大多由个人承担责任，决策迅速。法国商人大多专业性强，熟悉产品，知识面广。对别人要求严格，对自己比较随便是法国人时间观的一大特点。在法国社交场合，有个非正式的习惯，主宾越重要越到得迟。

（五）德国商人的谈判风格

德国人对发展个人关系和商业关系都很严肃，不大重视在建立商务往来之前先融洽个人关系。他们十分注重礼节、穿戴、称呼等。在交谈中，应避免提及个人隐私、政治以及第二次世界大战等。一旦彼此熟悉，建立商务关系且赢得他们的信任后，便有希望长期保持。德国人不喜欢"一锤子"买卖，求稳心理强。

在商务谈判中，德国人强调个人才能。决策大多自上而下做出，不习惯分权或集体负责。无论公事还是私事，德国人非常守时。他们办事雷厉风行，考虑事情周到细致，注重细枝末节，力争完美无缺。

德国人有"契约之民"的雅称，非常重视和尊重契约。在签订合同之前，他们会仔细推敲每个细节，明确双方权利、义务后才签字。如此细致入微的谈判，使得德国商人的履约率在欧洲最高。

（六）俄罗斯商人的谈判风格

俄罗斯是礼仪之邦。俄罗斯人热情好客，注重个人之间的关系，愿意与熟人做生意。他们的商业关系是建立在个人关系基础之上的。只有建立了个人关系，相互信任和忠诚，才会发展成为商业关系。俄罗斯人主要通过参加各种社会活动来建立关系，增进彼此友谊。这些活动包括拜访、生日晚会、参观、聊天等。在与俄罗斯人交往时，必须注重礼节，尊重民族习惯，对当地的风土民情表示出兴趣等。他们往往以谈判小组的形式出现，等级地位观念重，责任常常不太明确具体。他们推崇集体成员的一致决策和决策过程的等级化。他们喜欢按计划办事，一旦对方的让步与其原订目标有差距，则难以达成协议。

在俄罗斯，难以预料和不确定的因素太多，包括谈判中的时间和决策、行政部门的干预、交通和通信的落后等。

（七）日本商人的谈判风格

日本人的谈判方式独特，被认为是"很难对付的谈判对象"或"圆桌武士"。日本人相信良好的人际关系会促进业务的往来和发展。他们十分重视人际关系，人际关系的建立及其信任程度，决定了与日本人建立商务关系的状况。谈判开始之初，日本商人会想方设法找一位与他们共事的人或有业务往来的公司来作为谈判初始的介绍人。

日本商人的决策程序或步骤往往令谈判小组的每个成员感觉到自身参与的重要作用。表现为两大特点：一是自下而上，上司批准；二是认同在先，集体决策。

在与日本商人的谈判过程中，想急于求成是不太现实的。日本商人对截止日期、时间有限等不理不睬。在对方的各种压力之下，他们仍然心平气和、沉着冷静。另外，要让日本商人在谈判中畅所欲言，必须花大量的时间来发展与他们的私人关系。

知识拓展

商务谈判的语言技巧

商务谈判是经济活动中必不可少的一项活动，它可以促进双方达成协议，是双方洽谈的一项重要环节。商务谈判的过程实质就是谈判者运用语言进行协调磋商、谋求一致的过程。而在谈判中如何把思维的结果用语言准确地实现出来，则反映了一个谈判者的语言能力，如果谈判的技巧不合适，不但会造成双方发生冲突，也有可能会导致贸易失败，更有可能造成经济上的损失。语言运用是否得当，往往能决定一次谈判的成败，因此，了解并掌握好商务谈判中语言的技巧是双方达成协议的关键所在。商务谈判中，语言艺术集中体现在谈判者如何陈述、提问、答复和说服的技巧方面。

一、商务谈判的语言特征

商务谈判语言是在商务谈判领域中使用的一种特殊语言，它不同于文学、艺术、戏曲、电影等使用的语言，也不同于日常生活用语。一般而言，商务谈判语言应具有客观性、针对性、逻辑性及辩论性。

商务谈判语言应具有客观性是指谈判过程中的语言表达要尊重事实、反应事实，不弄虚作假、凭空想象，不要使对方感到你没有诚意，从而失去与你合作的兴趣。谈判语言的客观性具体表现在买卖两个方面。从卖方来看，语言的客观性主要表现在：介绍本企业情况要符合实际；介绍商品性能质量要有事实依据，有条件的最好能出示样品或当场进行演示；报价要恰如其分，既尽力满足己方需要，又不能忽略对方利益；确定支付方式要考虑对方要求，采用对方都能接受的方式等。从买方来说，语言的客观性主要表现在：介绍己方财务状况，购买时不要夸大其词；评价对方的商品的质量要依据事实、中肯可信、恰当可行，还价合情合理，压价要有根有据，无论交易成功与否，要让对方感到己方的诚意。

谈判语言的针对性是指语言要围绕主题，对准目标，有的放矢，才能切中要害，不要漫无边际地四处游击。谈判语言的针对性具体来说包括：针对某一次谈判、针对某项具体内容、针对某个具体对手、针对对手的具体方面等。商务谈判涵盖的内容很广，这就要求谈判语言要有针对性。针对某次谈判来说，谈判内容一旦确定之后，就要认真准备有关资料，同时还要充分考虑到谈判时将要使用的相关语言甚至行话。要有选择地、有针对性地使用谈判语言，才能有益于谈判活动的顺利进行。

谈判语言的逻辑性是指谈判者的语言要符合逻辑规律，表达概念要清晰，判断要准确，推理要严密，要充分体现其客观性、具体性、连贯性和思辨性。论述要有说服力，这就要求谈判者要有缜密的逻辑思维能力。在谈判过程中，无论是陈述问题，撰写备份录，还是提出各种意见、设想或要求，都要注意语言的逻辑性，这是紧紧抓住对方、进而说服对方的基础。

谈判语言的论辩性在某种程度上就是论辩的艺术，通过对谈判论题的辩论，才能扩展问题的外延和内涵，使问题更加明晰，便于找到对方的差距，进而找出解决办法。只有通过辩论才能展示谈判者的逻辑思维力量对有关问题的独到看法，辩论的目的不仅在于明晰问题，更在于解决问题。因此，谈判语言的论辩从一开始便融入谈判的本质中，谈判者为此必须要掌握语言的运用技术，才能在辩论中取胜，才能到达谈判成功的彼岸。

二、商务谈判的陈述技巧

商务谈判中的叙述包括"入题"和"阐述"两个部分。

谈判刚刚开始时，双方的谈判人员都有一种紧张的心理，尤其是一些重大谈判项目或是谈判新手，都会感到心理负担很重。在这种情况下往往会出现冷场，或突然入题使对方不知所措，使谈判陷入僵局。为了避免这种情况的发生，在谈判刚开始的时候可以采取如下语言策略：第一，迂回入题的方法，如从介绍本企业情况入题，也可以从谈判本行业现状甚至谈论天气、新闻等方面入题；第二，先谈细节，后谈原则性问题，如当我们谈到重大原则问题心情都比较紧张时，可以先谈一些具体细节性问题，使对方比较平和地进入谈判过程，为谈判的后期工作创造较好的气氛；第三，先谈一般原则、后谈细节问题，如一些大型的经贸谈判，由于需要洽谈的问题很多，这样往往需要双方高级人员先谈判原则问题，然后基层人员就其细节问题进行谈判。

在陈述过程中要注意正确使用语言，要求语言要准确易懂、简明扼要，具体条理、发言要紧扣主题，措辞得体、不走极端，注意语调、语速、声音要适中，停顿和重复得当，并注意第一次就要说准，并始终如一。陈述时要实事求是，与对方坦诚相见，以求得对方的真实合作，要观察对方反应，随时调整自己的谈话内容、语气、声调，以适应对方。要善于使用解围用语，是自己从被动中走出来，如当谈判出现僵局时，为了避免这种情况发生，我们可以在陈述时加进这样的话，"我相信，我们都不希望前功尽弃"。不以否定性的语言结束陈述，以人们听觉习惯考察，在一般场合，他所听到的第一句话和最后一句话给他留下的印象最深，对他的情绪影响也最大。所以在陈述问题时，不应用否定性语言结束陈述，这样可以调动双方的积极情绪，有利于谈判顺利进行。

三、商务谈判的提问技巧

商务谈判中经常运用提问技巧作为摸清对方真实意图、掌握对方心理变化以及明确表达自己意见观点的重要手段。通过提问，可以引起对方的注意，对双方的思考提供既定的方向；可以获得自己不知道的信息、不了解的资料；可以传达自己的感受，引起对方的思考；可以控制谈判的方向等。

谈判时要把握提问的时机。提问时机把握得好有助于引起对方的注意，一般情况下，发问的时机有三个：一是对双方发言完毕之后提出；二是在对方发言停顿、间歇时提问；三是自己发言前后提问。前两者是为了不打断对方发言，而第三者则是为了进一步明确对方发言的内容，此目的是为了探测对方的反应。

谈判时要注意提问的方式。提问的目的仅仅是为了弄清事实真相，获取信息或启发对方思维，因此，提问时态度要诚恳、合情合理，注意对方的心境，尤其是不能指责对方的人格和荣誉。同时，提问时不要连续发问，要掌握提问的语速和语调，要给对方留出一定的时间让对方思考和表达意见，以免导致对方疲倦、乏味而不愿回答。

四、商务谈判的答复技巧

在谈判过程中，回答对方提出的问题是一件很有压力的事情。因为在谈判桌上谈判人员回答的每一句话都有重要意义，对别人来说都认为是一种承诺，对谈判都起着至关重要的作用。所以，谈判人员在回答对方提出的问题时心情都比较紧张，有时会不知所措，陷入被动局面。一个谈判者水平的高低，很大程度上取决于答复问题的水平。因此，答复也需要运用一定的技巧。

第一，回答问题之前，要给自己留有思考的时间；第二，把握答复提问的目的和动机，针对提问者的真实心理答复；第三，不要彻底地回答对方的提问；第四，对于不知道的问题不要回答；第五，有些问题可以通过答非所问、以问代答来给自己解围；第六，"重申"和"打岔"有时也很有效。

另外，答复问题时要注意以下几点：第一，不能不加思考，马上回答；第二，不能在未完全了解对方提出的问题时就仓促作答；第三，不能总是予以彻底回答；第四，不要不问自答；第五，不要在回答时留下尾巴；第六，不要滥用"无可奉告"。

五、商务谈判的说服技巧

说服即设法使他人改变初衷，心悦诚服地接受你的意见，这是一项非常重要的技巧，在谈判活动中起的作用最大，同时也是一项较难掌握的技巧，其技巧性很强。

说服的基本原则如下。

（1）在说服谈判对手时，谈判人员应注意不要只谈自己的理由，要给对方留有发表意见的时机；

（2）在研究对方的心理及需求特点时，要强调双方立场、期望一致的方面；

（3）要态度诚恳、平等相待，消除对方的戒心和成见；

（4）不要操之过急，急于求成；

（5）要先谈好的信息和有利的情况，再谈坏的消息和不利的情况，对于有利的信息要多次重复；

（6）说话用语要朴实亲切，富有感染力，不要过多地讲大道理；

（7）强调互相合作、互惠互利的可能性、现实性，激发对方在自身利益认同的基础上，接受你的意见和建议。

资料来源：严新党. 商务谈判的语言艺术[J]. 魅力中国，2008(1)：120-121.

任务二 商务会议礼仪

任务导入

请柬发出之后

某机关定于某月某日在单位礼堂召开总结表彰大会，发了请柬邀请有关部门的领导光临，在请柬上把开会的时间、地点写得一清二楚。

接到请柬的几位部门领导很积极，提前来到礼堂开会。一看会场布置不像是开表彰会的样子，经询问礼堂负责人才知道，今天上午礼堂开报告会，某机关的总结表彰会改换地点了。几位领导同志感到莫名其妙，个个都很生气，改地点了为什么不重新通知？一气之下，都回家去了。

事后，会议主办机关的领导才解释说，因秘书人员工作粗心，在发请柬之前还没有与礼堂负责人取得联系，一厢情愿地认为不会有问题，便把会议地点写在请柬上，等开会的前一天下午去联系，才知得礼堂早已租给别的单位用了，只好临时改换会议地点。

但由于邀请单位和人员较多，来不及一一通知，结果造成了上述失误。尽管领导登门道歉，但造成的不良影响也难以消除。

思考：会议准备时应注意什么问题呢？

分析：如有计划的变动，应及时关注并通知到与会者。

一、会议参与者礼仪

（一）仪表

会议参加者应衣着整洁，仪表大方。若有着装要求，应该穿着相应的正装出席。

（二）入场

一般情况下，与会者应规定开会时间早五分钟左右到会场，切忌开会时间到了才不紧不慢地步入会场，这样对别人造成影响。进出有序，依会议安排落座。

（三）听会

会场的安静是会议顺利进行的基本条件，除正常的鼓掌发言外，严禁出现任何噪音。当自己听取他人发言时，应集中注意力，除适当地做笔记外，应注视对方，并在必要时以点头、微笑或掌声表达对对方的支持之意。不管自己有什么高见，都不要打断别人的发言。会议进程中，若要发言，则应等待时机，不可随意发表评论。肯定成绩时，要力戒阿谀奉承。提出批评时，不能讽刺挖苦。切忌当场表示不满，甚至私下里进行人身攻击。期间，对有关禁止录音、录像、拍照、吸烟以及使用移动电话等会议的具体规定，应认真予以遵守。

当他人发言时，不允许心不在焉，更不能公然忙于他事。趴着、倚靠、打哈欠、胡乱涂画、低头睡觉、接打电话、来回走动，以及和邻座交头接耳的行为，是非常不礼貌的。开会时应认真听讲，不要私下小声说话或交头接耳。在他人的发言结束的时候，应该鼓掌以示对其讲话的肯定和支持。

（四）离席

中途退场应轻手轻脚，不影响他人。若开会时是用纸杯喝茶，或喝罐装、瓶装饮料，散会后，应把身边的空罐子、纸杯、纸巾收拾好放入垃圾篓。

二、会议发言者礼仪

会议发言有正式发言和自由发言两种，前者一般是领导报告，后者一般是讨论发言。

正式发言者应衣冠整齐，走上主席台应步态自然，刚劲有力，体现一种成竹在胸、自信的风度和气质。

发言者在上台讲话前，可先向与会者行鞠躬礼。发言时应口齿清晰，讲究逻辑，简明扼要。如果是书面发言，要时常抬头扫视一下会场，不能低头读稿，旁若无人。发言完毕，应对听众的倾听表示谢意。

自由发言虽相对而言较随意，但也需在讲话时注意分寸：发言应讲究顺序和秩序，不宜争抢发言；简明扼要、条理清楚、重点集中；讲话时要善于表达自己的独到见解。若与他人有意见分歧，应以理服人、态度平和，听从主持人的指挥，不能只顾自己；举止应生动灵活、温文尔雅。

如果有会议参加者对发言人提问，应礼貌做答，对不能回答的问题，应机智而礼貌地说明理由，对提问人的批评和意见应认真听取，即使提问者的批评是错误的，也不应失态。

三、会议服务者礼仪

会议举行期间，一般应安排专人在会场内外负责迎送、引导、接待陪同与会人员。对与会的嘉宾以及老、弱、病、残、孕者，少数民族人士、宗教人士、港澳台同胞、海外华人和外国人，往往还需进行重点照顾。

作为会议服务人员，应体现出较高的职业素养。在仪容仪表方面，着装须统一整洁，佩带服务标志，不穿拖鞋、响钉鞋。女性服务人员宜化淡妆，不得浓妆艳抹佩戴首饰；同时，仪态要端庄，坐姿行走姿势要规范。

在工作中，需特别强调语言的运用。语调宜温和亲切，音量适中；讲究文明礼貌，适时运用"您好""您请用""请""谢谢""对不起""没关系"等礼貌用语；对服务对象要主动招呼，不可漫不经心、粗言粗语或者大声喧哗。

在会议举行的前、中、后期，服务人员的具体工作比较多，其中比较重要的有以下几项。

（一）签到入场

服务者在统计人数时要准确、及时、迅速，随时准备领导询问代表到会情况。这项工作看似简单，实际上要做好是很不容易的。往往在查询时会遇到一些难题和疏漏，这就需要服务者依实际情况采取相应的工作方法和技巧。在与会人员入场前，服务人员应站立在会厅门口两侧，有礼貌地向宾客点头致意，并说"早上（上午、下午、晚上）好"或"欢迎光临"等文明用语。

（二）会中服务

对已入座的客人，及时递上茶水、湿巾，茶水量一般控制在八分满。上茶水时应遵循从左到右的原则，从宾客一侧依次加水，原则上是每20分钟添加茶水一次。举行较长时间的会议，一般会安排会间的工作餐。与此同时，还应提供卫生、可口的饮料。会上所需的饮料，最好便于与会者自助饮用，不提倡为其频繁斟茶续水。另外，会议服务人员应时刻注意观察音响设备运行状况，注意会场情况及室内温度，发现问题及时报告和处理。

（三）会后送别

会议结束时，服务人员应及时打开通道门，站立两侧，向客人微笑点头，并说"慢走""再见"，会后及时做好会场清理工作。若发现客人遗留物品应迅速与有关单位联系。大型会议结束后，其主办单位一般应为外来的与会者提供一切返程的便利。若有必要，应主动为对方联络或提供交通工具，或是替对方订购、确认返程的机票、船票、车票。当团队与会者或与会的特殊人士离开本地时，还可安排专人为其送行，并帮助其托运行李。

总而言之，会议服务人员在工作中应敬业勤业，微笑服务，彬彬有礼；若工作中出现差错、失误应及时纠正并当面赔礼道歉；解释问题有礼有节。一切都是为了想服务对象之所想，急服务对象之所急，尽服务对象之所需，圆满地完成任务。

任务三 会展礼仪

任务导入

"时装秀"方案

某服装集团为了开拓夏季服装市场,拟召开一个服装展示会,推出一批夏季新款时装。秘书小李拟了一个方案,内容如下。

1. 会议名称:"2017××服装集团夏季时装秀"。
2. 参加会议人员:上级主管部门领导2人;行业协会代表3人;全国大中型商场总经理或业务经理以及其他客户约150人;主办方领导及工作人员20名。另请模特公司服装表演队若干人。
3. 会议主持人:××集团公司负责销售工作的副总经理。
4. 会议时间:2017年5月18日上午9点30至11点。
5. 会议程序:来宾签到、发调查表、展示会开幕、上级领导讲话、时装表演、展示活动闭幕、收调查表、发纪念品。
6. 会议文件:会议通知、邀请函、请柬、签到表、产品意见调查表、服装集团产品介绍资料、订货意向书、购销合同。
7. 会议地址:服装集团小礼堂。
8. 会场布置:蓝色背景帷幕,中心挂服装品牌标识,上方挂展示会标题横幅。搭设T形服装表演台,安排来宾围绕就座。会场外悬挂大型彩色气球及广告条幅。
9. 会议用品:纸、笔等文具,饮料、照明灯、音响设备、背景音乐资料,足够的椅子,纪念品(T恤衫每人1件)。
10. 会务工作:安排提前来的外地来宾在市中心花园大酒店报到、住宿,安排交通车接送来宾,展示会后安排工作午餐。

思考:小李的会议方案有无改进的地方?

分析:这里缺少一项重要的部分,就是来宾的座位安排,有不同层次的人员出席,位次安排是非常重要的。

一、参展礼仪

总体来说,标准的商务礼仪在参展礼仪中都是适用的。很重要的一点是参与展览的人员需乐于跟陌生人交谈,并了解他们的需要,将事先准备好的企业印刷品或精致小礼品适时发送给潜在客户,达到营销的最终目的。

展会现场,笑容非常重要。海外观众一般路过展位都会向咨询台人员报以善意的笑容并且问好,在每天不同的时间,如早上一般见面时候说"Morning",下午的时间就可以用通用的"Hello",在问好的时候一定要有眼神交流,表示礼貌。如果有观众表示比较感兴趣的,应当主动上前询问并解释。最好是友善地邀请他们坐下来谈,通常观众愿意坐下来以后,谈得也比较多、比较深,企业也可以从交谈中了解观众的真实想法。交谈过程中,最好先耐心地听观众自己讲对产品的需求以及特别的要求,千万不要在一开始就大谈自己的公司，要针对观众的需要介绍相应的内容。另外，适当地向观众展示产品实物，以及讲解生产工艺等，都会对交谈产生积极推动的作用。在交谈结束以后，记得和观众握手告别，并跟观众交换名片（在初问好的时候也可以交换名片），千万不要因为交谈没有实质的结果表示而对观众的轻视。

二、展会礼仪注意事项

（一）不要坐着

展览会期间坐在展位上，给人留下的印象是：你不想被人打扰。例如，在咨询台附近的人员最好是站立的而不是端坐的，当有观众表示出对你们企业有兴趣的时候主动地去询问是否有需要解答的地方。

（二）不要在展位上吃东西

在展位上吃东西会显得对展会漠不关心，而且吃东西时一般潜在顾客不会打扰你。

（三）不要以貌取人

展览会上尤其要注重仪表的是参展单位的工作人员，顾客都会按自己的意愿尽量穿着随便些，如牛仔裤、运动衫、便裤等。所以，不要因为顾客穿着随意就低眼看人。

（四）不要聚群

如果你与两个或更多参展伙伴或其他非潜在顾客一起谈论，那就是聚群。在参观者眼中，走近一群陌生人总令人心里发虚。应在你的展位上创造一个温馨、开放、吸引人的氛围。

（五）要满腔热情

表现得热情，就会变得热情，反之亦然。如果你一副不耐烦的样子，你就会变得不耐烦，而且讨人嫌。热情洋溢无坚不摧，十分有感染力。要热情地宣传自己的企业和产品，在参观者看来，你就代表着你的企业，你的言行举止和神情都会对参观者认识企业产生极大的影响。

（六）要善用潜在顾客的名字

人们都喜欢别人喊自己的名字。努力记住潜在顾客的名字，在谈话中不时提到，会让他感到自己很重要。一般可以，直接看着参观者胸前的名牌，大声念出他的名字来，遇到难读的名字就问，如果是个极不寻常的名字，也许就是你同潜在顾客建立关系最得手的敲门砖。

三、展会商务礼仪

（一）要努力维护整体形象

在参与展览时，参展单位的整体形象直接映入观众的眼里，因此对自己参展的成败影响极大。参展单位的整体形象，主要由展示物的形象与工作人员的形象两个部分构成，对于两者要给予同等的重视，不可偏废其一。

（二）注意展示物的形象

展示物的形象主要由展品的外观、展品的质量、展品的陈列、展位的布置、发放的资料等构成。用以进行展览的展品，外观上要力求完美无缺，质量上要优中选秀，陈列上要既整齐美观又讲究主次，布置上要兼顾主题的突出与观众的注意力。用以在展览会上向观众直接散发的有关资料，则要印刷精美、图文并茂、资讯丰富，并且注有参展单位的主要联络方法，如公关部门与销售部门的电话、电报、传真以及电子邮箱等。

（三）注意工作人员的形象

工作人员的形象主要是指在展览会上直接代表参展单位露面的人员的形象。一般情况下，在展位上工作的人员应当统一着装，最佳的选择是身穿本单位的制服或者深色的西装、套裙。

（四）礼貌待人

在展览会上，无论是宣传型展览会还是销售型展览会，参展单位的工作人员都必须真正地意识到观众是自己的上帝，为其热情而竭诚地服务则是自己的天职。为此，全体工作人员都要将礼貌待人放在心坎上，并且落实在行动上。展览一旦正式开始，全体参展单位的工作人员即应各就各位，站立迎宾。不允许迟到、早退、无故脱岗、东游西逛，更不允许在观众到来之时坐、卧不起，怠慢对方。当观众走近自己的展位时，不管对方是否向自己打了招呼，工作人员都要面含微笑，主动地向对方说："您好！欢迎光临！"随后，还应面向对方，稍许欠身，伸出右手，掌心向上，指尖直指展台，并告知对方："请您参观"。

当观众在本单位的展位上进行参观时，工作人员可随行于其后，以备对方向自己进行咨询；也可以请其自便，不加干扰。假如观众较多，尤其是在接待组团而来的观众时，工作人员亦可在左前方引导对方进行参观。对于观众所提出的问题，工作人员要认真做出回答。不允许置之不理，或以不礼貌的言行对待对方。当观众离去时，工作人员应当真诚地向对方道以"谢谢光临"或是"再见"。

（五）要善于运用解说技巧

解说技巧，此处主要是指参展单位的工作人员在向观众介绍或说明展品时，应当掌握的基本方法和技能。具体而论，在宣传型展览会与销售型展览会上，其解说技巧既有共性可循，又有各自的不同之处。在宣传型展览会与销售型展览会上，解说技巧的共性在于：要善于因人而异，使解说具有针对性。与此同时，要突出自己展品的特色。在实事求是的前提下，要注意对其扬长避短，强调"人无我有"之处。在必要时，还可邀请观众亲自动手操作或由工作人员为其进行现场示范。此外，还可安排观众观看与展品相关的影视片，并向其提供说明材料与单位名片。通常，说明材料与单位名片应常备于展台之上，由观众自取。

宣传型展览会与销售型展览会的解说技巧又有一些不同之处。在宣传型展览会上，解说的重点应当放在推广参展单位的形象之上。要善于使解说围绕着参展单位与公众的双向沟通而进行，时时刻刻都应大力宣传本单位的成就和理念，以便使公众对参展单位给予认可。而在销售型展览会上，解说的重点则必须放在主要展品的介绍与推销之上。按照国外的常规说法，解说时一定要注意"FABE"并重。其中，"F"指展品特征，"A"指展品优点，"B"指客户利益，"E"则指可资证明的证据。要求工作人员在销售型展览会上向观众进行解说之时，注意"FABE"并重，就是要求其解说应当以客户利益为重，要在提供有利证据的前提之下，着重强调自己所介绍、推销的展品的主要特征与主要优点，以争取使客户觉得言之有理，乐于接受。不过，争抢、尾随观众兜售展品，弄虚作假，或是强行向观众推介展品则不可取。

项目实训

本项目实训将帮助你理解在复杂的商务场景中如何进行商务谈判,如何在商务会议中规范个人礼仪,如何在各类展会中让客户满意。

一、实训内容

1. 要求商务人员在各类商务谈判中注意个人礼仪,通过商务谈判技巧获得成功签约。

2. 商务人员应熟悉在不同的商务会议中遵循的商务惯例和礼仪习惯。

3. 商务人员在参加展会时应规范个人礼仪,促成交易达成。

二、实训要求

1. 分组讨论在复杂多变的商务场合如何规范个人形象。

2. 以书面报告的形式提交"商务人员会议礼仪素质报告"。

3. 重点模拟商务人员在出席商务会议,组织、参加展会和进行商务谈判时应注意的礼仪要求。

项目小结

通过任务一的学习,帮助你熟悉商务谈判时应注意的礼仪,如何通过运用谈判技巧和必要的礼仪获得谈判成功。

通过任务二的学习,帮助你正确掌握商务会议礼仪的个人形象问题。

通过任务三的学习,帮助你在各类展会中注意自身礼仪修养,更好地促成交易。

案例分析

一个多变的通知

有一次,某地准备以党委、人民政府名义召开一次全区性会议。为了给有关单位有充分时间准备会议材料和安排好工作,决定由领导机关办公室先用电话通知各地和有关部门,然后再发书面通知。电话通知发出不久,某领导即指示:这次会议很重要,应该让参会单位负责某项工作的领导人也来参加,以便更好地完成这次会议贯彻落实的任务。于是,发出补充通知。过后不久,另一领导同志又指示:要增加另一项工作的负责人参加会议。如此再三,在三天内,一个会议的电话通知,通知了补充,补充了再补充,前后共发了三次,搞得下边无所适从,怨声载道。

思考: 请你从协调的角度说说怎样才能不出现上述这种情况,从而使工作顺利进行?

项目九 国际商务礼仪

礼貌和礼节是一封通向四方的推荐信。

——伊丽莎白

学习目标

- 理解国际商务礼仪的基本原则。
- 掌握世界主要国家的礼仪常识。
- 熟悉世界三大宗教的基本礼仪。
- 掌握必要的国际礼仪知识。
- 能够正确使用国际礼仪。

礼仪所展现的形象，真实地体现着个人的教养和品位，以及个人对交往对象的态度，客观地反映了个体精神风貌与生活态度。礼仪是个体所在的单位整体形象的有机组成部分，在国际交往中还往往代表着其所属国家、所属民族的形象。

在涉外活动中，既要向交往对象表达尊重、友好之意，又要维护好国格和人格。只有把握好涉外礼仪中的几个核心作用要素，才能塑造良好的国际交往形象，获得良好的交往效果，实现交往的预期目标。

任务一 国际商务礼仪

任务导入

无功而返

某年，一位美国经理于10月中旬去沙特阿拉伯，准备与当地一家公司签订一份提供医疗设备的合同。几个月前他已与该公司在纽约就各项条款达成初步协议，这次去到沙特他准备在两三天内完成合同，然后返回美国。然而，时间过了几天，他与当地公司谈了几次，但对方总是不理睬签约问题。最后美国公司的总裁来令，要他返回美国，他只能一无所获地返回美国。实际上，这位美国经理根本不懂得穆斯林文化，他到达沙特的时候，正是莱麦丹月（伊斯兰教历的9月），这是穆斯林社会最重要的节日之一，在这种时候，该地区一切活动都要减速，尤其是做生意。

资料来源：李巍. 商务礼仪[M]. 北京：北京大学出版社，2009.

思考：该案例带给我们什么启示？

分析：该案例告诉我们，商务人员有必要具备一定的涉外礼仪知识，其中包括各国的宗教礼俗与禁忌等，这样才能顺利地进行国际间的商务往来，否则可能事倍功半。

一、国际商务礼仪

国际商务礼仪，即中国人在对外商务交往中，用于维护自身形象，对交往对象表示尊敬与友好的约定俗成的习惯做法。

知识拓展

国外礼仪禁忌种种

礼俗与禁忌始终是联系在一起的。国外忌讳之物不胜枚举，交往中要注意不触犯对方的禁忌，才能获得相互间的尊重与信赖。

一、数字的禁忌

"13"这个数字被西方人视为不祥的象征，主要源于两种传说。一种是源于东方基督教的传说：相传耶稣的十二门徒之一犹大，为了贪图30枚银币，把耶稣出卖给犹太教当权者，并为捉拿耶稣的人带路，在耶稣和弟子一起就餐的晚宴上将耶稣抓走，当时参加晚宴的正好是13个人。另一个传说源于北欧挪威神话：传说在天国，一次正在英烈祠为追悼阵亡将士而聚餐，12位神同席就餐时，突然闯入了不速之客凶神罗基，凑成13人，结果使在座的最高之神奥丁的儿子光神鲍尔德遇难死亡，其他众天神也因此处处失利。

西方人还普遍认为"星期五"也是不吉利的。因为按基督教的传说，星期五是耶稣被钉死的那一天。另一个传说认为，星期五是亚当、夏娃违反上帝禁令，偷吃了伊甸园的禁果，犯了罪被赶出天堂的日子。

因此，西方人在既是13号又是星期五的那一天一般不举行活动。门牌号、旅馆房号、楼层号、宴会桌号都要避开"13"。宴请不安排在13日举行，更忌讳13人同席聚餐。英国剧院中找不到13排13号的座位，美国的剧院即使有13号也是半价出售。此外，非洲的加纳、埃及、亚洲的巴基斯坦、阿富汗、新加坡，以及拉美一些国家也不喜欢这个数字。但不是所有西方人都排斥"13"，13号的这一天，飞机照样飞，火车照样开，英国前首相撒切尔夫人就为儿子选择13号举行婚礼。

有些西方人还忌讳"3"，特别是点烟时。当点到第三人时，他们往往会面呈难色。甚至会礼貌地拒绝。据说"一战"期间，协约国的三个士兵夜间在战壕里吸烟，一个士兵划着火柴给自己和另外两个士兵点烟。结果火柴的发光时间太长，第三个士兵被敌人瞄准打死了。

很多国家都存在数字的禁忌。非洲大部分国家认为奇数有消极的色彩。而在日本人们则把奇数看作是吉利数字。"4"在中文和日文中的发音与"死"相近，所以在日本与朝鲜等东方国家将它视为不吉利的数字，这些国家的医院里没有四号病房和病床。在我国也是如此，如遇到"4"，而且非说不可时，往往说"两双"或"两个二"来代替。另外，在日语中"9"的发音与"哭"相近似，因而也属忌讳之列。

二、花卉的禁忌

送花在国外非常普遍。由于习惯不同，某些花的含义在不同的国家也有区别。如荷花在中国有"花中君子"，而在日本却被认为是不吉利之物，仅用于祭祀。郁金香在土耳其被看作是爱情的象征，但在德国却被认为是没有感情的花。菊花是日本皇室的专用花朵，而在比利时、意大利和法国人眼中，菊花却与死亡相联，只能在墓地或灵前使用。在法国不要送黄色的花，因为这是不忠诚的表示，也不要送康乃馨，因为它表示不幸。在日本医院探视朋友不能送白花，那表示不吉利。在巴西，紫色的花只能用于葬礼。在国际交际场合，忌用菊花、杜鹃花、山竹花和黄色的花献给客人，已成为惯例。

三、颜色的禁忌

日本人认为绿色是不吉利的象征，所以忌讳绿色；巴西人以棕黄色为凶丧之色；欧洲许多国家以黑色为丧礼的颜色，表示对死者的哀悼和尊敬；埃塞俄比亚人则是以穿黄色的服装表示对死者的深切哀悼；叙利亚人也将黄色视为残败之色；蓝色在埃及人眼里是祭魔的象征；比利时人也忌蓝色，如遇有不吉利的事，都穿蓝色衣服；土耳其人则认为花色凶兆，故在布置房间、客厅时绝对禁用花色，好用素色。法国、比利时忌用墨绿色，因这是纳粹军服的颜色。

四、动物图案的禁忌

大象在泰国和印度，是吉祥的动物，代表智慧、力量和忠诚，而在英国却认为它是愚笨的象征。孔雀在我国是喜庆的象征，可是在法国却把它看作祸鸟、淫鸟；法国人把仙鹤图案作为蠢汉和淫妇的代称，美国人认为蝙蝠图案代表凶神恶煞；日本人对狐狸和獾的图案很是反感；英国人认为黑猫是不祥之物；瑞士人认为猫头鹰图案是死人的象征；北非一些国家忌讳用狗作商标图案。

五、其他禁忌

在使用筷子进食的国家，不可用筷子垂直插在米饭中；在日本不能穿白色鞋子进房间，在佛教国家不能随便摸小孩的头顶，尤其是在泰国，认为人的头是神圣不可侵犯的，头被人触摸是一种极大侮辱，住宅门口上也禁止悬挂衣物，特别是内衣裤，这被认为是低下的，忌用脚示意东西给人看，或把脚伸到别人眼前，更不能把东西踢给别人，这些都是失礼的行为。伊斯兰国家的穆斯林每天要做五次祈祷，这时无论有什么要紧事都应暂时搁下，外来人虽然可以不做祈祷，但绝不能表现出不耐烦或干扰当地人的祈祷。在欧洲国家，新人在婚礼前是不试穿结婚用的礼服的，因为害怕幸福婚姻破裂；还有些西方人把打破镜子视作运气变坏的预感；西方人不会随便用手折断柳枝，他们认为这是要承受失恋的痛苦；在匈牙利，打破玻璃器皿，会被认为是厄运的预兆；用手捂着嘴笑在法国被认为是情人之间的秘密暗示，而在英国则被认为是嘲笑人；欧美人认为在大庭广众中，节哀是知礼。

资料来源：李琳. 商务人员涉外礼仪点滴[M].

二、国际商务礼仪遵循的原则

（一）尊重习俗，求同存异

由于各族文化的差异，世界各国都拥有许多独具特点的风土人情，给不同文化背景的人之间的互相理解与和睦相处带来了极大的困难。在了解的基础上理解，在理解的基础上尊重，古人早就要求人们要"入境问禁，入乡问俗，入门问讳"，其意就是要充分了解交往对象的相关习俗。世界各国的礼仪与习俗都存在一定程度的差异性，重要的是要了解这种差异，要遵守"求同存异"原则。"求同"就是要遵守礼仪的"共性"；"存异"则是不可忽略礼仪的"个性"。所谓入乡随俗，就是在前往其他国家或地区工作、学习、参观、访问、旅游的时候，要对当地所持有的风俗习惯加以认真的了解并尊重，自己的言行要符合当地的风俗，不宜触犯禁忌。

（二）讲究形象，不卑不亢

在与外国人的交往过程当中，每一个人都必须意识到，自己在外国人眼里是代表着国家，代表着民族，代表着所在的单位。因此，其形象应当从容得体，堂堂正正，要以自尊、自重、自爱和自信为基础，表现得坦诚乐观，豁达开朗，从容不迫，落落大方。

"卑"和"亢"都是置对方或置自身于不平等位置的交往态度，"卑"有辱自身人格甚至国格；"亢"则显得虚张声势，也会伤及对方的自尊。在外国人面前，即不应该表现得畏惧自卑、低三下四，也不应该表现得自大狂傲、放肆嚣张。在生活与工作方面，要视祖国的利益高于一切，维护国家的主权和民族的完整等问题一定要坚持，丝毫不可含含糊糊，绝不做任何有辱国格的让步。

知识拓展

礼宾次序与国旗悬挂

一、礼宾次序

所谓礼宾次序，就是依照国际惯例，对参加国际交往活动的国家、团体和个人的位次进行排列的先后次序。

一般来说，礼宾次序体现东道主对各国宾客所给予的礼遇，在一些国际性的会议上则表示各国主权平等的地位。礼宾次序安排不当或不符合国际惯例，会引起不必要的争执和交涉，甚至影响国家关系。因此在组织涉外活动时，对礼宾次序应给予一定的重视。

1. 按外宾身份与职务高低排列

在官方活动中，通常是采用这种方法安排礼宾次序，如按国家元首（总统、主席、国王）、副元首（副总统、副主席）、政府总理（首相）、副总理（副首相）、部长（大臣）、副部长等顺序排列。各国提供的正式名单或正式通知是确定职务的依据。在许多外国代表团出席的国际会议上，可依照各国代表团团长的身份和职务的高低来安排礼宾的次序。

由于各国的国家体制不同，部门之间的职务高低不尽一致，因此要根据各国的规定，按相应的级别和官衔进行安排。在多边活动中，有时按其他方法排列。但无论以何种方法排列，都要考虑身份与职务的高低问题。这种方法是礼宾次序排列的主要根据。

2. 按参加国国名的字母顺序排列

在国际会议和国际体育比赛中,一般都采用这种方法,按照国家英文名的英文字母顺序进行排列(少数情况也有按其他语种的字母顺序排列的),第一个字母相同则按第二个字母的顺序排列。

在国际会议上,公布与会者名单、悬挂与会国国旗、安排座位等均按各国国名英文拼写字母的顺序排列。在联合国大会上的席次也按英文字母排列,但为了避免一些国家总占据前排席位,因此每年抽签一次,决定本年度大会的席位从哪个字母开始,以便让各国都有机会排在前列。

在国际体育比赛中,体育代表团名称的排列、开幕式出场的顺序一般均应依照国名字母顺序排列,唯有东道主的体育代表团排在最后面。代表团观礼或召开理事会、委员会等,则按出席代表团团长身份的高低排列。

3. 按时间的先后顺序排列

在一些国家举行的多边活动中,如果各国代表团的身份、规格大体相等,通常采用这种方法。按时间排列礼宾次序分为以下几种情况:一是按派遣国给东道国通知组成代表团的日期排列;二是按代表团抵达活动地点的时间先后次序排列;三是按派遣国决定应邀进而派遣代表团参加该项活动的答复时间先后次序排列。

采取何种方法排列,东道国在致各国的邀请书中,都应加以明确注明。在实际工作中,遇到的情况往往是复杂的,所以礼宾次序的排列常常不能按一种方法,而是几种方法交叉使用。在安排礼宾次序时还要考虑其他因素,包括国家之间的关系、所在地区、活动的性质、内容和对于活动贡献的大小,以及活动参加人的威望、资历等。如把同一国家集团、同一地区、同一宗教信仰的国家或有特殊关系的国家代表排在一起;如对同一级别的人员,常把威望高、资历深、年龄大者排在前面;有时还要考虑业务性质、相互关系、语言交流等因素进行排列。

总之,在礼宾次序安排时要充分体现东道主对各国来宾的礼貌和尊重。在工作中,要尽量考虑全面、周到、细致、耐心、慎重,设想多种方案,以免引起不必要的误解和麻烦。

二、国旗悬挂

国旗是一个主权国家的象征和标志,它代表着一个国家的地位和尊严。人们往往通过悬挂国旗,表达对祖国的热爱和对他国的尊重。

世界上各国国旗的颜色主要有红、蓝、黄、绿、白、黑等。这些颜色有一定的含义:红色象征为国家独立和解放而斗争的精神;蓝色代表海洋、河流、天空;绿色是吉祥的标志。这三种颜色在各国国旗中出现得最为频繁。

在国际交往中,悬挂国旗已逐渐成了各国公认的惯例,在不同的场合有不同的规范。

1. 国旗悬挂的礼仪

(1) 按国际惯例,外国元首、政府首脑在他国领土访问期间,在其通过的重要街道、住所及交通工具上悬挂国旗(有的是元首旗)是一种外交特权。东道国接待来访的外国元首、政府首脑时,在贵宾下榻的宾馆、乘坐的汽车上悬挂对方(或双方)的国旗(或元首旗),这是一种礼遇。

(2)国际上还公认，一个国家的外交代表在派驻国境内有权在其办公处、寓邸和馆区以及交通工具上悬挂本国国旗。

(3)在国际会议上，除会场悬挂与会国国旗外，各国政府代表团团长亦可按会议组织国的有关规定，在一些场所或车辆上悬挂本国国旗。

(4)举行国际会议、展览会、体育比赛，应悬挂所有参赛国的国旗；即使没有建立外交关系的国家，只要它是举办活动的组织成员国，东道主都应悬挂该国国旗。悬挂的次序是从左至右，以国名的首字母为序。

(5)按国际惯例，悬挂国旗亦必须遵守"礼仪右为大"的原则。悬挂双方国旗，以右为上，左为下；客在右，主在左。需要说明的是，国际礼仪的左右概念，是从事物本身的角度来划分的，而不是以观众的观察角度来划分的。例如，两国国旗并挂，以旗本身正面方向为准。汽车上挂旗则以汽车行进的方向为准，驾驶员右手方向为客方，左手方向为主方。所谓主客，不是以举行活动的所在国为依据，而是以举办活动的东道主为主人。例如，外国代表团来访，东道主举行的欢迎宴会，以东道主为主人；而答谢宴会，则来访者为主人。

(6)在外宾所在的重要场所挂国旗、升旗时应由专职仪仗队负责，并要向国旗行军礼。

(7)各国国旗的颜色、长宽比例均由本国宪法明文规定，国旗图案不能在商品广告、产品宣传等非正式场合乱用，更不允许撕扯、践踏、焚烧国旗，不能使用破损或污损的国旗。

(8)在建筑物上或在室外悬挂国旗，一般是日出升旗、日落降旗。升旗时，护旗人要托起国旗的一角，国旗触地是极不严肃的。重要的时刻，如外宾来访、国际体育比赛、国庆典礼等，升旗时需以国歌相伴奏。升国旗一定要升至杆顶。如需降旗致哀，则先将国旗升至顶杆，再下降至离杆顶约杆长的三分之一处；日落降旗时，须先将旗升至杆顶，然后再降下。国际上有的国家致哀时不降半旗，而是在国旗上方挂黑纱表示致哀。司职人员在升降国旗时，要严肃认真，服装整齐，立正行注目礼，表情庄严、肃穆。附近的游人、行人均应原地站立，面向国旗，认真严肃，脱帽并行注目礼。

《中华人民共和国外交部关于涉外升挂和使用国旗的规定》第十四条规定：在中国境内，凡同时悬挂多国国旗时，必须同时悬挂中国国旗。在室外或公共场所，只能升挂与中国建立外交关系国家的国旗。如果升挂未建交国国旗，必须事先征得省、自治区、直辖市人民政府外事办公室的批准。

2. 国旗悬挂的方法

悬挂国旗有并挂、竖挂、交叉挂等几种方式。国旗不能够倒挂、反挂；国旗挂在墙壁上应用其正面，而不能用反面。一些国家的国旗因字母和图案原因，不能竖挂，有的国旗竖挂则需另外制旗。例如，朝鲜民主主义共和国国旗，在制竖挂旗的时候仍需把五角星尖朝上。如果并列悬挂不同规格、尺寸的国旗，应将其中一面放大或缩小，以使国旗的面积相等。

(三)尊重隐私，交往适合

在国际交往中，普遍讲究尊重个人隐私。以下六个方面均被视为个人隐私：收入支出、年龄大小、恋爱婚姻、身体健康、家庭住址和个人经历。

在与外国人打交道时，除了尊重隐私，对其热情友好还需要把握好具体分寸，否则会事与愿违，过犹不及。具体而言，要掌握好以下四个"度"：关心有度，即不宜对外国友人表现得过于关心；距离有度，即不宜与国外友人靠得过近或远，距离过近时会显得不礼貌，过远则显得冷淡疏远；举止有度，即在与外国人相处之际，不要随便采用某些显示热情的动作，如拍拍肩膀，同性在街上携手而行，不要做不文明，不礼貌的动作，如强行劝酒、猛吃猛喝、用中国话开玩笑等；对自己要谦虚适度，中国人大都喜欢谦虚自贬，很少自我肯定。在对外交往中，要敢于肯定自己，切勿随便否定自己。

（四）关爱妇女，爱护环境

在西方社会，人们普遍认为，讲究女士优先的原则是男士培养高雅风度和精神文明的前提。在西方社会，在一切社交场合，每一名成年男子都有义务主动、自觉地以自己的行动去尊重妇女、照顾妇女、关爱妇女、保护妇女，并想方设法为妇女排忧解难。倘若因男士的不慎而使妇女陷于尴尬、困难的处境便意味着男士的失职。外国人强调"女士优先"，并非因为妇女被视为弱者，值得同情、怜悯，更重要的是他们将妇女视为"人类的母亲"。

除了关爱女性，在日常生活中，每个人都有义务对人类赖以生存的环境自觉地爱惜和保护，因此，是否爱护环境已被视为有没有教养、讲不讲社会公德的重要标志。具体而言，要对以下八个方面倍加注意：不可毁损自然环境、不可虐待动物、不可损坏公物、不可乱堆乱挂私人物品、不要乱扔乱丢废弃物品、不可随地吐痰、不可到处吸烟、不可任意制造噪音。

任务二　世界部分国家的商务礼仪

任务导入

一位法国商人到中国某地考察某投资项目，谈判结束后，该公司安排了级别较高的游览观光活动，对于接待他的中国当地政府的办公室主任评价颇高，认为她的服务态度非常好，语言水平也很高，便夸奖该办公室主任说："你的法语讲得太好了！"办公室主任马上回应说："我的法语讲得不好。"法国商人听后非常生气，"法语是我的母语，难道我不知道法语该怎么说？"商人生气的原因无疑是该办公室主任忽视东西方文化的差异。

思考： 为什么会出现上述结果？评价以上现象。

分析： 对于从事国际商务活动的人员要充分了解各国文化及礼仪，西方人讲究一是一、二是二，而东方人讲究的是谦虚，凡事不张扬。

要能在国际商务谈判中取得满意的效果，必须要充分理解国际商务活动的特点和要求。这不仅对那些以国际市场为舞台的企业经营者们来说是必要的，而且对所有参与国际商务活动，希望取得理想效果的人们来说，都是必要的。本项目将结合国际商务礼仪的特点和要求，介绍一些国家和地区人们的典型谈判特点和风格。

一、美洲商人礼仪习惯

（一）美国商人的礼仪习惯

从总体上讲，美国人的性格通常是外向的、随意的。一些研究美国问题的专家将美国人的特点归纳为外露、坦率、诚挚、豪爽、热情、自信、说话滔滔不绝、不拘礼节、幽默诙谐、追求物质上的实际利益，以及富有强烈的冒险和竞争精神等。与此相适应，形成了美国商人迥异于其他国家商人的谈判风格。

▶ 1. 爽直干脆，不兜圈子

由于美国国家、民族年轻，加之其经济大国地位的影响，使得美国商人充满自信和优越感，在谈判桌上气势逼人。他们语言表达非常直率，往往说行就行，说不行就不行。美国商人在谈判中习惯于迅速地将谈判引向实质阶段，一个事实接一个事实地讨论，干脆利索，不兜圈子，不客套，对谈判对手的直言快语，不仅不反感，而且还很欣赏。美国人在经商过程中通常比较直接，不太重视谈判前私人关系的建立。他们不会像日本人那样颇费心机地找熟人引荐、做足公关工作以在谈判前与对方建立一种融洽的关系。

尽管这样，要是以为美国人刻板，不近人情，那就误会了，美国人强调个人主义和自由平等，生活态度较积极、开放，很愿意结交朋友，而且容易结交。美国人以顾客为主甚于以产品为主，他们很努力地维护和老客户的长期关系，以求稳定的市场占有率。

▶ 2. 重视效率，速战速决

美国商业经济发达，生活节奏极快，造就了美国商人守信、尊重进度和期限的习惯。他们十分重视办事效率，尽量缩短谈判时间，力争使每一场谈判都能速战速决。

高度的时间观念是美国文化的一大特点。美国人的时间意识很强，准时是受人尊敬、赢得信任的基本条件。在美国办事要预约，并且要准时。约会迟到的人会感到歉疚、羞耻，所以一旦不能如期赴约，一定致电通知对方，并为此道歉，否则，将被视为无诚意和不可信赖。强调效率是美国人时间观念强的重要表现。在美国人的价值观中，时间是金钱而且有限的，必须珍惜和有效地利用。他们以分钟为单位来安排工作，认为浪费时间是最大的浪费，在商务活动中奉行"时间就是金钱"的信条。美国谈判者总是努力节约时间，他们不喜欢繁文缛节，希望省去礼节、闲聊，直接切入正题。谈判的时间成本如此受美国人重视，以至于他们常定有最后期限，从而增加了谈判压力。如果对手善于运用忍耐的技巧和优势，美国谈判者有时会做出让步，以便尽早结束谈判，转入其他商业活动。

对整个谈判过程，美国人也有进度安排，精打细算地规划谈判时间，希望每一阶段逐项进行，并完成相应的阶段性谈判任务。对于某些谈判对手常常对前一阶段的谈判成果推倒重来的做法，美国谈判者万分头痛。他们这种一件事接一件事，一个问题接一个问题地讨论，直至最后完成整个协定的逐项议价方式被称为"美式谈判"。

课堂讨论：某美国公司向印度某公司出口了一套设备，经过安装后，调试工作还没结束，时间就到了圣诞节，美国专家都要回国过新年，于是生产设备的调试要停下来，印方要求美方留下来完成调试任务后再回国,但对方专家拒绝了,因为美方人员过节是法定的。

资料来源:冯华亚. 商务谈判[M]. 北京:清华大学出版社,2006.

思考:针对此种情况,你是怎样认为的?

▶ 3. 讲究谋略,追求实利

美国商人在商务活动中,十分讲究谋略,以卓越的智谋和策略,成功地进行讨价还价,从而达到实现经济利益的目的。对此,美国商人丝毫也不掩饰。不过,由于美国商人对谈判成功充满自信,所以总希望自己能够战胜高手,即战胜那些与自己一样精明的谈判者。在这种时候,他们或许会对自己的对手肃然起敬,其心情也为之振奋不已。这反映了美国商人所特有的侠义气概。

▶ 4. 鼓励创新,崇尚能力

美国企业崇尚个人主义、能力主义的企业文化模式,使好胜而自我表现欲很强的美国谈判者乐意扮演牛仔硬汉或"英雄"形象,在谈判中表现出一种大权在握,能自我掌握命运的自信模样。美国人比较自由自在,不太受权威与传统观念的支配。他们相信,一个人主要是凭借个人努力和竞争去获得理想的社会地位。在他们的眼中,这是一个允许失败,但不允许不创新的社会。所以,美国人对角色的等级和协调的要求较低,更尊重个人作用和个人在实际工作中的表现。

▶ 5. 重视契约,一揽子交易

作为一个高度法制的国家,人们习惯于诉诸法律解决矛盾纠纷。在商业活动中,保护自己利益最公平、妥善的办法便是依靠法律,通过合同来约束保证。力求达成协议是美国谈判者的目的,美国人总是认真仔细地签订合同,力求完美。严格履行合同中的条款成为谈判结束后最重要的工作。与中国人重视协议的"精神",认为合同的约束力与双方信任、友谊、感情和合作精神不同,美国人更注重法律文件本身。

由其经济大国的地位所决定,美国谈判者在谈判方案上喜欢搞全盘平衡、一揽子交易。所谓一揽子交易,主要是指美国商人在谈判某一项目时,不是孤立地谈它的生产或销售,而是将该项目从设计、开发、生产、工程、销售到价格等一起洽谈,最后达成一揽子方案。

值得指出的是,美国文化中另一个鲜明特点对谈判者的影响也很巨大,即美国是个移民国家,社会人口构成非常复杂,几乎所有大洲都有移民及其后裔在美国社会中立足、发展,各民族的文化不断冲突,渐渐融合成美利坚文化的同时,又保留了一些各自的文化传统。正是这种丰富多彩和极富包容性、独立性的文化,使美国谈判者的文化背景也多种多样,如果对他们的行为抱着一成不变的看法,便显得片面了。这一点在其他移民国家,如加拿大、澳大利亚等国,也表现得很明显。

(二)加拿大商人的礼仪习惯

加拿大国家的种族很多,但人口最多的是英国系和法国系。加拿大商人中90%为英国系和法国系,大体属于保守型,做生意喜欢稳扎稳打,不喜欢产品价格上下经常变动,也不喜欢薄利多销的生意。

英国系商人正统严肃,比较保守、谨慎、重誉守信。他们在进行商务活动时相当谨慎,一般对所谈事物的每一个细节都充分了解之后,才可能答应要求。和英国系商人谈判时,从进入洽谈到决定价格的这一段时间是很艰苦的,一会儿卡在这个问题上,一会儿又卡在那个问题上。在每一个细节问题尚未了解和解决之前是绝对不会签约的,但是,一旦签订了合同,就会信守合同。

法国系商人恰恰相反,他们没有英国系商人那么严谨,希望立竿见影的,十分讲究工作效率。与法国系商人刚接触时你会觉得他们都非常和蔼可亲、平易近人、客气大方。但是只要坐下来进行正式洽谈,涉及实质问题时,他们就判若两人,讲话慢慢吞吞,令人难以捉摸,要明确谈出一个结果是非常费劲的。

(三)拉丁美洲商人的礼仪习惯

拉丁美洲是指美国以南的美洲地区,包括墨西哥、中美洲和南美洲,共有20多个国家。由于历史上的原因,大部分拉丁美洲国家经济比较落后,经济单一化严重,贫富两极分化明显。虽然如此,但是拉丁美洲国家的商人都以自己悠久的传统和独特的文化而自豪,他们反对甚至痛恨那些发达国家商人的趾高气扬、自以为是的态度,不愿意听北美人或欧洲人的教训式的谈话。他们总是希望对方能在平等互利的前提下进行商贸合作,他们希望对方尊重他们的人格,尊重他们的历史。

拉丁美洲商人的性格比较开朗、直爽,与处事敏捷的北美商人不同,拉丁美洲商人比较悠闲、恬淡、放得开。拉丁美洲国家的假期很多,如秘鲁的劳动法就规定,工作一年,可以请一个月的带薪假期。往往在一笔生意商谈中,洽谈的人突然请了假,因此商谈不得不停下来,其他国家商人需要耐心等待洽谈的人休完假归来,洽谈才能继续进行。所以,同拉丁美洲人谈生意,必须放慢节奏。

在同拉丁美洲商人进行商务谈判的过程中,感情因素显得很重要。彼此关系相熟、成为知己之后,你如果有事拜托他们时,他们会毫不犹豫地为你优先办理,并充分考虑你的利益和要求。

不过,一旦涉及政府的交易,其影响则不可轻视。由于拉丁美洲国家大多属于发展中国家,商品在国际上缺乏竞争力,因此国家的进口大于出口,外汇比较紧张。所以,拉丁美洲国家大多采取了奖出限入的贸易保护主义政策,通过的一些法律法规,也以此为根本出发点。就此而言,对于试图同拉丁美洲人进行商贸合作的外国人是非常不利的。拉丁美洲的对外贸易环境有一个明显的不利因素,那就是拉丁美洲国家复杂的进口手续。一些国家实行进口许可证制度,如果没有取得进口许可证,千万不能擅自将货物卖给拉丁美洲商人并且积极发运,因为这可能意味着,你的货物无法再收回,即便允许你再运回,那么你也已经白付了高额的运输费用,有时其甚至超过货物本身的价值。在拉丁美洲,政变十分频繁,人们对此已经司空见惯,即便发生了政变,也不会紧张骚动,街上仍旧是平平静静的。政变对一般的商业交易几乎没有影响。

与北美商人相比,拉丁美洲商人责任感不强、信誉较差。在商务活动中,他们不遵守付款日期、无故延退付款的事情是经常发生的。正如一位银行家所说的那样,货款他们是会付的,只是生性懒散,不把当初约好的付款日期当回事而已,经常利用外商履约后收不到货款而惊慌失措的心理,迫使外商重新谈判价格,诱使外商压价。一些外商只好忍痛降低价格,直到符合了拉丁美洲商人的要求为止。鉴于这种情况,在同拉丁美洲国家商人交易时,可适当在交易价格上掺入些水分,以应付为回收货款而被迫降价造成的损失。

在拉丁美洲众多国家中，巴西人特别爱好娱乐，他们不会让生意妨碍自己享受闲暇的乐趣。千万不要在狂欢节中去谈判，否则你会被当作不受欢迎的人。巴西人重视个人之间的良好关系，如果他喜欢你，就会同你做生意。阿根廷人比大多数其他邻国的人民显得更正统一些，非常欧洲化。阿根廷商人在商谈中与对方会反复地握手，并且不厌其烦。智利、巴拉圭、乌拉圭和哥伦比亚的商人非常保守，他们彬彬有礼、讲究穿着，谈判时一般总是身着正式西装，结领带，非常正规。秘鲁人和厄瓜多尔人大多不遵守约会时间，但作为外商，你千万不能入乡随俗，而应该认真遵守约会时间，准时出席。

二、欧洲商人礼仪习惯

（一）英国商人的礼仪习惯

英国人的性格既有过去大英帝国带来的傲慢矜持，又有本民族谦和的一面。他们非常传统，在生活习惯上保留了浓郁的"古风"，例如讲究服饰，尤其在正式场合，穿戴上有许多规矩约束，社交活动中也一丝不苟地遵循正式交往中的传统礼节。言行持重的英国人不轻易与对方建立个人关系。即使本国人，个人之间的交往也较谨慎，很难一见如故。

英国是老牌资本主义国家，比较看重秩序、纪律和责任，组织中的权力自上而下流动，等级性很强，人们的观念中等级制度根深蒂固。在社交场合，"平民""贵族"依然区分明显。在阅读习惯上也十分有趣，上流社会的人看《时报》《金融时报》，中产阶层则看《每月电讯报》，下层人民多看《太阳报》和《每日镜报》。

英国谈判者谈判性格稳健，善于简明扼要地阐述立场、陈述观点，然后便是更多地表现沉默、平静、自信而谨慎。与英国人讨价还价的余地不大。在谈判中，有时英国商人采取非此即彼的缺乏灵活性的态度。在谈判关键时刻，他们往往表现得既固执又不肯花大力气争取，使对手颇为头疼。在他们看来，追求生活的秩序与舒适是最重要的，而勤奋与努力是第二位的。所以，对物质利益的追求不激烈也不直接表现，更愿意做风险小、利润少的买卖，但如果在谈判当中遇到纷争，英国商人也会毫不留情地争辩。除非对方有明显证据能说服他们，否则，他们不会轻易认错和道歉。

（二）德国商人的礼仪习惯

德国商人总的特点是倔强、自信、自负，办事刻板、严谨、富有计划性，工作注重效率，追求完美，具有很强的竞争性。

德国商人对商业事务极其小心谨慎，对人际关系也正规刻板，拘泥于形式礼节。特别是在德国北部，商人极喜欢显示自己的身份，对有头衔的人一定要称呼头衔，在交谈中，避免用昵称、简称等不正式的称呼。德国商人求稳心理强，不喜欢"一锤子"买卖。

德国人时间观念很强，非常守时，公私事皆如此。所以迟到在商业谈判和交往中十分忌讳，对迟到者，德国人几乎毫不掩饰他们的不信任和厌恶。勤奋、敬业是德国企业主的美德。德国商人似乎缺少浪漫，他们很少像法国人那样尽情享受假期，还常常为工作不惜牺牲闲暇时光，但也正因为这种勤勉刻苦、自强不息，德国经济才能在第二次世界大战后迅速恢复和崛起。

德国商人虽谨慎保守，但办事雷厉风行，考虑事情周到细致，注重细枝末节，力争任何事都完美无缺。在谈判前,他们要搜集详细的资料,准备工作做得十分周密。德国商人谈判果断,极注重计划性和节奏紧凑,他们不喜欢漫无边际地闲谈,而是一开始就一本正经地谈正题。谈判中语气严肃,无论是对问题的陈述还是报价都非常清楚明白,谈判建议则具体而切实,以一种清晰、有序和有权威的方式加以表述,诸如"研究、研究""过段时间再说"之类的拖拉作风和模棱两可的回答常令德国谈判者不快。他们认为,一个国际谈判者是否有能力,只要看一看他经手的事是否很快而有效地处理就知道了。

德国人自己很善于讨价还价,一旦决定购买某件商品,就千方百计地迫使对方让步,而且极有耐性,常在合同签订前的最后时刻还在争取对手让步。德国人强硬的谈判风格给人以固执己见、缺乏灵活性的印象。

因为宗教的影响,德国人非常尊重契约,有"契约之民"的雅称。在签订合同之前,他们往往谈判到每个细节,明确双方权利、义务后才签字。这种100%的作风与法国人只谈个大概、有50%的把握便签字的风格大相径庭。也正因如此,德国商人的履约率是欧洲最高的,他们一丝不苟地依合同办事,诚实可信的形象令人敬佩;同时,他们也严格要求对方,除非有特殊情况,绝不理会其贸易伙伴在交货和支付的方式及日期等方面提出的宽限请求或事后解释。

(三) 法国商人的礼仪习惯

法兰西民族天性乐观、开朗、热情、幽默,极富爱国热情和浪漫情怀。和作风严谨的德国人相比,法国人更注重生活情趣,他们有浓郁的人情味,非常重视互相信任的朋友关系,并以此影响生意。在商务交往上,法国人往往凭着信赖和人际关系去进行,在未成为朋友之前,他们不会同你进行大宗交易,而且习惯于先用小生意试探,建立信誉和友谊后,大生意便接踵而至。

法国公司以家族公司起家的较多,因此讲究产品特色,但不大同意以大量生产的方式来降低产品成本。法国人天生随意,抱有凡事不勉强的原则,故而不轻易逾越自己的财力范围,也不像日本人那样努力地做成大笔生意。法国公司组织结构单纯,自上而下的层次区别不多,重视个人力量,很少集体决策。从事谈判也大多数由个人承担决策责任,迅速决策。

法国人生活节奏感十分鲜明,工作时态度认真而投入,讲究效率,休闲时总是痛痛快快地玩一场。他们很会享受生活,十分珍惜假期,会毫不吝惜地把一年辛苦工作积存下来的钱在度假中花光,决不愿像德国人那样因为业务需要而放弃一次度假。通常8月是法国人的假期,南部的海滩在此时热闹非凡,不仅8月到法国开展不了什么业务,甚至7月末的生意也可能被搁置。对美酒佳肴,法国人也十分看重。和其他国家不同的是,热情的法国人将家庭宴会作为最隆重的款待。但是,决不能将家庭宴会上的交往视为交易谈判的延伸。一旦将谈判桌上的话题带到餐桌上来,法国人会极为不满。

和一本正经的德国同行相比,法国人不喜欢谈判自始至终只谈生意,他们乐于在开始时聊一些社会新闻及文化方面的话题,以创造一种轻松友好的气氛,否则将被视为"枯燥无味的谈判者"。

法国人偏爱横向谈判,谈判的重点在于整个交易是否可行,而不重视细节部分。对契约的签订,法国人似乎过于"潇洒",在谈妥主要问题后便急于签约,他们认为具体问题可以以后再商讨或是日后发现问题时再修改也无关紧要。所以，常发生昨天才签的合同，到明天就可能修改的事便不足为奇了。法国人这种"边跑边想"的做法总让对手头疼，也影响了合同的履行。所以即使是老客户，和法国人谈判最好尽量将各条款及其细节反复确认，否则难免有改约、废约等不愉快的事发生。法国人不喜欢给谈判制定严格的日程安排，但喜欢看到成果，故而在各个谈判阶段，都有"备忘录""协议书"之类的文件，为后面的正式签约奠定基础。这样一来，也可拉住伙伴，促成交易。总体说来，法国商人还比较注重信用，一旦合同建立，会很好地执行。

法国人十分热爱自己的语言和传统文化，在商务洽谈中多用法语，即使英语说得很好，他们也坚持用母语，并以此为爱国表现。假如对手能讲几句法语，是很好的交往手段。在处理合同时，法国人也会坚持用法语起草合同文本。有时对手不得不坚持用两种文字，并且商定两种文字的合同具有同等效力。

（四）意大利商人的礼仪习惯

意大利与法国有许多共同之处。在商务活动方面，两国都是非常重视商人个人的作用。所不同的是，意大利人的国家意识要比法国人淡薄一些。法国商人经常以本国的优越性而自豪，而意大利商人则不习惯提国名，却常提故乡的名字。

意大利存在着大量的商业机会，可以从那里购买或向那里销售各类产品。如果购买的产品正是他们的技术所生产的，这些产品一般都具有很高的质量。意大利人与外国做生意的热情不高，而热衷于同国内企业打交道，因为他们觉得国内企业和他们存在共同性，而且产品的质量也是可以信赖的。意大利由于历史和传统的原因，形成了比较内向的社会性格，不大注意外部世界，不主动向外国的风俗习惯和观念靠齐。

意大利人特别喜欢争论，如果允许，他们会整天争论不休，特别是在价格方面，更是寸步不让。但是，他们对产品质量、性能及交货日期等事宜都不太关注，虽然他们希望所购买或销售的产品能正常使用。这一点与德国人明显不同，德国人宁愿多付款来取得较好质量的产品和准确的交货日期，而意大利人却宁愿节约一点，力争少付款。

在意大利从事商务活动，必须充分考虑其政治因素。特别是涉及去意大利投资的项目时，更要慎重从事，先了解清楚意大利一方的政治背景，否则，如果遇到政局发生变动，就难免蒙受经济损失。

意大利的商业交往大部分都是公司之间的交往，而在这种交往中起决定作用的是代表公司出面的个人。所以，意大利商人个人在交往活动中比其他任何国家商人都更有自主权。

意大利商人也有明显的缺点，就是常常不遵守约会时间，甚至有的时候不打招呼即不赴约，或单方面推迟会期。

（五）俄罗斯商人的礼仪习惯

俄罗斯人以热情好客闻名，他们非常看重个人关系，乐意与熟识的人谈生意，依赖无所不在的关系网办事情。通常情况下，要与俄罗斯人做生意，需首先经人介绍与之相识，然后花一番工夫，培养彼此的信任感，逐渐接近他们，尤其是决策人员，才有可能得到生意机会；反之，操之过急是得不到信任和生意的。可以这么说，俄罗斯人的商业关系是以个人关系为基础建立起来的。谈判者只有在建立起忠诚的个人友谊之后，才会衍生出商业关系，除非某家外国公司有足以骄傲的资本（先进的产品、服务或市场上独特的地位），才能跨越个人关系这个步骤,直接加入商业活动。但没有个人关系,一家外国公司即使进入了俄罗斯市场,也很难维持其成果。

俄罗斯人热衷于社会活动,拜访、生日晚会、参观、聊天等都是增进友谊的好机会。俄罗斯民族性格豪爽大方,不像东方人那样掩饰内心的感情。天性质朴、热情、乐于社交的俄罗斯人往往是非常大方的主人,晚宴丰富精美,并且长时间、不停地敬酒干杯,直率豪迈,喜欢大量的近距离身体接触,如见面和离开时都要有力地握手或拥抱。应注意的是在交往时,不可太随便,要注重礼节,尊重双方的民族习惯,对当地风土人情表示兴趣等行为方式尤其能得到俄罗斯人的好感,这样最终可以在谈判中取得信任和诚意。

俄罗斯有很长的中央集权的历史。以前在高度计划的经济体制下,任何企业和个人都不可能自行出口或进口产品。所有的进出口计划都由专门部门讨论决定,并需经过一系列审批、检查、管理和监督程序。人们早已习惯于照章办事、上传下达,个人的创造性和表现欲不强,推崇集体成员的一致决策和决策过程等级化。俄罗斯人善用谈判技巧,堪称讨价还价的行家里手。尽管由于生产滑坡、消费萎缩和通货膨胀,经济亟待恢复,在谈判中他们有时处于劣势,如迫切需要外国资金、先进技术设备,但与他们打过交道的各国商人谁也不否认俄罗斯人是强劲的谈判对手,他们总有办法让对方让步。他们的谈判一般分两个阶段,第一阶段先尽可能地获得许多竞争性报价并要求提供详细的产品技术说明,以便不慌不忙地评估。期间他们会采用各种"离间"手段,促使对手之间竞相压价,自己从中得利。这种谈判技巧使得他们总能先从最弱的竞争者那里获得让步,再以此要挟其他对手做出妥协。第二阶段则是与选中的谈判对手,对合同中将要最后确定的各种条款仔细斟酌。

三、亚洲商人礼仪习惯

(一)日本商人的礼仪习惯

日本人从事商务活动的方式不仅与西方人大相径庭,即使与亚洲其他国家的人相比,也差异很大。在与日本人谈判之前,商务人员应了解与日本商务代表建立良好的人际关系的重要性。一般而言,与日本人谈生意最为关键的一点是信任。

日本人在谈判之际,他们会设法找一位与他们共事的人或有业务往来的公司来作为谈判初始的介绍人。日本人相信一定形式的介绍有助于双方尽快建立业务关系;相反,与完全陌生的人谈判则令人不自在。所以,在谈判开始之际,先认识谈判对象或至少由第三方牵线搭桥是较可取的方式。日本人往往将业务伙伴分为自己人与"外人"两类。因此成为谈判对方的"自己人",或在谈判之前与他们有过接触联系,是谈判的一大优势。

日本人常想方设法通过私人接触或其他形式建立起联系渠道。但若缺乏与对方接触的途径,他们则通过政府部门、文化机构或有关的组织来安排活动以建立联系。同时,日本是一个等级森严的社会。日本人在很大程度上仍然根据自身的"社会地位"——由他们的年龄、头衔、所属机构的规模及威望而来决定自己的言行举止。

在日本人的商业圈里对对方的感激之情往往借助于馈赠礼品或热情款待对方等方式来表达。尽管具体方式不同,全体致谢仍是很普遍的形式。日本人也常在年末或节假日期间,私人间相互馈赠礼品。

一旦谈判双方建立起关系，实际谈判程序即变得容易。谈判人员所关心的问题从能否建立业务关系转向如何发展积极的业务关系。尽管价格、质量等都是极其重要的因素，但日本人更相信良好的人际关系所带来的长期业务往来。

日本人决策的步骤可概括为两大特性：自下而上，集体参与。日本人倾向于自下而上的决策制度。一旦他们开始一项方案，项目经理本人并不一定担任要职，要请示其上司批准或征询修改意见。这一体系的优点在于易于执行决定，因为有关人员都已对方案了如指掌。但用于决定方案的时间过长却是日本谈判方式的一大缺点。许多外国谈判人员对迟迟不做决定的日方人员渐渐失去耐心。日本人做出决策的过程较为缓慢，因而招致许多外国谈判人员的批评。

谈判时，日本人总是分成几个小组，任何个人都不能对谈判全过程负责，也无权不征求组内他人意见单独同意或否决一项提议。这种全组成员连贯一致的态度主要是基于日本人的面子观念。无论最终决定如何"自下而上"的决定方式和集体参与的风格令组员感觉到自身参与的重要性。最终决定由高层管理人员做出，但高层管理人员不会忽视属下的意见，并且，当属下的意见未被其他成员接纳时，高层管理人员也经常会做出解释。

日本人喜欢采用委婉、间接的交谈风格。他们喜欢私下，而不是在公共场合讨论事务。他们尤其不喜欢在公共场合发生冲突因为这样很"丢面子"。他们经常"关起门"来讨论问题，外国人应当了解这种特殊的方式，这是日本人为了不损害他们神圣的团体感而偏好的讨论方式。一旦日本人同意了一项提议，他们往往会坚持自己的主张。日本商人喜欢使用"打折扣吃小亏、抬高价占大便宜"的策略吸引对方。他们为了迎奉买方心理，主动提出为对方打折扣，其实在此之前，他们早已抬高了价格，留足了余地，对此，外商应当有所戒备，决不可仅以"折扣率"为判定标准，应坚持"看货论价"。自己拿不准，可请行家协助，也可货比三家，择优而定。

课堂讨论：美国一家公司与日本一家公司进行一次比较重要的贸易谈判，美国派出了认为最精明的谈判小组，大多是30岁左右的年轻人，还有一名女性。但到日本后，却受到了冷遇，不仅总公司经理不肯出面，就连分部的负责人也不肯出面接待。

在日本人看来，年轻人，尤其是女性，不适宜主持如此重要的会谈。结果，美方不得不撤换了这几个谈判人员，日本人才肯出面洽谈。

思考：为什么会出现这种情况？谈谈日本人的习惯。

分析：国际商务活动中商务人员要做到出国问禁、入乡随俗。

（二）韩国商人的礼仪习惯

韩国是一个自然资源匮乏、人口密度很大的国家。韩国以贸易立国，近几十年经济发展较快。韩国商人在长期的贸易实践中积累了丰富的经验，常在不利于己的贸易谈判中占上风，被西方国家称为"谈判的强手"。

韩国商人十分重视商务谈判的准备工作。在谈判前，通常要对对方进行咨询了解。一般是通过海内外的有关咨询机构了解对方情况，如经营项目、规模、资金、经营作风及有关商品行情等。如果不是对对方了有一定的了解，他们是不会与对方一同坐在谈判桌前的。

韩国商人注重谈判礼仪和创造良好的气氛。他们十分注意选择谈判地点，一般喜欢选择有名气的酒店、饭店会晤。会晤地点如果是韩国方面选择的，他们一定会准时到达；如果是对方选择的，韩国商人则不会提前到达，往往会推迟一点到达。在进入谈判地点时，一般是地位最高的人或首席代表走在最前面，因为他也是谈判的拍板者。

韩国商人十分重视会谈初始阶段的气氛，一见面就会全力创造友好的谈判气氛。见面时总是热情打招呼，向对方介绍自己的姓名、职务等。落座后，当被问及喜欢用哪种饮料时，他们一般选择对方喜欢的饮料，以示对对方的尊重和了解。然后，再寒暄几句与谈判无关的话题如天气、旅游等，以此创造一个和谐的气氛。尔后，才正式开始谈判。

韩国商人逻辑性强，做事喜欢条理化，谈判也不例外。所以在谈判开始后，他们往往是与对方商谈谈判主要议题。而谈判的主要议题虽然每次各有不同，但一般情况下必须包括下列五个方面的内容，即阐明各自意图、叫价、讨价还价、协商、签订合同。尤其是较大型的谈判，往往是直奔主题、开门见山。常用的谈判方法有两种，即横向谈判与纵向谈判。前者是进入实质性谈判后，先列出重要特别条款，然后逐条逐项进行磋商；后者即对共同提出的条款，逐条协商，取得一致后，再转向下一条的讨论。有时也会两种方法兼而用之。在谈判过程中，韩国商人远比日本人爽快，但善于讨价还价。有些韩国商人直到最后一刻仍会提出"价格再降一点"的要求。他们也有让步的时候，但目的是在不利形势下，以退为进来战胜对手。这充分反映了韩国商人在谈判中的顽强精神。

此外，韩国商人还会针对不同的谈判对象，使用"声东击西""先苦后甜""疲劳战术"等策略。在完成谈判签约时，喜欢使用合作对象国家的语言、英语、朝鲜语三种文字签订合同，三种文字具有同等效力。

（三）东南亚商人的礼仪习惯

东南亚包括许多国家，主要有印度尼西亚、马来西亚、新加坡、泰国、越南、菲律宾等国家。这些国家与我国地理距离较近，贸易十分频繁，交易范围非常广阔。

印度尼西亚是信奉伊斯兰教的国家，90%的人是伊斯兰教徒，他们有着十分牢固的宗教信仰。按照教义，印度尼西亚每年有一个月叫作斋月，在这个月中，从日出到日落不能吃东西，因此只能处理一些事务性的工作，那些消耗体力很多的工作则难以坚持。

印度尼西亚商人很讲礼貌，绝对不在背后评论他人。除非是深交，否则难以听到他们的真心话。在洽谈时表面上虽然十分友好谈得很投机，但心里想的却可能完全是另一套。但是，如果建立了推心置腹的交情，则往往可以成为十分可靠的合作伙伴。

印度尼西亚商人还有一个突出的特点，那就是喜欢有人到家里来访问，而且无论什么时候访问都很受欢迎。因此，在印度尼西亚，随时都可以敲门访问以加深交情，使商谈得以顺利进行。

新加坡经济发达，是亚洲"四小龙"之一。其种族的构成，中国人占绝大多数，约70%以上。新加坡商人也以华侨为最多，他们乡土观念很强，勤奋、能干、耐劳、充满明智，他们一般都很愿与中国内地进行商贸洽谈合作。老一代华侨还保持着讲面子的特点，"面子"在商务洽谈中具有决定的意义。年轻一代华侨商人虽已具备了现代商人的素质和特点，但依然保持了老一代华侨的一些传统特点，例如在洽谈中，如果遇到重要的决定，往往不喜欢做成书面的字据。但一旦订立了契约，则绝对不会违约，而是千方百计去履行契约，充分体现了华侨商人注重信义、珍惜朋友之间关系的商业道德。

泰国是亚太地区新兴的发展中国家，在泰国控制着产业的也多为华侨，但泰国的华侨已经革除了和别的民族之间的隔阂，完全融进了泰国民族大家庭中。泰国商人的性格特点是，不信任外人，而依靠家族来掌管生意，不铺张浪费，同业间能互相帮助，但不会结成一个组织来共担风险。假如外国商人要同泰国商人结成推心置腹的交情，那就要耗费一段很长的时间。但一旦建立了友谊，泰国商人便会完全信赖你，当你遇到困难时，也会给你通融。所以，诚实和富于人情味，在泰国商人那里也是被充分肯定的。

（四）阿拉伯国家商人的礼仪习惯

由于地理、宗教、民族等问题的影响，阿拉伯人具有一些共同的特点：以宗教划派，以部族为群，通用阿拉伯语（英语在大多数国家也可通用），信仰伊斯兰教，比较保守；有严重的家庭主义观念，性情比较固执，脾气也很倔强，不轻易相信别人；比较好客，但缺乏时间观念，表现在对来访者不管自己当时在干什么都一律停下来热情招待客人。阿拉伯人喜欢用手势或其他动作来表达思想。

阿拉伯商人比较注重友情，与其谈判应注意先交朋友，后谈生意。阿拉伯商人不希望通过电话来交易，当外商要想向他们推销某种商品时，必须多次拜访他们。第一次、第二次访问时是绝对不可以谈生意的，第三次可以稍微提一下，再访问几次后，方可以进入商谈。与他们打交道，必须先争取他们的好感和信任，建立朋友关系，创造谈判气氛，只有这样，下一步的交易才会进展顺利。

课堂讨论： 在西亚、北非的阿拉伯人世界里，有着丰富的石油和旅游资源，这里的生意场，更展示着奇特的色彩。1993年冬，黎巴嫩、以色列战事频繁，我国某代表团去叙利亚大马士革洽谈贸易。接待代表团的客户卡麦芝先生，50多岁，身材魁梧，和蔼热情，他和他的一位朋友及女儿一起来参加洽谈。同所有的阿拉伯人一样，卡麦芝一见面不是先谈生意，而是谈了好长时间的客套话，给代表们倒水、送饮料。

洽谈业务进行了一个半小时，还没有达成共识。在谈判之中，代表们发现洽谈进行得缓慢而稳重，对样本、样品和报价都询问得很细。所以，代表们和卡麦芝先后经过3次洽谈，才签订了合同。在阿拉伯的生意场上，拜访是做好生意的一个好方法。

思考： 从上述案例中你学到了什么？

分析： 谈判中尊重当地的习惯非常重要，这是开启谈判成功的关键性因素。

阿拉伯人做生意喜欢讨价还价。没有讨价还价就不是一场正式的谈判。无论小店、大店均可以讨价还价。标价只是卖主的报价。更有甚者，不还价即买走东西的人，还不如讨价还价后什么也未买的人受卖主的尊重。他们的逻辑是：前者小看他，后者尊重他。

阿拉伯人的生活深受伊斯兰教影响，他们希望与自己进行洽谈的外商对伊斯兰教及其历史有些了解，并对它在现代社会中的存在和表现表示出尊重。他们非常反感别人用贬损和开玩笑的口气，谈论他们的信仰和习惯，嘲弄他们在生活中不寻常的举动。

阿拉伯人在商业交往中，习惯使用"因夏拉"（神的意志）、"波库拉"（明天再谈）和"马列修"（不要介意）等词语作为武器，保护自己，抵挡对方的"进攻"。例如，双方在商谈中订好了合同，后来情况有所变化，阿拉伯商人想取消合同，就可以名正言顺地说这是"神的意志"，很简单地就取消了合同。而在商谈中好不容易谈出点名堂，情况对外商比较有利，正想进一步促成交易时，阿拉伯商人却耸耸肩说"明天再谈吧"。等到明天再谈时，有利的气氛与形势已不复存在，一切都必须从头再来。当外商对阿拉伯人的上述行为或其不愉快的事情而恼怒的时候，他们会拍着外商的肩膀说"不要介意，不要介意"，让你哭笑不得。

在阿拉伯商界还有一个阶层那就是代理商。几乎所有的阿拉伯国家的政府都坚持，无论外商同阿拉伯国家的私营企业谈判，还是同政府部门谈判，都必须通过代理商。如果没有合适的阿拉伯代理商，外商很难在生意中进展顺利。在涉及重大生意时，代理商可以为外商在政府中找到合适的关系，使项目可以得到政府的批准。他能使外商加速通过冗杂的文牍壁垒，还可以帮助外商安排劳动力、运输、仓储、膳宿供应，帮助外商较快地收到生意中的货款等。

四、大洋洲商人的礼仪习惯

（一）澳大利亚商人的礼仪习惯

澳大利亚商人90%是欧洲移民，尤以英国系和法国系的移民为多，非常注重第一印象。大多采用投标的方式，不给对方讨价还价的机会。他们讲究实际，责任心极强，精于语言技巧。不太容易获得他们的订单及签约，一旦签约，废约的事情则较少发生。一般员工遵守工作时间，下班时间一到，就会立刻离开办公室。但是经理级人员却都具有很强的责任心，对工作很热情，待人很随和，也愿意接受招待的邀请。不要以为在一起喝过酒生意就好做了，他们的看法是，招待归招待，和生意无关，公私分明。

（二）新西兰商人的礼仪习惯

新西兰人大部分是英国移民的后裔，讲英语。工业产品大部分依赖进口。国民福利水平相当高，过着充裕而满意的生活。由于税率很高，如一年所得超过100万美元时，税率占45%，因此，很多员工拒绝加班，过着优雅的生活。

新西兰商人责任心很强，注重信誉。做生意不讨价还价，一旦提出一个价格就不能变更。由于经常进口外国产品，商人都变得非常精明。他们见面一般行握手礼，守时惜时，待人诚恳热情。

五、非洲商人的礼仪习惯

一般而言，非洲商人性格刚强生硬，脾气很倔强，比较好客，自尊心很强。非洲商人与谈判对方见面时，通常的习惯是握手，同时希望对方称呼他们的头衔。

（一）东部三国商人的礼仪习惯

东部三国（坦桑尼亚、肯尼亚、乌干达）建立了东非经济共同市场，一度是欧盟前身欧共体的准加盟国，建立关税壁垒以尽量保护本国产品。东非这三个国家除了资源贫乏外，人口也较少，因此，产业很难成长。与当地人洽谈生意时不能草率从事，否则说不定会弄得不可收拾。此外，东非人性格比较强悍。

（二）尼日利亚商人的礼仪习惯

位于西非的尼日利亚，往往不为本国的产品所牵制，而是巧妙地运用关税政策，低价进口外国产品，以便为国民提供质优价廉的物品使用。

（三）扎伊尔商人的礼仪习惯

扎伊尔位于非洲中部，是世界上有名的矿产国。扎伊尔商人比较缺乏商业上的知识和技巧，据说有些商人根本不考虑应将他们的产品卖给哪一个国家以及什么时候卖最为有利，主要原因是过去一直是印度人掌握着扎伊尔经济的大部分，当地人无法参与。

（四）南非商人的礼仪习惯

南非是非洲经济实力最强的国家，工业化进展较快。一般派出具有决定权的负责人担负谈判任务，属于权力集中型，商谈不会拖延太多时间。同时，他们也希望对方出面谈判的人具有决定权。南非商人比较遵守约定，讲究信誉。

以上介绍的是世界主要贸易国家或地区的主要商务习惯和礼仪，重要的是我们应从中悟其真谛。当然，随着当今世界经济一体化和通信的高速发展及各国商人之间频繁地往来接触，各国商人之间相互影响，取长补短，有些商人的国别风格已不是十分明显了。因此，我们应了解、熟悉不同国家和地区商人之间谈判风格的差异，在实际的商务谈判中更应根据临时出现的情况而随机应变，适当地调整自己的谈判方式以达到预期的目的，取得商务谈判的成功。

任务三 世界三大宗教礼仪

任务导入

一佛教代表团到我国某城市访问。一天，代表团中的两位客人拜访当地一位知名人士，在下榻宾馆时，服务人员主动上前为他们服务，待他们付完车款后，协助拉开车门，并将另一手遮住车门框上沿，为客人护顶，以免客人下车时头碰到车顶门框，但客人对他的举动不但没有表示感谢，反而显得很生气。

思考： 为什么会出现上述情况？服务人员错在哪里？

分析： 商务人员需要了解佛教礼仪，知道一些佛教的基本教义。

不同宗教的信仰、教义、组织等不同，宗教礼仪的区别也十分明显；即使在同一宗教中，不同宗教派系的宗教礼仪也不同，如同属基督教的天主教和新教在礼仪上就有很大差别。世界上各个宗教社团都十分注重礼仪。

宗教礼仪作为宗教活动的重要内容，是宗教信仰者接受宗教教育、加强宗教信仰、培养宗教情感、交流思想见解的重要手段。宗教礼仪是宗教信仰者集体参加的活动，是宗教社团作为一个整体与外界之间的联系，它具有社会性的特征。宗教礼仪一般要在特殊的宗教场所如各种寺庙、殿堂等圣地举行，并广泛运用建筑、雕塑、绘画、音乐和舞蹈等艺术手段激发人们的激情，让他们在庄严肃穆或尽情狂欢的崇拜活动中宣泄其宗教情感。参加宗教礼仪活动也是每一个宗教信仰者必须履行的基本义务。

一、佛教基本礼仪

佛教作为世界三大宗教之一，也是世界上最古老的宗教，主要流行于印度、泰国、中国、日本、柬埔寨等亚洲国家。它创立于公元前 6 世纪，中国是佛教的第二故乡。佛教在长期的传播发展过程中，形成了具有地区和民族特色的教派，确立了佛教各派共同承认的基本教义和佛教徒共同遵守的礼仪习俗和节日。

（一）佛教概述

佛教大约起源于公元前 6 世纪至公元前 5 世纪，相当于我国的春秋时代，距今已有 2 500 多年的历史。由古代印度的北天竺迦毗罗卫国（今尼泊尔境内）净饭王之子（约公元前 565—前 485 年）创立，以后他被信徒们尊奉为释迦牟尼。释迦是族姓，牟尼意为"圣人"，意即"释迦族的圣人"。据说他从小就受婆罗门的传统教育，29 岁出家，从 35 岁起一直在印度北部和恒河流域进行传教活动，逐渐得到统治阶级上层分子的支持，创立了佛教。

佛教的经典叫佛经，分为"经""律""论"三大类，"经"即教义，"律"即戒律，"论"即教理之解释，总称"三藏"，主要是释迦牟尼的弟子们转述他在世时的说教，也包括后来一些佛教徒所写的对佛教教义和教理的阐述。佛教的主要经典有《心经》《法华经》《华严经》《金刚经》《坛经》；律藏有《四分律》等；论藏有《中论》《十二门论》《大智度论》《百论》等。我国尚保存有汉藏两种文字的《大藏经》，它是一部百科全书式的佛教全书或佛教经典总集，又称《三藏经》，这是目前世界上保存下来的最完整、最重要的佛教经典之一。

中国的佛教包容了本传佛教、南传佛教和藏传佛教三大体系，并形成了五台山、峨眉山、普陀山、九华山四大佛教圣地。世界上完整的佛教在中国，世界上完整的佛教经典也都在中国，可以说，佛教诞生在印度，发展在中国。

（二）佛教礼仪

▶ 1. 称谓

佛教的教制、教职在各国不尽相同。在所有出家僧尼中，凡担任职事的，都有职称。寺院内的最高领导为住持，俗称"方丈"；住持之下，是两序职事，西序职事是序职，东序职事为列职。我们一般很难分清僧尼的职事身份，这时可将僧尼一律称为"师父"，或泛称僧众为"法师"，称尼众为"师太"。如经介绍了解了僧尼的身份，最好的称呼就是在他们的职事身份后加一个"师"字，如当家师、维那师、僧值师、知客师等。

在我国寺院中，一般有"住持"（或称"方丈"，寺院负责人）、"监院"（负责处理寺院内部事务），"知客"（负责对外联系），可尊称"高僧""大师""法师""长老"等。佛门弟子依受戒律等级的不同，可分为出家五众和在家两众。出家五众是指沙弥、沙弥尼、式叉尼、比丘、比丘尼。在家两众是指优婆塞和优婆夷。出家的佛教徒俗称"和尚"（僧）和"尼姑"（尼），亦可尊称"法师""师太"。不出家而遵守一定戒律的佛教信徒称"居士"，可尊称为"檀越""护法""施主"等。

在寺院，不要直接询问僧尼的姓名，因为僧尼出家时，都由其师父赠予法名，受戒时，又由受戒师赐予戒名，而他们也一律改姓氏，不再使用原来的俗姓。因此，问僧尼名字时，可问"请问法师上下如何？"或"请问法师法号如何？"

▶ 2. 僧尼戒规

佛门弟子为了集中精神修行，在日常生活和行为方面都受到约束，主要包括"四威仪"和"十重戒"。

"四威仪"是指僧尼的行、站、坐、卧应该保持的威仪德相，不允许举止轻浮，一切要遵守礼法，即行如风、站如松、坐如钟、卧如弓，就是僧尼应尽力做到的。这是因为所受

"具足戒"戒律上对行、站、坐、卧的动作都有严格的规定,如果举措违反规定,就不能保持其威严。

按照佛教教制,比丘每日只进一餐,后来也有进两餐的,但必须在午前用毕,过午就不能进食,这是佛教中对僧尼的一个戒条,叫"过午不食戒"。在东南亚一带,僧尼和信徒一日两餐,过了中午不能吃东西,只能喝白开水,连牛奶、椰子汁都不能喝。我国汉族地区因需要在田里耕作,体力消耗较大,晚上非吃东西不可,所以在少数寺庙里破了"过午不食"戒,但晚上所进的食为"药食"。然而在旱地寺院中持"过午不食"戒的僧尼仍不少。

佛教戒律还规定僧人不吃腥荤,荤食和腥食在佛门中是两个不同的概念。荤专指葱、蒜、辣椒等气味浓烈、刺激性强的东西,吃了这些东西不利于修行,所以为佛门所禁食。腥则指鱼、肉类,我国汉地佛教徒不吃"腥",而乞食僧人、蒙藏僧人因环境不同,只能按实际情况进食肉食。至于汉族地区在家的居士,他们有吃长素的,也有吃花素的,如观音素、十日素、八日素或六日素。对佛教徒而言,有不饮酒的戒律,因为酒会乱性,不利于修行,故严格禁止。

另外,佛教戒律规定,佛教僧人只能穿染衣,只能用杂色——袈裟色。不过,现在佛教僧人的服装颜色也有变化,分不同场合,也用黄色、赤色等。

▶ 3. 佛事礼仪

1) 合十

佛教徒的普通礼节是"合十"和"顶礼"。"合十"亦称"合掌",两手当胸,十指相合,专注一心。一般佛教徒在见面时,多以"合十"为礼以示致意。例如,参拜佛祖或拜见高僧时要行跪合十礼,行礼时,右腿跪地,双手合掌于两眉之间。

2) 顶礼

顶礼为佛教最高礼节,是向佛、菩萨或上座所行礼节。行顶礼时双膝跪下,两肘、两膝和头着地,而后用头顶尊者之足,故称"顶礼"。出家的教徒对佛像必须行顶礼。头面接足,是表示恭敬至诚,这就是俗话说的"五体投地"。

3) 南无

南无念"那摩",是佛教信徒一心归顺与佛的致敬语。常用来加在佛、菩萨名或经典提名之前,以表示对佛、法的尊敬和虔信。"南无"意思是"把一切献给××"或"向××表示敬意"。如称南无阿弥陀佛,则表示对阿弥陀佛的致敬和归顺。阿弥陀佛又称无量寿佛,是西方极乐世界的教主。

4) 受戒

受戒是佛教徒接受戒律的仪式,戒法有三皈五戒、十戒和具足戒。

三皈五戒:这是居士应遵守的戒法。佛教徒第一步必须受三皈依法,即归顺、依附佛、法和僧三宝。"皈"字还有反黑为白的意思,即将黑色罪业转为白色的净业。在家的男子教徒进入佛门后,必须求一位法师为他授皈依法。此外,还要受五戒,所谓五戒,第一不可杀生,第二不可偷盗,第三不可邪淫,第四不可饮酒,第五不可妄语。佛教徒在受了三皈五戒之后,方能称为"居士"。

十戒:十戒是指沙弥、沙弥尼所受的十条戒律。沙弥、沙弥尼所受的十条戒律,除了五戒之外,还应不装饰打扮、不视听歌舞、不坐高广大床、不食非时食、不蓄金银财宝。

具足戒:具足戒又叫"比丘戒""大戒"。当沙弥年满20岁时,再举行仪式授予"具足戒"。它是在十戒的基础上扩充为比丘的 250 条、比丘尼的 348 条戒。信徒受比丘戒后，才能取得正式的僧尼资格。

5）忏悔

佛教理论认为，只有心身清静的人才能悟得正果，但是世间是污浊的，即使出家人也可能随时身遭"垢染"，影响自己的功德。然而信徒不必为此而担心，因为通过忏悔可灭除以往所有的罪过。

6）功课

在寺庙里，僧尼每天的必修课为朝暮课诵，又名早晚功课，或是五堂功课。成语"晨钟暮鼓"，就是由佛教寺庙里的早晚功课而来的。

7）葬仪

佛教的僧侣去世后一般实行火葬，其遗骨或骨灰安置在特制的灵塔或骨灰瓮中。普通的佛教徒去世后，则实行天葬或水葬。佛教信徒死后每年的忌日要由其家人为之举行祈祷冥福的追荐会，并发放布施。

(三) 佛教的主要节日

▶ 1. 世界佛陀日

世界佛陀日即"哈舍会节"，又称"维莎迦节"。世界佛教徒联谊会 1954 年规定，公历月间的月圆日为"世界佛陀日"，即把佛的诞辰、成道、涅槃合并在一起的节日。每到这时，一些佛教盛行的国家举行全国性的大规模庆祝活动。

▶ 2. 佛诞节

佛诞节又称浴佛节，是纪念佛教创始人释迦牟尼（佛陀）诞生的节日。因为佛陀的生日说法不一，所以世界各国佛诞节的时间也各不相同，我国汉族地区佛教徒以农历四月初八为佛诞日；藏族佛教徒以农历四月十五为"萨噶达瓦节"（佛诞节）；傣族佛教徒则在清明后十天举行泼水节（浴佛节）。日本在明治维新以后，改公历四月八日为佛诞节，又称花节。据说释迦牟尼诞生时，有九条龙吐出香水浴其身，因此在这一节日里，佛教徒要以香水灌洗释迦牟尼像，称为浴佛，故佛诞节又称为浴佛节。

佛教根据佛生时"龙喷香雨浴佛身"的神话传说，在这一天一般要举行法会、以香水灌洗佛像、施舍僧侣或者举行拜佛祭祖、赛龙舟以及互相泼水祝福等活动。

▶ 3. 成道节

成道节是纪念释迦牟尼成佛的节日。相传释迦牟尼在成佛前，曾修行苦行多年，饿得骨瘦如柴，幸遇一牧羊女送他乳糜得免于死。此后他坐在菩提树下沉思，在十二月八日悟道成佛，这一天即为成道节。后世佛教取意牧女献乳糜供佛的传说，每逢佛成道日，煮粥供佛。我国汉族地区，每逢农历腊月初八（腊八）要以大米及果物煮粥，称为"腊八粥"，以供佛，并逐渐演化为腊月初八吃"腊八粥"的民俗。世界各国佛寺及僧众每逢此日都要举行以诵经为中心的纪念活动。

▶ 4. 涅槃节

涅槃节是纪念释迦牟尼逝世之日。相传释迦牟尼八十岁时在拘尸那迦城，结束最后一次传法逝世。佛教称死为涅槃（修道所达到的最高精神境界），所以纪念释迦牟尼逝世的日子为涅槃节。由于南北佛教对释迦牟尼逝世年月的说法不一，所以过节的具体日期不尽相同。中国、朝鲜、日本等国的大乘佛教，一般以每年农历二月十五日为涅槃节。每年此日，各佛教寺院都要悬挂佛祖图像，举行涅槃法会，诵《遗教经》等。

5. 盂兰盆会

传说释迦牟尼的弟子目连之母生前不愿向僧尼施舍，死后沦为恶鬼，目连求佛拯救，佛要他在七月十五日僧众安居结束时供养僧众，使母得救。据此佛教有盂兰盆会，届时寺院举办水陆道场和施放焰火，意在对水路鬼魂特别是恶鬼施食超度。

（四）禁忌

佛教内部不用握手礼节，故不要主动伸手与僧众相握，尤其注意不要与出家的尼众握手。非佛教徒对寺院里的僧尼或在家的居士行礼，以合十礼为宜。合十礼也称合掌礼，即对合左右双掌及十指于胸前。

佛寺历来被佛教徒视为清净圣地，所以非佛教徒进入山门时，不能使用任何交通工具，衣履要整洁，态度要诚恳，当寺内要举行宗教仪式时，不能高声喧哗以及做出其他干扰宗教仪式或程序的举动。不经过寺内职事人员允许，不可随便进入僧人卧房以及其他不对外开放的坛口。另外，我国汉族地区的佛教全部主张素食，为保持佛门清净，严禁将一切荤腥及其制品带入寺内。旅游接待人员为佛教界人士开启车门时，不能将手置于车门框上沿，他们认为这样会遮挡住佛光。

入佛寺一般要烧香，这是为了让袅袅香烟扶摇直上，把"信息"传递给众佛。不过，拈香时要注意香的支数，由于佛教把单数看成吉数，所以烧香时，每炷香可以有很多支，但必须是单数。

佛教徒要遵守三皈，不犯十恶。另外，与佛教徒交往要注意不要随意评说宗教问题，以善为先。

二、基督教基本礼仪

（一）称谓

在基督教内部，普通信徒之间可称平信徒，指平常普通的信徒，是与教会神职人员相对而言。新教的教徒，可称兄弟姐妹（意为同是上帝的儿女）或同道（意为共同信奉耶稣所传的道）。在我国，平信徒之间习惯称"教友"。对宗教职业人员，可按其教职称呼，如某主教、某牧师、某神父、某长老等，对外国基督教徒可称先生、女士、小姐或博士、主任、总干事等学衔或职衔。在非专业基督徒中，有一些热心为教会义务工作的人，被称为"义工"，义工有自己的本职职业，只是利用业余时间从事宗教活动。

（二）宗教仪式

基督教三大教派的宗教仪式不尽相同，天主教和东正教尤其注重宗教仪式，主要有以下圣事。

1. 圣洗

圣礼也称洗礼，这是基督教的入教仪式。经过洗礼后，就意味着教徒的所有罪过获得了赦免。洗礼的方式有两种：点水礼和浸水礼。天主教多施点水礼，由主礼者将一小杯水蘸洒在受洗者额头上，或用手蘸水在受礼者额头上画十字。东正教通常施浸水礼，由主礼者口诵规定的经文，引领受洗者全身浸入水中片刻。

2. 坚振

坚振也称坚信礼，是为坚定教徒的信仰而举行的一种仪式，即入教者在接受洗礼后，一定时间内再接受主教的按手礼和敷油礼。

▶ 3. 祈祷

祈祷俗称祷告,是指基督教徒向上帝和耶稣表示感谢、赞美、祈求或认罪的行为。祈祷包括口祷和默祷两种形式,个人可以独自在家进行,也可以利用聚会时,由牧师或神父作为主礼人。祈祷者应始终保持必要的仪态,维系一种"祭神如神在"的虔诚。礼毕,须称"阿门",意为"真诚",表示"唯愿如此,允获所求"。

▶ 4. 礼拜

礼拜每周一次,一般星期日在教堂中举行,主要内容有祈祷、唱诗、读经、讲道等项目。在礼拜时,教堂内常置有奉献箱或传递收捐袋,信徒可随意投钱,作为对上帝的奉献。除每周一次礼拜外,还有圣餐礼拜(为纪念耶稣受难,每月一次)、追思礼拜(为纪念亡故者举行)、结婚礼拜、安葬礼拜、感恩礼拜等。

▶ 5. 告解

告解俗称忏悔,是天主教的圣事之一,是耶稣为赦免教徒在领洗后对所犯错误向上帝请罪,使他们重新得到恩宠而定立的。忏悔时,教徒向神父或主教告明所犯罪过,并表示忏悔;神父或主教对教徒所告请罪指定补赎方法,并为其保密。

▶ 6. 圣餐

圣餐是纪念基督救赎的宗教仪式,这一仪式又称"弥撒",天主教称圣体,东正教称圣体血。据《新约全书》称,耶稣在最后的晚餐时,拿出饼和葡萄酒祈祷后分发给十二位门徒说:"这是我的身体和血,是为众免罪而舍弃和流出的。"因此,天主教和东正教认为领"圣体"或"圣体血",意为分享耶稣的生命。在仪式上,由众教徒向神职人员领取经祝圣后的面饼和葡萄酒,它象征吸收了耶稣的血和肉而得到了耶稣的宠光。

▶ 7. 婚配

教徒在教堂内,由神职人员主礼,按照教会规定的仪式正式结为夫妻,以求得到上帝的祝福。

▶ 8. 神品

神品是授予神职的一种仪式。一般由主礼者将手按于领受者头上,念诵规定文句即可成礼。

▶ 9. 终傅

在教徒病情危重或临终时,由神职人员为其涂敷圣油,以"赦免"其一生罪过,帮助受敷者减轻痛苦或是让他安心去见上帝。

▶ 10. 守斋

守斋即斋戒。按照基督教的规定,每星期五和圣诞节前夕(公历12月24日)为守斋日,其间信徒们只食用素菜和鱼类,不得食用其他一切肉食。在此间设宴招待,应当尊重其习俗,或是避开斋期。

(三) 主要节日

由于使用历书不同,基督教三大教派中的节日也不完全一样,从节日内容来说,主要有圣诞节、复活节、受难节、圣灵降临、圣母领报节、狂欢节等。

▶ 1. 圣诞节

圣诞节是基督教纪念耶稣诞生的重要节日,亦称耶稣圣诞瞻礼、主降生节。公历12

月 25 日为圣诞节。又因耶稣是在夜间诞生，因此该夜就被称为平安夜，所以圣诞节的庆祝活动要从 12 月 24 日夜开始，至半夜进入高潮。在这天夜里，家家都要摆上圣诞树，树枝上悬灯结彩，绚丽缤纷，树上还挂有各种圣诞礼物，大家手拉手围着圣诞树狂欢起舞，共享圣诞蛋糕，孩子们还期待着送礼物的圣诞老人。在欧美许多国家，人们非常重视这个节日，把它和新年连在一起，而庆祝活动之热闹和隆重程度大大超过了新年，成为一个全民的节日。

▶ 2. 复活节

复活节又称"主复活节"或"耶稣复活瞻礼"，是基督教为纪念"耶稣复活"而规定的仅次于圣诞节的重大节日。根据《圣经·新约全书》记载，耶稣被钉死在十字架后第三天"复活"。基督教徒认为该日为星期日（称"主日"）。按规定，每年春分月圆后的第一个星期日为"复活节"，即公历 3 月 21 日至 4 月 25 日。复活节的庆祝方式在各个国家和地区有所不同，最普遍的是人们互赠复活彩蛋，象征生命和繁荣，以示庆祝。西方国家大都要举行传统的游行庆祝活动，其中以美国的复活节最具特色。

▶ 3. 受难节

受难节是基督教为纪念耶稣受难而规定的节日。按《圣经·新约全书》记载，耶稣基督是被犹太当局拘捕，送交罗马驻犹太地区总督彼拉多，被钉死在十字架上的，基督徒谓之耶稣受难。《圣经》中对此并无明确日期，后来基督教徒声称，耶稣受难的日子是在犹太人"安息日"的前一天，因此，基督教规定每年复活节前的星期五为受难日。

▶ 4. 圣灵降临节

圣灵降临节也称降灵节，是基督教纪念耶稣门徒的领受圣灵的节日。据称耶稣复活后第 40 天升天，第 50 天差遣圣灵降临，门徒领受圣灵，开始传教，故规定每年复活节后第 50 天为降临节。

（四）禁忌

与教徒之间交往时，礼貌地对待他们、尊重他们，小而言之是为了建立和谐的人际关系，大而言之是为了体现我国宪法赋予的宗教信仰自由精神。

我们要尊重基督徒的信仰，不能以上帝起誓，更不可拿上帝和耶稣开玩笑，基督教由于教派不同，其各个教派的教条也不同，为了避免无意中损伤感情，对一些问题一定要弄清楚，如神父与牧师是天主教与新教对其神职人员的不同称呼，不可混为一谈。

基督徒进教堂应衣冠整洁，进去后要脱帽，与人谈话应压低声音，不得妨碍对方正常的宗教活动。当教徒们祈祷或唱诗时，旁观的非教徒不可出声。当全体起立时，则应当跟随其他人一起起立；若有人分饼和面包给自己，应谢绝。

基督徒有守斋之习。在守斋时，他们不吃肉食，不饮酒。平日，他们通常不吃蛇、鳝等爬行动物，基督徒在饭前往往还进行祈祷，如和基督信徒在一起用餐，要待他们祈祷完毕后，再拿起餐具。

向基督徒赠送礼品，要避免上面有其他宗教的神像或者其他民族所崇拜的图腾。在耶稣受难节那一周，不要请基督徒参加私人喜庆活动。另外，他们讨厌"13"这个数字和"星期五"这一天，在基督徒眼中"13"和"星期五"是不祥的。要是 13 日和星期五恰巧是同一天，他们常常会闭门不出。在这些时间，千万不要打扰他们。

三、伊斯兰教

(一)伊斯兰教概述

伊斯兰教兴起于公元7世纪初的阿拉伯半岛,创始人是麦加城的阿拉伯人穆罕默德。伊斯兰教的主要经典是《古兰经》。随着阿拉伯人的对外军事扩张,到8世纪中叶伊斯兰教发展成为一个地跨亚、非、欧三大洲的世界性宗教。它主要流传于西亚、北非、南亚次大陆和东南亚各地。近几十年来,在西欧、北美一带也有了传播。伊斯兰教在一些国家被定为国教,主要有什叶派和逊尼派两大教派。截至2014年年底,世界人口约70亿人口中,穆斯林总人数是16.7亿人,分布在204个国家的地区,占全世界的23%。

伊斯兰教在中国又称为清真教、回教、天方教等,目前在回族、维吾尔族、哈萨克族、乌兹别克族等十多个民族中流传,教徒主要分布在我国西北部的甘肃、宁夏、新疆、青海等省、自治区,其余散布在全国各地。中国的伊斯兰教,除新疆的塔吉克族有什叶派信徒外,绝大多数属于逊尼派。1953年,中国伊斯兰教协会成立。

(二)伊斯兰教的教义

伊斯兰教的基本教义是:唯有真主安拉,才是主宰一切决定一切的神。人的一切都是由安拉决定的,即所谓"前定"的思想,"万物由天定,生死不由人"正是这个意思。因此,伊斯兰教徒不仅无条件信仰"安拉",还要无条件信仰安拉的使者——穆罕默德。

伊斯兰教要求每一个穆斯林在思想意识方面必须心口如一地坚持"六大信仰":信安拉,即信安拉是创造和主宰一切的唯一的神;信先知,即信穆罕默德是安拉在人间的使者;信天神,即相信世界有许多天神,他们根据安拉的旨意,各司其职;信经典,即信《古兰经》;信前定,即信人的命运都是安拉早就预定的;信后世,即信"灵魂不死""死后复活""末日审判"等。

伊斯兰教的经典为《古兰经》,"古兰"即读、背诵的意思,《古兰经》被认为是真主的语言,全文共分30卷,114章,6000多节经文,内容极其丰富。它规定了伊斯兰教的基本信仰、基本功修、伦理道德规范、穆斯林的日常行为准则及某些禁诫或诫谕;它还有关于"为主而战斗"的内容、有关社会问题的具体看法;另外还有许多隐秘经文。它不仅是伊斯兰教的神圣经典,也是后人研究当时阿拉伯社会政治、军事、经济、宗教、文化、语言、思想、法律等方面情况的珍贵文献。

(三)伊斯兰教礼仪

▶ 1. 称谓

伊斯兰教信徒称"穆斯林",意为归信者。信徒之间无论在什么地方,不分职位高低,都互称兄弟或叫"多斯提"(波斯语意为好友、教友)。对知己朋友称"哈毕布"(阿拉伯语意为知心人、心爱者)。对贫穷的穆斯林一般称作"乌巴力"(阿拉伯语意为可怜者)。在清真寺做礼拜的穆斯林,统称为"乡老"。对到麦加朝觐过的穆斯林,在其姓名前冠以"哈吉"(阿拉伯文的音译,意为朝觐者),这在穆斯林中是十分荣耀的称谓。对管理事务和办经学教育的穆斯林,称"管寺乡老""社头""学董"。对德高望重的、有学识有地位的穆斯林长者,尊称"筛海""握力""巴巴"和"阿林"等。

伊斯兰教的教职有伊玛目、海推布、穆安津,合称"掌教",在我国则称"阿訇",它是对伊斯兰教学者、宗教家和教师的尊称,年长者称"阿訇老人家",其从事礼拜的地方称清真寺,对主持清真寺教务或教学的妇女,称"师娘",对在清真寺里求学的学生则称"满拉"或"海里发"。

穆斯林见面,都要互致祝安词"真主的安宁在你身上",还使用其他很多赞词。

▶ 2."五功"

"五功"就是伊斯兰教规定必须履行的基本功修,中国穆斯林称为"天命五功",即"念功、礼功、课功、斋功、朝功"。每个穆斯林都必须遵奉"五功",以此表示对真主的诚心,以便赎罪进入天国。这是穆斯林的宗教义务,又是宗教功课。

1)念功

念功指念诵《古兰经》,主要是念诵清真言,即"万物非主,唯有真主;穆罕默德,真主使者"。

2)拜功

拜功即每天在晨、响、晡、昏、宵五个时辰做礼拜五次,每星期五还要进行一次"主麻拜"。每年的开斋节和宰牲节时,要做节日礼拜。日常礼拜前要"小净",主麻拜和节日礼拜前要"大净"。礼拜时要面向圣地麦加"克尔白"(天房),按规定的程序朝真主安拉。礼拜一般由伊玛目率领集体举行,也可以单独举行。

3)课功

课功即天课,被视为"奉主命而定"的宗教赋税,按照伊斯兰教规定,穆斯林每年都要对自己的财产进行清算,除去正常开支外,其盈余财产,要按不同的课率完纳天课,在我国,穆斯林均为自愿捐奉。

4)斋功

斋功指每年伊斯兰教顺太阴年九月斋戒一个月,斋月里穆斯林在日出到日落这段时间内禁止吃喝、娱乐等活动,幼儿、病人及孕期妇女除外。

5)朝功

朝功指到麦加朝圣,麦加是穆罕默德的诞生地、伊斯兰教的摇篮和圣地,凡身体健康、经济条件允许的穆斯林,不分男女,一生中至少要去麦加朝拜一次,完成朝觐功课的穆斯林,均可获得"哈吉"的荣誉称号。

(四)主要节日

伊斯兰教的节日很多,如阿木拉日、登宵节、拜拉特夜、盖德尔夜等,但主要的三大节日是开斋节、宰牲节、圣纪日。

▶ 1. 开斋节

开斋节是穆斯林的一个重大节日。我国新疆地区称"肉孜节",伊斯兰教教历规定九月一日至十月一日为斋月。在斋月里,人们只能每天日出前、日落后进食,称守斋。此外,还要清心寡欲,起码至斋期结束的一天,这一天看新月,见月的次日开斋,如未见明月,开斋顺延,但一般不超过3天。节日期间,男女老少都要沐浴更衣,男人们涌向清真寺,女人们在家做礼拜,然后探亲访友,举行礼会和庆祝活动。青年男女往往选择这一天举行婚礼,以增添欢乐气氛。

▶ 2. 宰牲节

宰牲节又称古尔邦节。"古尔邦"的阿拉伯语意为"献牲",传说先知易卜拉受安拉启示,要他宰杀其子伊斯玛仪勒,以考验他对安拉是否虔诚,当他遵命将执行之际,安拉派天使送羊1只,命令以之代替其子。据此,穆斯林每逢伊斯兰教历十二月十日,就宰牲献祭,是为"宰牲节"。在中国,每逢节日,穆斯林除参加沐浴会礼,前往清真寺听教长宣喻教义外,人人身着盛装,走亲访友,互相祝贺,馈赠礼物。

▶ 3. 圣纪节

圣纪节也称圣忌日,相传穆罕默德的诞生日和逝世日都是在伊斯兰教历太阴年三月十二日。我国穆斯林习惯将"圣纪"和"圣忌"合并纪念,称作"圣会",进行诵经、赞圣、讲述穆罕默德生平事迹等活动。

(五)禁忌

按照伊斯兰教教规,应当"清净的为相宜,污浊的受禁止"。具体规定是禁食自死物、血液、猪肉以及"诵非真主之名而宰杀"的牛、羊、骆驼、鸡、鸭等。此外,还禁食马、驴、骡、虎、狼、豹等偶蹄动物。伊斯兰教严禁赌博、求签、拜佛,称其为"秽行",是"恶魔的行为"。穆斯林禁酒喜茶,在接待穆斯林客人时,最好用罐装饮料,如客人饮茶,要用清真茶具。交谈时,不要用穆斯林禁忌的字词,如"猪""杀""死"等。

穆斯林妇女们要戴"盖头",女性与外界接触受到某些限制,有些伊斯兰教国家妇女除戴"盖头"外,还戴面纱,只露出双眼,但只是限于外出时间;穆斯林男子则多带无檐小帽,有黑、白两种,非穆斯林到穆斯林家中做客时,一般不主动与妇女或少女握手。要尊重穆斯林的宗教信仰和民族习惯,不要随意评论。

非穆斯林进入清真寺,不袒胸露背,不穿短裙和短裤,不经阿訇等寺内宗教职业人士批准,非穆斯林不准进入礼拜大殿,不准拍照。在穆斯林做礼拜时,无论何人何事,都不能喊叫礼拜者,也不能在礼拜者面前走动,更不能唉声叹气、呻吟和无故清嗓,严禁大笑、吃东西。旅游接待人员为伊斯兰界人士开启车门时,也不能将手置于车门框上沿。

许多穆斯林认为人的左手不洁,所以与之握手或递送物品不能用左手,尤其不能单用左手。另外,伊斯兰教禁止偶像崇拜,所以不应赠送雕塑、画像之类的物品。

项目实训

本项目实训将帮助你掌握国际商务礼仪的基本要点,了解宗教礼仪、熟悉国外主要国家的商务礼仪特点。

一、实训内容

1. 熟悉国际商务礼仪的基本原则。
2. 熟悉国外主要国家的商务礼仪常识。
3. 熟悉世界三大宗教礼仪。

二、实训要求

1. 分组讨论在复杂多变的商务场合如何提升个人交际能力。
2. 以书面报告的形式提交"商务人员涉外礼仪报告"。
3. 重点分析商务人员如何熟练运用交际手段与技巧,提升个人涉外交际能力。

| 项目小结 |

通过任务一的学习，理解国际商务礼仪，熟悉国际商务礼仪的基本内涵，掌握其基本原则。

通过任务二的学习，掌握世界主要国家的商务礼仪常识，帮助你在涉外场合自如地运用各种礼仪，熟悉各主要国家的商务礼仪常识。

通过任务三的学习，熟悉世界三大宗教礼仪，帮助了解世界三大宗教礼仪，并在国际交往中正确运用。

案例分析

"左撇子"风波

李小姐与同事一同前往东南亚的一个国家进行商务访问，一到目的地她们就受到东道主的热烈欢迎。在欢迎宴会上，主人亲自为每一位中国客人递上一杯当地的特产饮料以示敬意。轮到李小姐时，身为"左撇子"的李小姐不假思索地抬起自己的左手去接饮料，没想到主人神色骤变，并没把饮料递到李小姐的手里而是重重地放在了桌子上便扬长而去了。

思考：请问主人为什么态度骤变？李小姐做错什么了？

参 考 文 献

[1] 龚荒. 商务谈判与推销技巧[M]. 北京：清华大学出版社，2009.
[2] 赖建明. 现代礼仪规范教程[M]. 北京：中国商业出版社，2009.
[3] 王颖. 商务礼仪[M]. 大连：大连理工大学出版社，2008.
[4] 吴景禄. 实用公关礼仪[M]. 北京：北京交通大学出版社，2007.
[5] 杜明汉. 营销礼仪[M]. 北京：电子工业出版社，2007.
[6] 曾湘宜. 现代公关礼仪[M]. 北京：北京工业大学出版社，2006.
[7] 潘肖压，谢承志. 商务谈判与沟通技巧[M]. 上海：复旦大学出版社，2004.
[8] 李炎炎. 国际商务沟通与谈判[M]. 北京：中国铁道出版社，2006.
[9] 周琼，吴再芳. 商务谈判与推销技术[M]. 大连：东北财经大学出版社，2005.
[10] 方明亮. 商务谈判与礼仪[M]. 北京：科学出版社，2006.
[11] 李嘉珊. 国际商务礼仪[M]. 北京：电子工业出版社，2011.
[12] 黄琳. 商务礼仪[M]. 北京：机械工业出版社，2006.